Der Sufi-Weg heute

Der Sufi-Weg heute

Interviews und Informationen

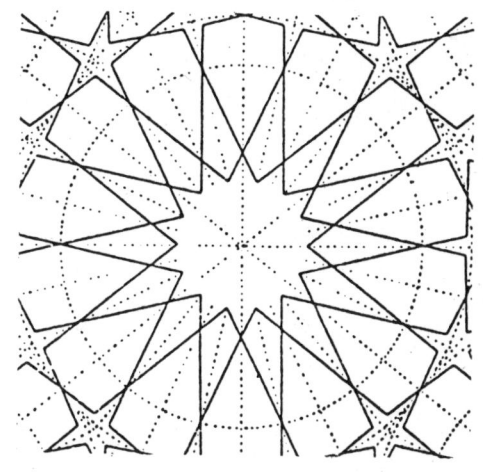

John G. Bennett	Adnan Sarhan
Reshad Feild	Jabrane M. Sebnat
Tony Hodgson	Idries Shah
Oscar Ichazo	Annemarie Schimmel
Pir Vilayat Khan	Irina Tweedie

Verlag Bruno Martin

Impressum:
Deutsche Originalausgabe
© Verlag Bruno Martin

© einzelner Beiträge
Text angegeben

Übersetzungen: Angelika Nichols, Eva Ploes,
Karl Hollerbach, Bruno Martin

Satz: Indragni-Fotosatz, Ascheberg-Herbern
Druck: Fuldaer Verlagsanstalt, Fulda

Verlag: Bruno Martin
2121 Südergellersen

ISBN 3-921786-31-2

Inhalt

Einführung
Bruno Martin

Das Sufitum (at-tasawwuf) ist nicht bloß eine „geistige Bewegung im Rahmen der islamischen Welt, sondern (...) nichts anderes als der 'innere' oder 'inwendige' (batin) Islam, das heißt der Weg zur unmittelbaren Schau der geistigen Wirklichkeiten..“[1]) Es unterscheidet sich — wie jede andere Mystik — insofern von der 'äußeren' Religion, indem es die direkte Erfahrung anstrebt und nicht in der äußerlichen Befolgung der Regeln verharrt. Es wird zwar zugegeben, daß viele außerislamische Elemente, wie iranische und neuplatonische Kosmologien in das Sufitum, sogar in den Islam eingingen, was der Koran, das heilige Buch der Muslime, an vielen Stellen bezeugt. Doch die Vertreter des 'inneren' Islam sagen, daß sich deswegen noch keine Verwandtschaft mit vorislamischen Quellen ableiten läßt, sondern sich allein innerhalb der verborgenen Weisheit des Koran entwickelt hat. Es ist jedoch unbestreitbar, daß wir im Sufitum alle Formen ursprünglicher Mystik wiederfinden, ebenso Kosmologien und Vorstellungen, die viel früher als der historische Islam existierten. Insofern kann man die Beweise auch umgekehrt formulieren, was ja die Sufimystik nicht abschwächt, sondern eher bestätigt: Die Sufimystik steht in der ungebrochenen Tradition esoterischer Weisheit. Sie ist zeitlos und räumlich ungebunden.

Die ersten großen Sufi-Mystiker erinnern in ihrer Askese und Weltabkehr an die christlichen Wüstenväter und manche indische Asketen der Vedanta-Schule, die zur gleichen Zeit, zwischen dem achten und zehnten Jahrhundert florierte. Große Namen dieser Zeit sind Rabi'a al-Adawiya (gest. 801), Du'n Nun, Bistami (gest. 874), Junaid (gest. 910), Al-Ghazali (gest. 1111).[2]) Ähnlich wie die großen christlichen Mystiker suchten die Sufis (die damals noch nicht unter diesem Namen bekannt waren) die Vereinigung mit Gott und widmeten ihr ganzes Sinnen und Trachten nur diesem höchsten Ziel. So sagte Bistami: „Ich erlebte 20 Stationen auf dem Wege zu Gott. Aber ich wünsche keine einzige davon, denn sie sind alle nichts anderes denn Grade der Verschleierung Gottes."

Die Bildung der „Derwischorden" (tarika) im zwölften und dreizehnten Jahrhundert entstand wohl als Gegenbewegung zur Weltabkehr dieser frühen islamischen Mystiker. Es galt, wie es einer der Meister, Bahaudin Naqsband, formulierte, „in der Welt, aber nicht von der Welt" zu sein. Genauso wie die Ismaeli-Sekte im Süden (bzw. Westen) hatten die Gruppen, die im Osten blühten, großen Einfluß auf die gesellschaftliche Gestaltung. Gleichzeitig kanalisierten die Orden die mystischen Kräfte der umherziehenden Asketen, die „trunken von göttlicher Liebe" durch die Länder des Orient zogen.

Die geordneten, esoterischen Schulen standen unter der Leitung eines Scheichs, und die Derwische ('die an der Schwelle stehen') praktizierten Gebete, Exerzitien, ekstatische Anrufungen Gottes (dhikr) und andere Übungen. Sie trafen sich zumeist einmal in der Woche; andere Scheichs hatten ihre Schüler ständig um sich und lehrten durch Wort und Tat, häufiger jedoch durch vorbildliche Handlungen. Die Pflichterfüllung stand später als Teil der Schulung im Vordergrund, was auf den Einfluß der nördlichen Sufi-Meister zurückging. „Frage: Wer wird denn nun aber erleuchtet? Der Sufi antwortete: Erleuchtet werden nur diejenigen, die ihre Pflichten auf angemessene Weise erfüllen und wissen, daß es noch etwas darüber hinaus gibt... Frage: Wie aber erreicht man das 'darüber hinaus'? Der Sufi: Die ihre Pflicht auf angemessene Weise erfüllen erreichen es immer. Sie brauchen keine weitere Belehrung..."

Diese Pflichterfüllung bezieht sich im inneren Sinne auf die „Arbeit" oder das Werk, d.h. die kosmische oder göttliche Aktion, die dem Leben in der Welt Sinn gibt. Als der Islam zur staatserhaltenden, dem Mystischen abgeneigten Religion wurde, legten einige der Scheichs ihr Schwergewicht immer mehr auf die Einhaltung der koranischen Regeln im äußeren Sinne. In manchen arabischen Ländern werden die ekstatischen Zeremonien nur noch als eine Art Ventil geduldet, ohne die innere Bedeutung zu verstehen. Dabei geht es den echten Sufis um das Verstehen der inneren Welt, und ihr Ziel ist die Weisheit.

So sagt der heutige Sufi-Interpret und Neurophysiologe Robert Ornstein: „Wissen war zu bestimmten Zeiten eine Domäne philosophischer, esoterischer und okkulter Systeme. Viele uns heute ganz selbstverständliche Rituale und Praktiken sind nichts anderes als im Laufe der Zeit veränderte und verblaßte Reste jener Systeme. Die erste Aufgabe besteht daher darin, frühere Verfahren aus der heutigen Methodologie auszusondern. Die Wissenssubstanz, die der Sufismus darstellt, hat je nach Kultur und den Menschen, die mit ihm in Berührung kamen, viele Formen angenommen... Im Westen ist sie zwar am besten als eine weiterentwickelte Form des klassischen Islam bekannt, setzt jedoch bei einem überwiegend westlichen Publikum die Beschäftigung mit dem Islam keineswegs voraus."[3]

Auch der Begriff Sufismus wurde erst im 19. Jahrhundert von dem deutschen Gelehrten Tholuck geprägt. Der ursprüngliche Begriff tasawwuf hat nach Titus Burckhardt tiefere Bedeutung als die scheinbare Herkunft aus dem 'Suf' (in Wolle kleiden). „Es mag sein, daß diese äußerliche Bedeutung absichtlich einen tieferen Sinn verdeckte. So entspricht der Zahlenwert des Wortes dem des Ausdrucks al-Hikmat al-ilahiyah, der 'göttliche Weisheit' bedeutet. Das gleicht dem griechischen Ausdrucke Sophia..."[4])

Im Westen, in Europa und den USA stellt sich der Sufismus heute vielfältig dar: Entweder findet man Ableger verschiedener 'Derwischorden', die ihren Weg in den Westen gefunden haben, oder östliche Lehrer mit westlicher Ausbildung organisieren die Schulung und passen sich zumeist den kulturellen Gegebenheiten des Gastlandes an. Ein wichtiger Exponent der westlichen Sufiform ist seit über zwanzig Jahren Idries Shah, der besonders durch seine Sammlungen von Sufigeschichten großen Einfluß auf das Denken intelligenter Zeitgenossen aller Gesellschaftsschichten gewonnen hat. Andere Sucher fühlen sich mehr zu Pir Vilayat Khan hingezogen, dessen Vater Hazrat den Sufismus schon in den zwanziger Jahren in den Westen gebracht hat. Selbstverständlich gibt es heute eine Reihe bedeutender Sufis, die im Westen lehren, und auch diese stehen wohl in der ungebrochenen mystischen Tradition aller Weisheitsschulen.

Wir haben in diesem Buch ein paar wenige, bekannte Sufis mit Interviews oder Artikeln zu Wort kommen lassen. Selbstverständlich kann diese Auswahl nur einen kleinen Teil der Vielfalt der heutigen Sufi-Projektion abdecken und in der hier gewählten Form sicherlich nicht alle Tiefen ausloten. Doch vielleicht kann das Buch dazu beitragen, die weitere (oder beginnende) Suche anzuregen und ein Bild der Unterschiedlichkeit und Vielfalt der Auffassungen vermitteln. Wir hoffen auch, daß die Verbindungslinien und Gemeinsamkeiten durch die Verschiedenheit durchscheint.

Für das weitergehende Studium haben wir am Ende des Buches eine Literaturübersicht zusammengestellt. Viele Leser werden vielleicht ein Adressenverzeichnis vermissen, auch der Sufis, die nicht im Buch vertreten sind. Doch es scheint uns angebracht, im Sinne der Tradition, keine Adressen zu vermitteln, weil letztlich die ernsthafte Beschäftigung mit der Lehre den Lehrer und den Schüler zusammenführt. Doris Lessing schrieb vor kurzem in einem Artikel, daß ihr erster Brief an Idries Shah erst nach langen Monaten beantwortet wurde — eine Zeit, die für sie viel zur Klärung ihres eigenen Standpunktes beigetragen hat. Und es vergingen noch weitere Monate bis zu einem ersten Treffen. Ein Rat, den Meister wie Idries Shah geben, ist, zuerst gründlich seine veröffentlichten Texte zu studieren, bevor der Sucher überhaupt einen Schritt unternimmt.

Andere Sufis setzen die Anforderungen nicht so hoch, und manche Sufigruppe ist relativ leicht zu finden.

Im Prinzip ist es heute noch immer so, daß die spirituelle Arbeit als private Sache angesehen wird, bei der der Sucher durch höhere Gnade oder ausreichende Vorbereitung zum Lehrer geführt wird. Die Veröffentlichung von Ideen dient häufig nicht dem Zweck, 'Schüler' oder 'Anhänger' zu gewinnen.

Es soll noch erwähnt werden, daß es nicht einfach war, die Texte für dieses Buch zu bekommen. Einige Sufis wollten nicht mit anderen in einem Buch erscheinen oder waren der Idee des Buches abgeneigt. Andere waren nicht zu erreichen oder ihre Adressen nicht ausfindig zu machen. Es ist uns dennoch gelungen, wenigstens einige der heutigen Vertreter des Sufismus hier in einem Buch gemeinsam zu veröffentlichen. Wenn sich im Laufe der Zeit neue Kontakte ergeben, so hoffen wir, könnte durchaus ein zweiter Band dieses Buches folgen. Für Anregungen und Hinweise sind wir dankbar.
Der Herausgeber, März 1983

Anmerkungen:
1) Burckhardt, Titus, Vom Sufitum, O.W. Barth, Weilheim 1953
2) siehe: Annemarie Schimmel: Mystische Dimensionen des Islam
3) Ornstein, Robert in: Tart, Transpersonale Psychologie, Walter Verlag
4) Burckhardt, a.a.O.

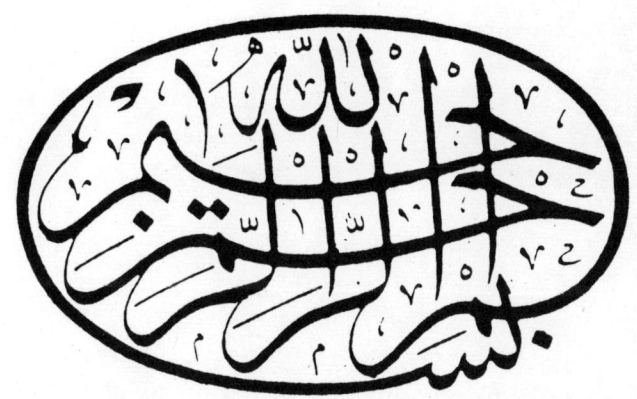

Im Namen Allahs, des Mitfühlenden, des All-Barmherzigen.

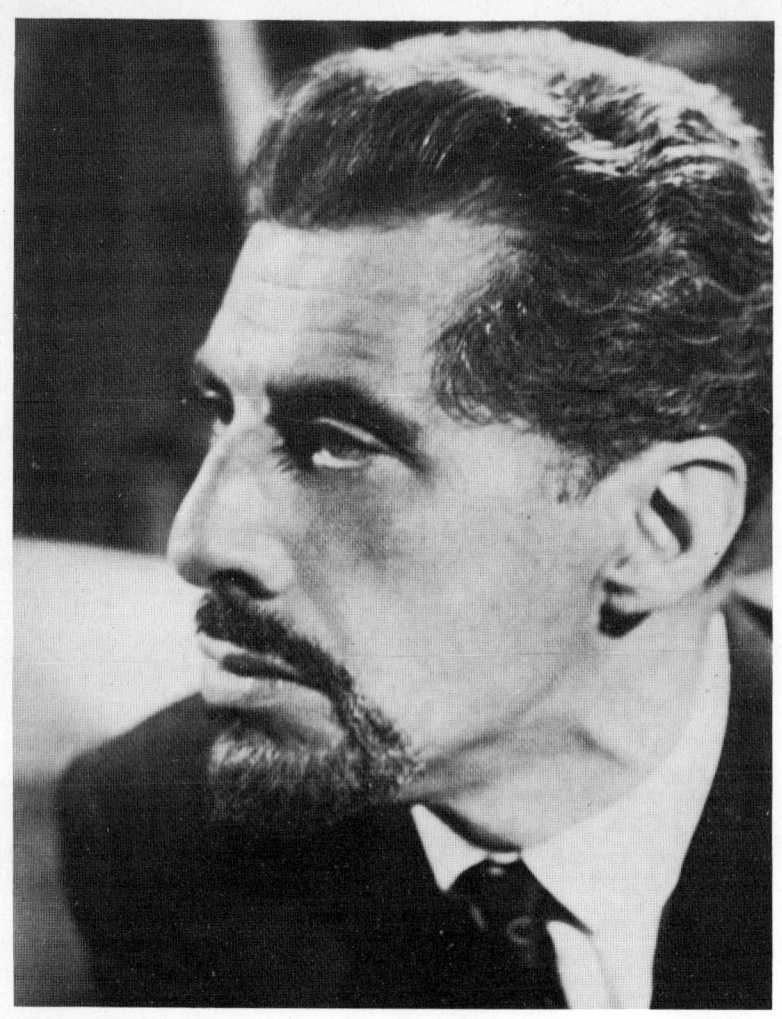

Idries Shah

Sufigeschichten als erzieherisches Element der modernen Gesellschaft

Interview mit Sayyid Idries Shah

© Hugh Elliot, 1982

Aufgezeichnet in Langton House am 8. Juni 1982
übersetzt von Angelika Nichols

Jeder, der einmal im Mittleren Osten und im zentralasiatischen Raum gereist ist, weiß, daß es nicht lange dauert, bis man – in Geschichten oder Erzählungen – der legendären Gestalt eines Hoja oder Mulla Nasrudin begegnet. Ein Mulla oder ein Hoja ist im Osten ein Priester oder ein Geistlicher, der sich um die spirituellen Bedürfnisse der Gläubigen kümmert; er wird als eine Autorität für die immerwährenden Fragen des menschlichen Lebens – wie z.B. 'Wer bin ich?' 'Warum müssen wir leiden?' – betrachtet. Aber Mulla Nasrudin ist mehr als nur ein weiser Mensch. Er ist zum internationalen Volkshelden geworden und bekannt für seine Fähigkeit, jedwede Rolle zu spielen oder in jeglichem Zusammenhang aufzutauchen. Er ist nicht einmal durch die Zeit beschränkt und kann als moderner Ingenieur oder als ein demütiger Bauer des zwölften Jahrhunderts auftreten. Und es ist noch nicht lange her, da war Nasrudin so gut wie unbekannt im Westen und noch weniger wußte man über seine tatsächliche Rolle; nämlich der eines Vermittlers der Weisheit und der Lehre der Sufis – jener außergewöhnlichen Gruppe weiser Menschen, deren Denken Generationen von Suchenden subtil beeinflußt hat. Philosophen, Künstler, Schriftsteller

13

und andere schöpferische Menschen werden stillschweigend den Einfluß der Sufilehre zugeben.

Der Mann, der primär für die Bekanntheit von Mulla Nasrudin im Westen verantwortlich ist, heißt Sayyid Idries Shah. Ein Sayyid ist ein direkter Nachkomme des Propheten Mohammed, und Idries Shah kann seine vornehme Familientradition über seine Vorfahren in Afghanistan und Nord-Indien bis zur Zeit des Propheten und der Geburtsstunde des Islam zurückverfolgen.

Die Veröffentlichung einer Reihe bemerkenswerter Bücher war ein Weg, wie Shah das sufistische Gedankengut im Westen darstellte; einige dieser Bücher wurden Bestseller und erregten Aufsehen, wo immer sie gelesen oder analysiert wurden. Er tritt im Fernsehen und im Radio auf und unterrichtet häufig an Universitäten und an anderen Institutionen, sowohl hier (England) als auch im Ausland. Seine Bücher wurden z.B. vom „The Guardian" beschrieben als eine „Peepshow in eine Welt, von der die meisten Menschen nicht einmal wissen, daß sie existiert". Sein kleinstes Buch „Reflections" wurde 1969 vom BBC-Fernsehprogramm „The Critics" als Buch des Jahres erwählt und wurde zum Bestseller.

Komischerweise bezeichnete niemand seine Bücher als „orientalisch" oder „geheimnisvoll" obwohl sie voll mit Hinweisen auf Namen und Orte sind, die mit dem Volkstum des Ostens verknüpft sind. Rezensionen in allen möglichen Journalen und Zeitschriften beweisen, daß seine Bücher als Werke unbequemer Weisheit betrachtet werden, die eindringliche Schilderungen der menschlichen Situation beinhalten und daß sie von westlichen Menschen, die mit dem Ideengut der Sufis in Berührung kamen, begierig gelesen werden.

Eine beträchtliche Anzahl Menschen aus allen Lebensbereichen finden in der Sufilehre etwas, das ihnen eine neue Einsicht in das Leben vermittelt. Das liegt zum Teil in der überraschenden Art, in der die herkömmlichen Meinungen, die sich die Menschen über irgend jemanden oder irgendetwas machen in einer ganz neuen Weise dargestellt und herausgestellt werden und eine erfrischende, treffende Betrachtungsweise der Welt wird angedeutet.

Niemand ist mehr dazu geeignet, auf die Spitzfindigkeiten des gewöhnlichen menschlichen Verhaltens hinzuweisen als Mulla Nasrudin und in seinem Buch „Die Sufis" schreibt Shah:„Niemand weiß tatsächlich, wer Nasrudin war, wo er lebte oder zu welcher Zeit, und das ist bezeichnend, denn die Absicht besteht darin, eine Figur zu zeigen, die nicht wirklich charakterisiert werden kann und die zeitlos ist. Dies hat die Leute nicht daran gehindert, ihn mit einer unechten Vergangenheit und sogar mit einer Grabstelle zu versehen!" Oberflächlich betrachtet können die Nasrudingeschichten als unterhaltsame Witze bezeichnet werden aber es braucht nicht lange, um zu erkennen, daß sie anders als gewöhnliche Gags verlaufen. Anscheinend sind sie ein Witz, vielleicht ein moralischer, und dann kommt noch ein kleines Extra hinzu, das eine tiefere Ebene berührt.

Shah hat drei Sammlungen Mulla Nasrudin-Geschichten veröffentlicht. Der erste erschienene Band war „The Exploits of Mulla Nasrudin", danach folgten zwei andere Sammlungen. Diese Bücher wurden mehrfach sowohl hier als auch in Amerika neu aufgelegt und dies ist ein sicherer Beweis ihrer andauernden Popularität. Zu Beginn des nächsten Jahres wird eine vierte Sammlung „The World of Mulla Nasrudin" veröffentlicht werden und diese wird mehr als fünfhundert Erzählungen einschließlich Kommentare und Hinweise zum Verständnis der tieferen Bedeutung beinhalten.

Herr Shah, darf ich beginnen, Sie zu fragen, warum Sie so viele Geschichten veröffentlichen wollen?

Nun, ich denke hauptsächlich, weil ich die Art der Einstellung und Einsicht, die Mulla Nasrudin und seine Geschichten porträtiert, in diesem Teil der Welt nicht genügend vorhanden sehe.

Was nun ist genau die Rolle des Mulla in der Lehre der Sufis?

Nun, zeitgemäß ausgedrückt, kann der Mulla so charakterisiert werden: er reflektiert adäquat und akkurat die Funktionsweisen des menschlichen Geistes — darüber hinaus kann man auch sagen, daß verschiedene menschliche Institutionen und Aktivitäten als erweiterte Aktionen des menschlichen Geistes betrachtet werden und deswegen können wir durch die Betrachtung der Ereignisse den Geist verstehen und umgekehrt.

Ihre Familie stammt aus Afghanistan, wie ich höre.
Das stimmt.

Wie ergeht es dem Mulla im heutigen Afghanistan?
Sehr gut, in der Tat; Mulla Nasrudin geht es während Zeiten der Unterdrückung oder was auch immer, am besten. Letztlich habe ich den neuesten Mulla-Witz aus Afghanistan gehört:

Mulla Nasrudin ist Mitglied der Afghanischen Sicherheitskräfte, die Wache an einer Straßenecke in Kabul, der Hauptstadt Afghanistans, stehen; es ist an einem Sommerabend. Nun, die Ausgangssperre beginnt momentan in Afghanistan um 21.30 h. Ein Freund kommt vorbei und er sieht, wie Mulla Nasrudin sein Gewehr auf

einen Passanten richtet und ihn erschießt — tatsächlich erschießt.
Nun, der Freund ist total erregt und sagt „Mulla — warum hast Du
das getan?" und der Mulla sagt „Nun, er hat gegen die Ausgangssperre verstoßen." „Aber ..." sagte der Freund „Schau, bis dahin ist
es doch noch eine halbe Stunde!" „Ah", sagte der Mulla, „Weißt Du,
ich kenne diesen Mann, und ich weiß, daß er es niemals vor Beginn
der Ausgangssperre nach Hause geschafft hätte und da habe ich ihn
eben jetzt schon getötet!"

*Ich habe hier eine Auswahl meiner Lieblingsgeschichten und
möchte Sie fragen, ob Sie so freundlich wären, eine davon für uns
vorzulesen und vielleicht ein wenig dazu zu erklären.*
Ja! Das tue ich gerne:
Ein Nachbar kam zu Nasrudin und sagte: „Mulla, ich möchte
deinen Esel leihen". „Es tut mir leid", sagte der Mulla, „aber ich habe
ihn schon verliehen." Gerade als er ausgesprochen hatte, schrie der
Esel und ein Geräusch drang aus Nasrudins Stall. „Aber Mulla",
sagte der Freund, „ich kann deinen Esel hören — er ist doch hier!"
Während er dem Mann die Tür vor der Nase zuschlug, sagte Nasrudin — würdevoll: „Ein Mann, der dem Wort eines Esels mehr glaubt
als meinem eigenen Wort, verdient es nicht, irgendetwas geliehen zu
bekommen."

*Mir scheint da eine sehr offensichtliche Moral in der Geschichte
zu sein.*
Ich glaube, wir dürfen niemals vergessen, daß die Mulla Nasrudin-
Geschichten nicht unbedingt interpretiert werden sollen, diese Geschichten werden häufig unterschiedlichen Menschen — seien sie
nun in technischen Labors beschäftigt oder Begleiter alter Karawan-
sereien — erzählt; die Intention besteht darin, die Aussage der
Geschichte den Bedürfnissen der speziellen Person anzupassen.
Aber in diesem Falle könnte man sagen, daß eine Bedeutung der
Geschichte darin besteht, daß wir keine Mutmaßungen anstellen
sollen, während wir hier sitzen und sprechen, an einem Sommer-
nachmittag im schönen, ländlichen Kent.
Offensichtlich mutmaßt der Nachbar, daß er den Esel geliehen
bekommt, wenn er einen guten Grund dafür nennen kann: daß er
nämlich den Esel hören kann; und wir mutmaßen mit dem Mulla, der
Mann sei nicht glaubwürdig, denn er hat Mulla Nasrudin widerspro-
chen — etwas, was wir alle sehr häufig tun; wir mögen Leute nicht
sehr, wenn sie etwas sagen, was uns nicht paßt. Aber primär geht es
um die Vorstellung, daß das, was wir sagen, nicht das ist, was wir
wirklich meinen, so wie in der Geschichte Mulla Nasrudin sagt, daß

er den Esel nicht hat, es aber nicht wirklich meint. Es ist so ähnlich wie die Sache mit dem Zimmermädchen, die an der Tür gewöhnlich sagte — zu der Zeit als sie hier noch Zimmermädchen hatten: 'Die Hausherrin ist ausgegangen.'

Hier ist noch eine andere Geschichte, eine meiner liebsten, sie heißt „Psychologie".

Ja, es ist natürlich eine sehr kurze. 'Mulla Nasrudin suchte einen Psychiater auf und er sagte dem Psychiater: „Mein Problem besteht darin, daß ich nichts behalten kann." „Ah, wann hat dieser Zustand angefangen?" fragte der Arzt. „Wann hat *was* angefangen?" sagte Nasrudin! — Nun, die Zuhörer mögen bei dieser Geschichte denken, daß sie eine der üblichen Geschichten ist, die man auch im Westen hört. An diesem Punkt glaube ich, ist es wichtig zu sagen, daß Mulla Nasrudin wirklich nicht einem bestimmten Ort oder irgend einer bestimmten Zeit angehört. Viele seiner Geschichten sind auch im Westen geläufig; sie können Witze von Joe Miller oder Späße von Till Eulenspiegel sein.

Aber es kommt auf die Art an, wie wir diese Späße betrachten. Nun, bei dieser Geschichte vom Psychiater können wir erkennen, daß der Psychiater einen Fehler begeht, indem er Mulla Nasrudin bittet, sein Gedächtnis zu benutzen und Mulla Nasrudin weist darauf hin, indem er sagt, daß er sich nicht erinnern kann. Das ist eine Betrachtungsweise dieser Geschichte — daß der Experte nicht immer Recht hat — und es gibt noch andere mögliche Interpretationen. Aber in diesem Falle können wir sagen: das Hauptgewicht der Geschichte besteht in der Aussage, daß der Experte nicht unbedingt Recht hat. Und Mulla Nasrudin ist wahrscheinlich deswegen zum Psychiater gegangen, um ihm dies zu vermitteln.

Das leitet über zu der nächsten Geschichte, die „Get the facts straight" heißt.

Nun, da war ein Führer, der eine Gruppe im Britischen Museum herumführte und er sagte: „Dieser Sarkophag ist fünftausend Jahre alt." Ein Bärtiger mit einem Turban trat nach vorne: „Sie irren sich", sagte Nasrudin, „denn es sind fünftausendunddrei Jahre". Jeder war beeindruckt, aber der Führer war nicht sehr erfreut. Sie gingen in einen anderen Raum. „Diese Vase" sagte der Führer „ist zweitausendfünfhundert Jahre alt." „Zweitausendfünfhundertunddrei!" betonte Nasrudin. „Also so was!" sagte der Führer, „wie können Sie die Gegenstände so präzise datieren? Mich kümmert es nicht, auch wenn Sie aus dem Osten kommen, man kann so etwas einfach nicht wissen!" „Ah, das ist ganz einfach" sagte Nasrudin, „Vor drei Jahren war ich zuletzt hier und damals sagten Sie, daß die Vase zweitausendfünfhundert Jahre alt sei!"

Diese Geschichte bringt mich zum Lachen und einige der Nasrudin-Geschichten bringen mich nicht zum Lachen. Sagen Sie mir etwas darüber. Warum klingen einige der Witze so wahr und andere ... da habe ich das Gefühl, daß ich nicht mitkomme.

Ich glaube, das liegt an der unterschiedlichen Auffassung von Humor in verschiedenen Kulturen. Im Osten beispielsweise ist ein Witz nicht unbedingt zum Lachen da. Er kann amüsant sein, ein wenig amüsant oder er kann auch von der Art sein, dessen wirkliche Bedeutung und das Verständnis oder sogar der Humor erst nach einer langen Zeit offenbar wird, besonders dann — so wie es viele Menschen nach dem Lesen dieser Bücher gesagt haben — wenn ein Ereignis eintritt, daß dem intendierten Witz mehr oder weniger gleicht und man dann über sich selbst darin lachen kann.

Das ist der Schlüssel dazu, nicht wahr? ...
Oh, ja ...

In der Tat, der Witz spricht von uns.
Das tut er. Das tut er ...

Erzählen Sie mir eine neue Geschichte über Nasrudin. Was macht er so, in Rußland?

Nun, die neueste Geschichte über ihn kommt aus dem Kreml. Ich habe einen Freund bei den Vereinigten Nationen, der letzlich, vorgestern zu mir kam und diese Geschichte erzählte. ‚Ein Delegationsmitglied einer Konferenz in der Sowjetunion hatte einen sehr langen Tag hinter sich und er kehrte in sein Hotel zurück, entschloß sich, das Fernsehen anzumachen und sich ein bißchen abzulenken. Wie Sie wahrscheinlich wissen gibt es drei Fernsehsender in Moskau. Der Mann schaltete auf Sender Eins und da sah er den Genossen Breschnew eine Ansprache über den Ruhm der Sowjetunion halten und er dachte, daß dies doch ein bißchen zuviel für den Abend sei und so versuchte er es mit dem Sender Zwei. Tatsächlich war dort der Genosse Breschnew schon wieder. Dann wählte er den Sender Drei. Auf Sender Drei war er erfreut, Mulla Nasrudin zu sehen und dieser begann gerade einen Witz zu erzählen. Als er mitten drin war, starrte Nasrudin den Mann plötzlich aus dem Bildschirm heraus an und sagte: „Was ist los mit Dir, Genosse? Magst Du den Genossen Breschnew etwa nicht?"'

*Lesen Sie bitte für mich die nächste Geschichte, die „Costly"
heißt.*

Nun, in der Geschichte „Costly" öffnet Nasrudin einen Stand und
stellt einen Schild das besagt: „Zwei Fragen über jedes Thema
werden für fünf Pfund beantwortet". Ein Mann, der zwei sehr drin-
gende Fragen hatte, reichte ihm sein Geld und sagte dabei: „Fünf
Pfund sind ein recht teurer Preis für zwei Fragen, nicht wahr?" „Ja!"
sagte Nasrudin, „Die nächste Frage bitte".'

*Wir nennen ihn Mulla Nasrudin und manchmal betrachten einige
Leute Mullas oder Hodschas als etwas Fremdartiges. (Wenn man in
die Sufilehre einsteigen oder sogar irgendeiner Sufi-Gruppe beitre-
ten will, muß man dazu Arabisch, Persisch lernen oder ein Moslem
werden?) Beispielsweise, wenn ich die Tumulte im Iran betrachte,
vielleicht werden die Menschen von einer solchen Kultur, aus der
der Mulla kommt, abgestoßen. Können Sie etwas über diese
Aspekte der Kultur aussagen, aus der die Sufilehre stammt?*

Ja ... Ich kann Ihr Problem sehr gut verstehen, denn lange bevor
ich jemals in den Westen reiste, da gab es eine große Anzahl Leute,
die es wahrscheinlich im Osten immer noch gibt, die dachten, daß
jeder im Westen ein Imperialist oder Missionar sei oder beispielsweise zum Selbstmord neige, eine alltägliche Erscheinung hier und
eine absolut nicht alltägliche im Osten. Also diese Vereinfachungen
verschwinden. Nun, wenn wir jetzt in einem Wohnzimmer irgendwo
im Mittleren Osten sitzen würden, könnte uns sehr wohl — oder
würde uns — die Frage gestellt werden, ob das, was in Nord-Irland
vor sich geht, charakteristisch für das Christentum sei.

Also, ich glaube, diese Art von Problem braucht uns nicht sehr
lange aufzuhalten. Ein Mulla bedeutet einfach ein weiser Mensch, er
ist kein Priester. Es gibt im Islam keine Priesterschaft. Priesterschaft
ist, wenn nicht gar verboten, so gut wie unbekannt. Priester werden
nicht ordiniert, denn es gibt keine Ordinationsmechanismen. Das
bedeutet natürlich nicht, daß auch wir nicht unsere abweichenden
Formen und Abweichungen haben, so wie Sie es im Westen auch
haben, und was einige islamische Fanatiker und angebliche Sufis
betrifft, kann ich nur sagen, daß im Westen die Leute dazu zu neigen
scheinen, die schlechtesten Ausprägungen von uns zu kopieren und
die gibt es bei uns, so als wenn wir im Osten die Schlangenbeschwö-
rer aus Carolina imitiert hätten und würden sie als Hauptrepräsen-
tanten der Christen bezeichnen — die Leute, die sich von Schlangen
beißen lassen, um ihre Frömmigkeit zu beweisen. Das ist also ein
allgemeines Problem und wir sollten im Gedächtnis behalten, daß es
noch viele Menschen im Osten gibt und ich, als einer davon, habe

meinen Freunden im Osten erzählt, daß es noch viele Menschen im Westen gibt, die in keiner Weise dem grotesken Bild ähneln, mit dem die Medien vollgestopft sind.

Das führt uns vielleicht zu der nächsten Geschichte „Predigt des Nasrudin", die östlich gestaltet ist, wenn man es so ausdrücken darf, aber mit einer sehr treffenden Bedeutung.

Nun, sie ist eine der klassischen Mulla Nasrudin-Geschichten. Es gibt sie in jeder gedruckten oder geschriebenen Sammlung und sie ist vielleicht die bekannteste aller Mulla Nasrudin-Geschichten; ich bin deshalb froh, sie hier wiedergeben zu dürfen.

Eines Tages dachten Dorfbewohner sich aus, Nasrudin einen Streich zu spielen. Denn er war angeblich ein Heiliger Mann irgendeiner Richtung, ein Mulla (wie ich Ihnen gesagt habe, Mullas sind tatsächlich nicht wirklich charakterisierbar. Niemand weiß genau, was sie sind). Sie gingen zu ihm und baten ihn, in ihrer Moschee eine Predigt zu halten und er stimmte zu. Als der Tag gekommen war, bestieg Nasrudin die Kanzel und sprach: „Oh, Ihr Menschen! Wißt Ihr, was ich Euch sagen soll?" „Nein, nein, wir wissen es nicht", schrien sie. „Solange Ihr es nicht wißt, kann ich es nicht sagen. Ihr seid zu dumm, um einen Beginn zu machen", sagte der Mulla voller Unmut darüber, daß solche dummen Menschen seine Zeit vergeuden sollten. Er stieg die Kanzel herunter und ging nach Hause. Ein wenig enttäuscht ging eine Abordnung wieder zu seinem Haus und man bat ihn, am folgenden Freitag — dem Tag des Gebets — zu predigen. Nasrudin begann seine Predigt mit der gleichen Frage wie zuvor. Diesmal antwortete die Gemeinde im Chor: „Ja, Mulla, ja, wir wissen es". „Wenn das so ist," sagte der Mulla, „dann gibt es für mich keinen Grund, Euch noch länger hier aufzuhalten — Ihr könnt gehen". Und er ging nach Hause. Nachdem er gebeten wurde, auch noch am dritten Freitag zu predigen, begann er seine Ansprache wie zuvor: „Wißt Ihr oder wißt Ihr nicht?" Die Gemeinde war jetzt darauf vorbereitet: „Einige von uns wissen", riefen sie nach oben, „und andere wissen nicht." „Ausgezeichnet!" sagte Nasrudin, „Dann laßt diejenigen, die wissen, ihr Wissen denjenigen, die nicht wissen, vermitteln." Und er ging nach Hause.

Ich glaube, in dieser Geschichte gibt es einiges Material fürs Denken. Sie ist wirklich wert, genau gelesen zu werden. Was raten Sie mir, wie ich diese Geschichte angehen kann?

Nun, wenn wir die gewöhnlichen Gläubigen — die Frömmler — wie ich sie mal nennen darf — betrachten, dann sehen wir, wenn wir das untersuchen, was sie über die Jahrhunderte hinweg gesagt und gelehrt haben, daß es für Menschen wie Nasrudin keinen Bedarf gibt, denn alles ist schriftlich niedergelegt und genau das sagt Mulla Nasrudin in diesem Zusammenhang. Der zweite Grund für diese Lehre des Mulla Nasrudin besteht darin, daß das, was er tatsächlich vermitteln kann, einigen Leuten nicht bekannt ist, und wenn es ihnen bekannt wäre, dann gäbe es keine Notwendigkeit für seine Predigt, denn sie könnten es den anderen mitteilen; nicht alle wissen es, denn andernfalls bedürfte es nicht einer Institution wie dieses Priesters, und falls es allen unbekannt ist, wie könnten sie es dann wissen wollen? Das ist also die wirkliche Schwierigkeit dieser Geschichte.

Kann ich zurückkommen auf das Thema der Sufis und ihrer Lehre und Sie noch mehr dazu fragen? Um sich mit Nasrudin auseinanderzusetzen, können wir Ihre Bücher lesen, aber wenn wir diese Lehre nun vertiefen wollen – sollten wir gen Osten ziehen und sollten in die Orte gehen, aus denen diese Geschichten kommen oder versuchen, Leute ausfindig zu machen, die uns Ratschläge geben können. Oder können wir das hier in England oder in Amerika finden?

Die Sufilehre ist an keine Kultur und an keinen speziellen Ort gebunden. Wenn Sie eine Sprache lernen, und sehr häufig habe ich solche Menschen getroffen, die eine östliche Sprache erlernten, um in einige der Geheimnisse der Kultur einzudringen, dann werden Sie häufig bemerken, daß diese Menschen, obwohl fließend in der Sprache, überraschenderweise weniger in der Lage sind zu verstehen, als jene, die sich auf andere Weise den Zugang zu der Kultur verschafft haben. Die Antwort heißt also sicherlich, daß Sie tatsächlich nirgendwo hingehen müssen. Der Grund für die Verfassung und Veröffentlichung einer Menge dieses Materials in Englisch und zufälligerweise auch in zwölf andere Sprachen, darunter die meisten europäischen Sprachen, liegt darin, ein Teil des Materials, das in festgefügten Sätzen verfügbar ist, den Augen und dem Gedankengut der gebildeten Menschen im Westen zu erschließen. Dadurch kann man wesentliche Dinge zusammenfassen, und alles, was sonst schwer zugänglich ist, durch das geschriebene Wort vermitteln.

Das ist der Grund für diese Veröffentlichungen, die ich schon seit langem betreibe — somit ist es nicht notwendig, irgendwo hin zu gehen oder irgendetwas zu glauben. Es bedarf nur der Vermittlung der Grundlage für das weitere Verständnis — in Bereichen, die meiner Meinung nach, im Westen etwas unterentwickelt sind. Aber Unterentwicklung bedeutet nicht gleichzeitig Nicht-Zugänglichkeit.

Würden Sie noch eine weitere Geschichte erzählen?

Nun diese Geschichte ereignete sich in London, bezeichnenderweise. Ein Mann war zwischen die Schienen in der U-Bahnstation gefallen und Nasrudin kam gerade vorbei. Die Menschen umringten ihn und versuchten, ihn zu erreichen, bevor die Bahn ihn überrollen würde. Und sie riefen: „Geben Sie uns Ihre Hand — geben Sie uns Ihre Hand", aber der Mann streckte seine Hand nicht aus. Der Mulla kämpfe sich seinen Weg durch die Menge und beugte sich über den Mann. „Freund" sagte er, „was ist Ihr Beruf?" „Ich bin Inspektor für Einkommenssteuern", keuchte der Mann. „Wenn das so ist" sagte Nasrudin „nehmen Sie meine Hand!" Und der Mann ergriff sofort die Hand des Mullas und wurde in Sicherheit gebracht. Nasrudin wandte sich an das erstaunte Publikum. Er sagte „Bittet niemals einen Steuereinzieher, Euch irgendetwas zu geben, Ihr Tölpel."

Ich glaube nicht, daß man die Notwendigkeit von Grundlagenforschung *zu stark* betonen kann; in diesem Falle das Lesen, denn über mein Thema und auch andere Themen ähnlichen Inhalts ist so viel veröffentlicht worden.

Als ich in Amerika war, es war vor nicht allzu langer Zeit, richtete ich das Wort an ein Publikum von dreitausendzweihundert Menschen und danach stand ich für Fragen zur Verfügung. Eine der Fragen lautete: „Welche Bücher sollten wir lesen, um das von Ihnen Gesagte und Ihr Tun zu verstehen?" Nun, diese Frage erschien mir relativ einleuchtend und ich sagte sofort: „Sie müssen jedes Buch über dieses Thema lesen, ob es sich nun dafür oder dagegen ausspricht — ob es nun die Sache von innen heraus betrachtet oder ob es inhaltlich nur im Äußeren verbleibt, um selbst mit dem Thema bekannt zu werden und um herauszufinden, welche Fragen man stellen sollte, welche Fragen dumm sind, welche zulässig und welche Ihnen nützlich sind für die Schaffung einer „kulturellen Grundlage" — wenn ich das einmal so ausdrücken darf — auf diesem Gebiet. Lesen Sie also alles." Und dann stand ein anderer auf und sagte: „Aber sicherlich sollten wir nichts lesen, das z.B. Sie angreift?" Und ich sagte: „Vor allem anderen sollten Sie das lesen." In diesem Moment gab es einen Höllenlärm; jeder lachte und klatschte usw. Als wieder Ruhe hergestellt war, sagte der Vorsitzende des Treffens, ein angesehener Akademiker: „Wir sind Ihnen dankbar, denn zum erstenmal in meinem Leben, nach fünfunddreißig Jahren in dieser Universität, habe ich jemanden gehört, der empfiehlt, daß *alles* Verfügbare über ein Thema gelesen werden sollte."

Nun, wenn dies auf irgendeine Art typisch ist, müssen wir tatsächlich darüber nachdenken, denn ich würde sagen, daß wir zuerst unsere Grundlagenforschung betreiben müssen. Dies ist der Unterschied zwischen dem, was wir versuchen zu tun und dem, was Sie eine „Sekte" nennen würden. Eine „Sekte" engt Ihre Sicht ein — man sagt da 'tu dies nicht', 'lies dies nicht', man sagt 'lies jenes', man sagt 'tu dies', man sagt 'tu jenes nicht'. Nun, in der Tat tun sie nur dies: verengen, verengen, verengen, die Konzentration verengen — nicht immer zum Vorteil desjenigen — und verbauen alle anderen möglichen Zugänge. Und sie haben nicht unbedingt einen positiven Einfluß.

Das große Problem bei der Einführung sufistischen Gedankenguts speziell im Westen, denn dieses Prinzip wird im Osten verstanden, ist die Herausstellung der Tatsache, daß wir anders vorgehen als Sekten oder sogar Religionen oder Systeme. Wir sind vor allem eine erzieherische Institution, wenn ich das einmal so ausdrücken darf. Das ist genau wie beim Einzug in eine Wohnung, wenn der Küchenboden dreckig ist und man als erstes den Küchenboden schrubbt. Man beginnt z.B. nicht gleich mit der Komposition von Symphonien in einem solchen Ort, natürlich nur dann wenn man ein normaler Mensch ist; natürlich mögen Sie anders darüber denken, aber ich tue es nicht!

Die Menschen werden konditioniert. Wir können heutzutage viele von diesen sog. Sekten sehen und es erscheint mir so, daß viele junge Menschen sich in diese Sekten verwickeln lassen. Warum müssen sie sich bei ihrer Suche nach Hilfestellungen in fast gefährliche Organisationen - soweit ich diese beobachten kann - verwickeln lassen?

Ich glaube, das Traurige an dieser Frage des Sich-Verwickelns in Sekten besteht darin, daß soviele Menschen, die ich z.B. getroffen habe, und die so gefangen waren — fast versklavt — in Wirklichkeit anständige, ehrliche Menschen sind, die nach der Wahrheit suchen, die aus guten Verhältnissen kommen und *keine* Psychopathen sind, sondern die zu lernen versuchen, und gerade sie scheinen der fruchtbarste Boden für die Sekten zu sein. Nun lautet die Frage: Was kann man dagegen tun? Ich bin relativ sicher, daß in den letzten Jahren, sagen wir mal in den letzten dreißig Jahren — mit Sicherheit seit dem Koreakrieg, als man herausfand, wie leicht es ist, Menschen zu konditionieren, zu programmieren, sie Gehirnwäschen zu unterziehen, eine riesige Anzahl authentisches und nachweisbares Material in Form von Büchern, Monographien und Vorlesungen und allen anderen Medien verfügbar wurde, das erklärt, was Sekten sind, wie die Menschen konditioniert, entkonditioniert, neukonditioniert, neu programmiert werden — und doch wurde dieses Material immer noch nicht in die herkömmlichen schulischen Programme aufgenommen. Nun, ich bin Vater von Teenagern, und ich kann Ihnen versichern, daß diese Kinder niemandem als besonders abnormal oder ungewöhnlich auffallen — sie sind recht intelligent und kommen in der Schule gut mit. Der Unterschied zwischen diesen Kindern und den Kindern in ihrer Schule besteht darin, daß meine Kinder von mir gründlich über die Mechanismen der Indoktrinierung, der Sektenbildung und der menschlichen Verletzbarkeit aufgeklärt wurden. Wenn man beispielsweise Hygieneunterricht in den Schulen erteilt, kann man auch diese Informationen vermitteln, und ich freue mich auf den Tag, wenn diese Inhalte Eingang in das Curriculum finden, zumindest ab der vierten Klasse und man auf diese Weise die Menschen dagegen immunisieren kann, in die Hände solcher zu fallen, die danach streben und auch sehr häufig damit Erfolg haben, sie zu manipulieren.

Gibt es im Menschen eine angeborene Unterscheidungskraft, die uns unmittelbar erkennen läßt, von was wir uns fernhalten müssen bzw. was wir entdecken müssen? Oder gibt es etwas – so wie Sie sagen – was man tatsächlich lehren kann; kann Unterscheidungskraft gelehrt werden?
Oh, ja. Ich denke schon, ich denke, es wird schon getan. Letzten Endes lehren wir doch Unterscheidungen zu treffen bei Dingen wie Musik oder Kunst oder sogar was wir essen und was wir nicht essen, und es gibt gute Gründe, dies zu lehren und gute Vernunftsgründe — gute Erklärungen, warum man es lehrt. Somit gibt es überhaupt keine Schwierigkeit, diese Art des Lehrens in die allgemeinen Lehrpläne jedweder Schule und auf fast jeder Stufe einzuschleusen.

Ist es tatsächlich so einfach?
Ich denke, das ist es. Was die Unterscheidungsvoraussetzungen oder die Kapazität angeht — natürlich sind die schon vorhanden, denn sonst würde ja jeder zu Sekten gehören!

Es gibt hier noch eine letzte Mulla Nasrudin-Geschichte, die darüber etwas aussagt: die Geschichte, in der der Student zu Nasrudin geht und ihm eine Frage stellt.
Ein Student ging zu Nasrudin und sagte: „Mulla, können Sie mir sagen, warum Sie immer eine Frage mit einer Frage beantworten?" und Mulla Nasrudin sagte: „Tu ich das?"
Sehen Sie, obwohl wir in der Lage waren, eine Menge in diesem Gespräch mit Hilfe von Frage und Antwort herauszuarbeiten, möchte ich doch nicht den Eindruck hinterlassen, daß es bei Mulla Nasrudin um Fragen und Antworten geht. Es geht um Bildung im

weitesten Sinne, es geht um die Erweiterung des Horizonts, um mehr lernen, um die Verinnerlichung von Geisteshaltungen und Verhaltensweisen, die uns befähigen, mehr über die Dinge zu erfahren.

Reshad Feild

Reshad Feild — Sufi und Heilkundiger

Virgina Lee und T. Mike Walter

reprinted by permission of Yoga-Journal © 1982, Yoga Journal, 2054 University Ave., Berkeley, CA 94704, USA

übersetzt von Angelika Nichols

Auf den ersten Blick scheint Reshad Feild ein ganz gewöhnlicher Mann zu sein, der alle Freude des Lebens genießt. Aber nach einigen Stunden spürt man, daß sein Leben einem außergewöhnlichen Zweck auf dieser Erde dient. Im Gegensatz zum konventionellen Bild eines spirituellen Lehrers und esoterischen Heilkundigen verliert Reshad niemals den Kontakt zu seiner menschlichen Natur und er ist der erste, der seine Unzulänglichkeiten zugibt; er findet keine Entschuldigungen für sich selbst. Auch stellt er sich nicht als Beispiel für andere dar oder kultiviert die Abhängigkeit derer, die ihn als gottähnlichen Menschen verehren. Er hat kein Interesse daran, „spirituellen" Vorstellungen zu genügen. Er ist viel subtiler.

„Viele Leute kommen zu mir und erwarten eine Art Guru vorzufinden", sagt er, „und dann sind sie enttäuscht, wenn sie feststellen, daß ich tatsächlich ein Mensch bin. Vielleicht besitze ich ein bißchen Wissen für jene, die dafür bereit sind. Diejenigen, die äußere Form wollen, finden äußere Form, aber diejenigen, die nach der Essenz suchen, werden die Essenz finden. Ich vermittle Essenz, aber ich glaube – am yogischen Maßstab gemessen – bin ich ein sehr ungehorsamer Mensch." Seine Augen blicken schelmisch und er lacht ungezwungen.

Reshad, von Geburt Engländer, ist dazu bestimmt, auf dem Weg der Liebe zu dienen: durch Lehre und Heilkunst, deren vollständige Bedeutung durch seine Taten und Geschichten offenbart wird. Viele seiner Geschichten sind in seinen ersten beiden Büchern „The last Barrier" (1977) und „The Invisible Way" (1979) enthalten, die bei Harper & Row erschienen sind.[1] Obwohl seine Bücher auch kelti-

[1] *Ich ging den Weg des Derwisch* (Fischer-Taschenbuch) und *Das Siegel des Derwisch* (Diederichs)

sche, christliche und islamische Traditionen beinhalten, bezeichnet
sich Reshad selbst als Sufi. Der Unterschied zwischen einem Sufi
und einem Yogi wird in den „Sufi Teachings" von Hazrat Inayat
Khan erklärt: „Sufis und Yogis können sich gegenseitig respektieren", schreibt er, „denn der einzige Unterschied zwischen dem Yogi
und dem Sufi besteht darin, daß sich der Yogi mehr um Spiritualität
und der Sufi mehr um die Menschheit kümmert. Der Yogi glaubt,
daß es besser ist, Gott zu sein; der Sufi glaubt, es sei besser, ein
Mensch zu sein, denn wenn jemand nur spirituell ist, dann besteht
immer die Gefahr eines Nachuntenfallens ... und doch gibt es zwischen dem Sufi und dem Yogi keinen inneren Unterschied."

Die Sufis glauben, daß alle Bedürfnisse und Wünsche des
menschlichen Körpers dazu da sind, befriedigt zu werden; wir sollten alles, was wir haben, genießen, aber wir sollten uns auch nicht
groß darum kümmern, wenn wir es nicht haben. Das Prinzip des
Nicht-Anhaftens ist das gleiche wie in der Yoga-Tradition, obwohl
die Sufis die grundlegende Bejahung der Funktion der Bedürfnisse
im Leben befürworten.

Die Sufi-Tradition ist subtil und häufig geheim. Wenn man eine
Sufigeschichte hört, muß man auf die intendierte Lehre, die in der
Geschichte verborgen ist, achten. Diese Lehre kann gleichzeitig auf
vielen verschiedenen Ebenen vorhanden sein. So wie in Parabeln,
sind die eigentlichen Fakten in einer solchen Erzählweise nur sekun-
där, und sie können sich jedesmal – entsprechend der Umstände –
auch verändern. In der Sufi-Tradition geht es um die Kunst des
Zuhörens und des Lernens der zahllosen Geheimnisse in den verschiedenen Lebenssituationen.

Als westlicher Scheich des Mevlevi-Ordens der Tanzenden Derwische hat Reshad Feild mit der Tradition gebrochen, indem er den
Derwisch-Tanz auch Frauen lehrte und ihnen gestattete, bei
öffentlichen Veranstaltungen über Derwisch-Kunst aufzutre-
ten. „Zu lange haben die Männer die kreative Energie von Frauen
ignoriert", sagt er. „Der Mevlevi-Weg ist ein Weg der Vervollständi-
gung, und nicht der Bekehrung. Er ist keine Religion oder Sekte.
Viele Menschen gehören dazu und wissen es gar nicht. Sie bedürfen
nur noch der Bestätigung. Beim Tanz macht man eine innere Erfahrung, über die niemand sprechen kann: es ist eine Disziplin des
Körpers, des Geistes und der Seele. Wir wenden uns an Gott, der
die Liebe ist, so wie er sich in uns der Welt zuwendet und sich in uns
lieben läßt."

Reshad sagt, daß er „nur zum Dienen da ist". Dies erreicht er
durch das, was er die „Arbeit" nennt. Er gründete „lebendige Schulen" in England, Mexiko, Kanada (Vancouver, B.C.) und den USA.

An einem sonnigen Sommermorgen fuhren wir in die Berge nahe von Santa Cruz, Californien, um diesen „verrufenen" Sufi-Heilkundigen zu interviewen. Als wir uns dem mehrstöckigen Holzhaus näherten, das Reshad zum vorübergehenden Wohnsitz hat, bemerkten wir die gut gepflegten Gärten, die singenden Vögel und einen Bach, der unter einer zum Haus führenden Brücke vorbeifloß. Wir waren kaum durch die Tür getreten, als uns schon jemand höflich eine Tasse englischen Tees anbot. Man hatte das Gefül, eine gräfliche Residenz zu betreten, in der alles wie am Schnürchen lief. Reshad, ein großer, rothaariger Mann, erschien.

Sie wurden in den Sufismus eingeweiht? Wann haben Sie Pir Vilayat Khan getroffen? Und wie wurden Sie ein Sheik?

Es war in Paris während der Sechziger Jahre als ich gerade aus dem Fernen Osten kam. Ich fuhr nach London und traf dort eine Frau, die die letzte Prinzessin von Borneo war und „Die Weiße Prinzessin" genannt wurde. Mit ihr ging ich zur Caxton Hall in London und dort war Pir Vilayat Khan. Es war eine sehr ungewöhnliche Erfahrung. Etwas geschah und ich gab einfach alles auf und ging nach Paris, um bei ihm zu sein. Dies geschah lange, bevor er nach Amerika kam. Wissen Sie, damals war da eine ganz andere Szene; er arbeitete mit recht wenigen Leuten auf ganz andere Art und Weise.

Ich arbeitete mit Pir Vilayat in Paris und er initierte mich zum Scheich des Sufi-Ordens. Ich warf mich in die Roben und trug sie für vielleicht drei Jahre. Letztendlich wurden sie mir zu warm. Er war es, der mich zu Hamid (der in „Ich ging den Weg des Derwischs" vorkommt) schickte. Er sagte: „Sie brauchen einen strengen Lehrer," denn ich war stur, eigensinnig, großtuerisch, in dieser Richtung. So ging ich also zu Hamid, der ein sehr, sehr strenger Lehrer war. Ich brauchte das. Jetzt bin ich dankbar. Ich verbrachte viereinhalb Jahre bei ihm.

Schließlich wurde Hamid eine Art Führer im Hintergrund. Er ließ mich gewähren. Gelegentlich sagte er: „Schau, Reshad, glauben Sie nicht, es wäre besser, wenn..." Das ging so weiter bis zu einem bestimmten Zeitpunkt als ich mich in der südwestlichen Türkei befand und ich einen großen Streit mit meinem Lehrer hatte. Das war sehr fruchtbar. Er bat mich etwas zu tun, was ich als unmoralisch betrachtete. Nun, was ist Moral für den einen und was ist Moral für den anderen? Verstehen Sie, was ich meine? Aber du mußt auf das hören, was in deinem Herzen ist und ich konnte einfach nicht tun, was er von mir verlangte. Er fragte mich dreimal. In der Sufi-Tradition, auch bei den Druiden, bedeutet das dreimalige Fragen und das dreimalige „Nein" den Austritt. Sofort draußen, wenn Sie wissen, was ich meine. Und so trennte ich mich von Hamid.

Zwei Jahre lang stand ich auf dem Trockenen, so könnte man es wohl bezeichnen. Wenn du dein Leben einmal dem Lehrer gegeben hast, dann gibt es kein Zurück mehr. Er sagte mir immer, „Vertraue. Vertraue! Vertraue!!" Und ich dachte (jetzt denke ich das nicht mehr), daß „Vertrauen" bedeutet, einem Menschen zu vertrauen. Aber Vertrauen ist eine Eigenschaft Gottes. Und *dann* weißt du, wem du vertrauen kannst. Aber ich war einfach zu dickhäutig, um das damals zu verstehen. Als Hamid und ich uns trennten, sagte er: „In Ordnung, wirst Du Dein Versprechen einlösen?" Ich sagte „Natürlich." „Du hast gesagt, daß Du ein Zentrum in Mexiko, in Amerika und in Kanada eröffnen würdest. Wirst Du das auch auch tun?" Ich brauchte zehn Jahre, um das zu erreichen, was ich gesagt hatte. Jetzt muß ich ihn nicht mehr sehen. Ich kann ihn sehen, ohne von meinem Stuhl aufzustehen! Er kümmert sich um seine Sachen und ich mich um meine.

Im Jahre 1975 — um zur Gegenwart zu kommen — erhielt ich einen Brief von Suleyman Dede. Er sprach kein Englisch und war nur einmal in seinem Leben aus der Türkei herausgekommen. Er wollte nach Amerika kommen. Zu dieser Zeit hatte ich eine Schule in Los Angeles, die sich „Institut des Bewußten Lebens" nannte und in der 31 Leute wohnten und 200 Leute kamen jeden Abend. Suleyman Dede wollte kommen und wir sammelten das Geld und ließen ihn herfliegen.

Meine Frau und ich lebten in einem winzigen Haus mit nur zwei Zimmern; wir waren in einem Raum mit dem Baby und er klopft an die Tür, um vier Uhr morgens. Denken Sie daran, daß er kein Englisch spricht und ich spreche kein Türkisch und er ist zum ersten Mal in Amerika. Er signalisierte mir, die Waschungen zu verrichten. Ich wußte, wie man das tut und tat es denn auch. Dann nötigte er mich, in den Raum zu kommen und breitete die *Khirqa* aus, seine Robe, das *Sikke,* seinen eigenen Koran und seine Gebetskette; er signalisierte mir, mit ihm zu beten und das tat ich. Zu diesem Zeitpunkt hatte ich keine Ahnung, was geschehen sollte, ich war wohl etwas naiv. Ich verstand nichts von dem, was er sagte. Er drehte sich um und sagte, „Taman!", legte mir die Robe um, das Sikke auf meinen Kopf und sagte „Jetzt sind Sie der erste Scheich des Westens und ich kann nach Hause zurückkehren und sterben." Ich hatte nicht einmal soviel Zeit um Nein! zu sagen. So wurde ich ein Scheich der „tanzenden" Mevlevi-Derwische. Das war im Jahre 1975. Danach wurden noch andere Scheichs initiiert und jetzt ist Suleyman Dedes Sohn Jalaluddin offizieller Nachfolger von Dede.

Ich sah, daß Sie ein Bild des goldbestickten, birnenförmigen Mevlevi-Symbols mit türkischen Schriftzeichen darin haben. Was besagen sie?

Suleyman Dede hat mir das 1975 geschickt; es ist eine Kopie des Originals. Er sagte mir. „Leute werden mit Ihnen streiten, sie werden Sie verleugnen und so weiter. Aber Sie nehmen dieses Dokument und sie können nichts mehr bestreiten." Das ist seine Unterschrift und dies ist sein Siegel auf einer Erklärung, die besagt, daß er nach Los Angeles gekommen ist und mich initiiert hat. Es stimmt, daß ich seither von vielen Menschen sehr oft verleumdet wurde, denn ich glaube, daß ich mich nicht so verhalte, wie es die Leute erwarten.

Ich werde Ihnen drei Definitionen eines Sufis geben: Die eine besagt: „Ein Sufi ist ein Sohn des Augenblicks." Die nächste: „Wenn du einen Derwisch findest, dann gibt es ihn nicht." Und die letzte „Unter einem Dach ist kein Platz für zwei Scheichs, aber unter einer Decke ist Platz für zwölf Derwische." Ich habe den Sufi-Weg so stark verinnerlicht; man kopiert ihn nicht. Muslim bedeutet „Gläubiger". Islam bedeutet „Einwilligung". Yoga bedeutet „Vereinigung". Was mich betrifft, so geht man dahin, wo der Boden fruchtbar ist. Bei den Sufis ist das was anderes: sie dürfen nirgends hingehen, außer wenn sie dazu eingeladen werden. Man geht nicht fort und bürdet dieses oder jenes einem anderen auf, verstehen Sie? Es ist das gleiche bei den Druiden. Da gibt es keinen Unterschied. Die wahre esoterische Lehre der Sufis ist immer so.

Alles ist eine Frage „Der Frage". Die Frage ist wie ein Fluß, der zum Meer zurückfließt. Wenn wir nicht unser ganzes Leben lang in der Frage sind, sind wir auch nicht im Fluß, sind wir nicht im Tao. Es ist die Frage, die den Fluß zum Fließen bringt. Wenn wir das vergessen, sind wir arrogant. Bleib bei der Frage, sage ich immer, denn wir können niemals genug wissen. Nur Gott weiß es — einerlei.

Wie verknüpfen sie den Sufismus mit der New-Age-Bewegung?

Dieses Land hier, Amerika, ist das Neue Zeitalter. Darüber gibt es keine Frage. Ich bin sehr dankbar, hier zu sein. „Sei jetzt hier," das sagt Ram Dass. Aber um Ihre Frage zu beantworten, man muß die Verantwortlichkeit in dieser Welt mit der Möglichkeit der Führung im Gleichgewicht halten. In der Sufi-Tradition ist es solange nicht erlaubt, irgend etwas zu tun, bis man seine Füße auf der Erde hat, bis man eine Familie gegründet hat, einiges Geld oder was auch immer hat. Denn wenn wir es nicht organisieren, dann kann man leicht in einen Zustand des Sich-Gehenlassens geraten und mißverstehen, was Führung ist. Mit anderen Worten, die Führung kann aus unserer niederen Natur kommen, man mag sie Gier nennen; sie kommt also

31

nicht von der höchsten Quelle oder einer höheren Welt. Das kann ganz leicht passieren.

Ich betone immer die großartigen Worte von Mevlana Jalaluddin Rumi: „Dankbarkeit ist der Schlüssel zum Willen." Bei all diesem Guru-Geschäft, diesem Show-Business — wie ich es nenne —, gibt es kein Wort für Dankbarsein. Eine Mutter weiß dankbar zu sein für ein wunderschönes Kind und so sollte es auch beim Vater sein. Wir sollten dankbar sein dafür, daß wir am Leben sind. Leider wird dies in unserem Unterrichtswesen nicht gelehrt: *Dankbar zu sein!*

Wenn Leute zu Ihnen kommen, die geheilt werden wollen, was glauben Sie, warum sie tatsächlich kommen?
Sehr wenige kommen — relativ gesehen —, denn ich bin sehr streng. Es gibt wirkliche Veränderung und den Anschein der Veränderung. Wenn eine Person sich real verwandeln will, dann wird sie es tun. Heutzutage bekomme ich nur noch die „hoffnungslosen" Fälle. Diese Leute haben schon alles andere ausprobiert und ich bin ihre letzte Hoffnung. Und vielen geht es danach besser.

Weil sie sich schließlich dazu entschlossen haben, oder? Liegt das an Ihnen oder an den Patienten selbst?
An mir nicht...

Kommen wir zu der Energie, die Sie ausströmen.
Gute Frage.

Sie katalysieren etwas, das schon in ihnen selbst ist, das sie nicht geschehen lassen, solange bis Sie ostentativ die „Heilung" vornehmen, suggestiv vielleicht. Sind die Leute letztlich nicht doch selbst für ihre Lage verantwortlich?
Ja, aber wir alle brauchen uns gegenseitig, denn Gott liebt uns.

Es geht nur darum, dankbar zu sein! Wenn du bewußt auswählst, bewußt ißt, bewußt liebst, bewußt Liebe machst, dann macht das schon einen Unterschied aus, nicht wahr? Ich lehre diese Menschen, wie man dankbar ist. Wir halten dieses Haus hier absolut sauber, wie Sie selbst sehen können. Sauberkeit ist das Erste und Dankbarkeit ist das Zweite. Man braucht nicht viel zu essen, aber man ißt das, was man bekommt. Ich kann Vegetarier sein oder aber auch Nicht-Vegetarier — ich selbst war sieben Jahre lang Vegetarier. Aber es geht nur darum, dankbar zu sein für das, was man bekommt. Das ist für mich wichtiger, als alles andere. Nicht, daß ich nun unbedingt viel Fleisch esse oder sonst irgend etwas, aber Gott gibt uns alles. Ohne Dankbarkeit ist die Spiritualität keine Spiritualität.

Worauf es einzig ankommt — Yoga, Vereinigung — Dankbarkeit ist das einzige worauf es beim Yoga ankommt. Sufismus — Dankbarkeit! Christentum — Dankbarkeit!

Würden Sie sagen, daß spirituelle Techniken dann mißbraucht werden, wenn man sie zur Selbsterhöhung benutzt?
Absolut. Da sitzen die Leute ununterbrochen und meditieren, oder was auch immer, aber was ist der Sinn davon? Ich erzähle Ihnen eine meiner bekannteren Geschichten. Als ich diesen Bauernhof in England betrieb, war mein Häuschen ca. eine halbe Meile entfernt. Eines Tages sagte ich zu meinem Sekretär: „Irgendwas stimmt hier nicht." Ich ging den Hof herunter in Richtung des Flusses, der mittendurch führte. Es war sehr trocken gewesen und der Fluß war so gut wie ausgetrocknet. Ich sah zwei Amerikaner, beide sind jetzt gute Freunde von mir geworden, und sie praktizierten Tai Chi Chuan. Die Sonne ging unter und warf lange Schatten auf den Rasen. Es war schon recht schön, was sie da taten, aber ich wußte, genau das war es, was nicht stimmte. Als ich ihnen entgegenging, hörte ich ein Blip-Blip-Blup unter der Brücke aus dem 16. Jahrhundert, die in der Nähe des Standortes der beiden Amerikaner war. Wumm, ich warf beide auf die Erde. Ich sagte: „Ihr Einfaltspinsel! Während Ihr Tai Chi Chuan macht, sterben 14 Fische an Sauerstoffmangel!" Es gab da 150 Yards entfernt einen See und hier standen die beiden, vollständig im Schlaf versunken und ihr Spielchen spielend. Ich sagte: „Besorgt Netze und Eimer, nehmt die Fische und tut sie in den See," und das taten sie denn auch. Dann warf ich beide heraus, denn es ist nicht gut, etwas zu tun, das nicht nützlich ist.
Die Leute fragen mich manchmal, „Reshad, Sie scheinen nicht viel zu meditieren." Ich sage, „Meine Lieben, ich tue das ununterbrochen."

Und doch muß es etwas geben, das die Menschen zu dem Punkt bringen kann, von dem aus sie die Welt vom spirituellen Gesichtspunkt betrachten können.
Ja, in der Sufi-Tradition ist es absolut wichtig, einen Lehrer zu haben. Und ich widerspreche dem so oft, denn ich denke, so wie jeder andere auch, daß ich es allein schaffen kann. Aber ohne Lehrer ist man in der Tat auf gefährlichem Boden. Ein Lehrer ist in deinem Geist, in deinem Atem; er verläßt dich nie, so lange, bis du den Durchbruch erlangt hast und dann kann er gehen.
Jesus Christus war ein außerordentlich ungewöhnlicher Mann, wenn man in Betracht zieht, daß er seine Mission im Alter von 34 schon abgeschlossen hatte. Und ich glaube, er war es, der sagte, „An den Früchten sollt Ihr sie erkennen."

Als ich ihn fragte, was eine lebendige Schule ausmacht, sagte mir mein Lehrer: „Als erstes: spürst Du die Gegenwart des Göttlichen in den Leuten, die dort sind? Zweitens, sehen sie sich alle ähnlich? Wenn das so ist, dann ist es keine lebendige Schule, denn die Individualität wird verleugnet. Wenn Ihr also alle gleich gekleidet seid, dann ist das lächerlich. Es ist sehr wichtig, das zu verstehen. An den Früchten sollt Ihr sie erkennen. Du wirst die lebendige Gegenwart in diesen Menschen spüren; es ist Licht in ihren Augen." Ich glaube, das ist für die Leser des Yoga Journals sehr wichtig zu wissen: Wie findet man einen Lehrer? Was ist eine wirkliche Schule?

Ich möchte auch über die Verpflichtung sprechen. Soweit es uns betrifft, in unserer Tradition: wenn man sich verpflichtet, verpflichtet man sich für immer. Es ist wie bei einer echten Ehe.

Einmal wollte ich einen Tag freinehmen, denn ich hatte sehr schwer gearbeitet; ich hatte 30 bis 40 Leute jeden Tag getroffen und das den ganzen Tag lang. Aber man kann während der Arbeit nicht einen Tag aussetzen, nicht wahr? Wenn man einmal gesagt hat, „ich werde es tun", dann ist das gültig für immer. Es ist so, als würde man einen Tag von der Mutterschaft freinehmen. Man kann das nicht tun, oder das Kind wird verhungern. Wenn du dein Leben einmal der Arbeit gewidmet hast, kannst du niemals mehr zurück, niemals.

Aber das Geben ist nicht leicht und nur wenige Menschen tun es überhaupt. Sie geben vor, es zu tun, sie meditieren, sie besuchen einen Kurs nach dem anderen, aber sie haben ihr Leben nicht gegeben. Und was ist die Arbeit? Es ist die Arbeit der Transformation von innen und außen. Warum sollten wir sonst hier sein? Gurdjieff sagte einmal in einer seiner großartigsten Äußerungen: „Der Mensch ist ein kosmisches Gerät zur Transformation der feinen Energien." Es gibt so viele Welten innerhalb der Welt. Ich helfe dabei, die Zukunft in die Gegenwart zu bringen.

Die Dringlichkeit heißt: hier anzukommen, denn du hast nur einen Tag zur Verfügung. Ich sehe dich heute, ich beobachte dich, ich liebe dich. Morgen bist du schon wieder anders. Aber Er bleibt der gleiche, oder die Essenz in dir selbst. Alles andere verändert sich, verwandelt sich zu Staub. Der Moment ist dann gekommen, wenn etwas möglich ist. Der Prophet — Frieden und Segen für ihn — sagte: „Sucht alles Wissen, auch wenn es in China ist." Er meinte damit, *Liebe ohne Wissen reicht nicht aus.* Wir sind Glieder einer ganz neuen Generation. Ich würde also raten, daß wir lernen, wie man *hier* ist, wie man *hier* dient, wie man *hier* baut und wie man die Erziehung zu etwas Wahrem macht. Laßt uns unseren Kindern helfen, auf daß sie uns alle einer Welt entgegenführen, in der wir wissen, daß es nur einen Gott gibt, ein Absolutes Wesen. In diesem Wissen können wir wahrhaft dienen.

Nachtrag

Seit dem Zeitpunkt des eben geführten Interviews hat Reshads Leben unerwartete Wendepunkte erlebt. Aufgrund eines Machtwechsels innerhalb der Sufi-Hierarchie, blieb Reshad nicht in Santa Cruz, um seine „lebendige Schule" weiterzuführen. Stattdessen wurde die gesamte Mevlana-Stiftung Jalaluddin, dem Sohn Suleyman Dedes, übergeben, für den Reshad als „Regent" fungiert hatte, bis der junge Mann volljährig wurde und soweit erwachsen war, die Sufi-Tradition seines Vaters fortzuführen. „Mein Job ist vollbracht. Ich habe mein Versprechen an Suleyman Dede gehalten und eine Organisation aufgebaut, die sein Sohn übernehmen kann."

Obwohl seine Tage als Sufi-Lehrer des Mevlevi-Ordens vorüber sind, lebt und lehrt Reshad in dem ihm eigenen unnachahmbaren Stil weiter. Er verbringt den Herbst und Winter im amerikanischen Südwesten (Colorado und Arizona) und hat, zusammen mit seiner Gefährtin Penny, ein Buch zusammengestellt, das sein Lebenswerk, all seine Lehren, die sich seit 1971 angesammelt hatten, wiedergibt. Dieses neue Buch, das noch veröffentlicht werden muß, hat den Titel „The Alchemy of the Heart — Steps to Freedom". Es gliedert sich in eine Reihe von 12 Kapiteln und beschreibt den Fortschritt eines spirituell Suchenden, vom Rechten Grund, von der Verpflichtung und der Wahl eines Weges bis zur Mystik und der Auferstehung.

In seinem Kapitel über Transformation, sagte Reshad dem Leser: „In der Sufi-Tradition sprechen wir häufig über Regen. Wir sagen, daß es eine andere Welt gibt, die eine andere Sonne und einen anderen Himmel hat. Der Regen, der in dieser Welt fällt, ist der Regen der Gnade, der die Transformation des Menschen mit sich bringt." Reshad definiert seine Termini klar, er gibt seinen Worten tiefe und präzise Bedeutungen, Worten, die manchmal wahllos in Kreisen der New-Age-Bewegung verwandt werden: „Wir verwechseln das Wort Bewußtsein häufig mit Sensibilität. Sensibilität gehört uns selbst, aber Bewußtsein ist eine der Energien, die schon in sich selbst vollständig sind. Wir können Bewußtsein nicht erweitern, denn es gehört uns nicht." Das Wesentlichste im Leben Reshads ist zu Beginn des 7. Kapitels enthalten: „Unser Leben soll das Hervorbringen von Liebe sein und das bedeutet, daß Liebe möglich wird."

„Die Alchemie des Herzens" ist das letzte Buch einer Trilogie, eine Art Schlußfolgerung zu den beiden ersten Büchern: „Ich ging den Weg" und „Das Siegel des Derwisch". Reshad beschreibt das erstere als ein Buch, das von männlicher Energie durchdrungen ist. Es verkörpert die Essenz der menschlichen Suche. Im Gegensatz dazu umfaßt das zweite Buch das Weibliche; es ist eine Liebesgeschichte und beleuchtet das Prinzip der Hingabe an das Leben, an die Wahrheit und letztlich an den Tod. Reshads neues Buch ist eine Vereinigung des Männlichen und des Weiblichen, und die Themen der beiden ersten Bücher werden weiterentwickelt. Im Gegensatz zu den früheren Büchern ist „The Alchemy of the Heart" nicht autobiographisch sondern stellt sich in der Form der direkten Lehre dar.

Er hat auch noch ein viertes Buch in Bearbeitung, das von den Mustern handelt, die die Natur und auch unser Leben bestimmen. Mit Hilfe einer unglaublichen Bilderserie, die er selbst aufgenommen hat, wird Reshad erklären, wie unausweichlich diese Muster sind und wie alte und abgetane Muster mit neuen verschmelzen müssen, um eine wirkliche Veränderung herbeizuführen.

Jetzt ist eine sehr wichtige Zeit in Reshads Leben. So wie seine literarische Figur John in „Das Siegel des Derwisch", fühlt sich Reshad gezwungen, seine Zeit, die er noch auf der Erde zu leben hat, dafür zu nutzen, seine Erfahrung weiterzuvermitteln. Indem er einen fortwährenden Kampf um seine Gesundheit führt, praktiziert er seine revolutionären Heilmethoden bei seinen Patienten und bei sich selbst. Er sagt, daß er den Krebs schon dreimal in seinem Leben überwunden hat und daß er noch einmal dazu entschlossen ist. Wir können nur eins tun: dankbar sein, für das, was er der Welt bereits gegeben hat und noch dankbarer für das, was da noch kommen mag.

Adnan Sarhan

Sufis — Die Reinen

Interview mit Adnan Sarhan

Aufgenommen von Bruno Martin und Hussein Abdul Fattah in Haus Schnede.

Adnan Sarhan ist ein irakischer Sufi, ca. 55 Jahre alt. Er wuchs in einer Artistenfamilie auf und erzählt, daß er schon als Junge Körperübungen anleitete. Später war er Boxer und lehrte Bauchtanz, den er im Ursprung für eine spirituelle Übung hält, welche die vitalen und sensiblen Energien aktiviert. Seine Übungskombination von Körperübungen, Yoga, Tanz, Bewegung und Sikr spricht viele westliche Menschen an. Er behauptet von sich, in folgende Orden (tariqa) eingeweiht zu sein: Naqschibandi, Rifai, Qadiri und Mevlevi. Seine Methode ist als Schattari bekannt, die schnelle Methode. Er ist Präsident der „Sufi-Foundation of America" und hat ein Zentrum in Torreon, New Mexiko, USA, wo er sich 3 Monate im Jahr zu seinem Sommerkurs aufhält. Ansonsten reist er in der Welt herum und hält „Sufi-Workshops" ab. Zuletzt war er in Europa, in Paris, Madrid und auch im Sufi-Zentrum Haus Schnede, bei Hamburg, wo wir ihn sprachen.

Wir freuen uns, daß Sie nach Haus Schnede kamen und ihr Übungssystem einführten. Wir möchten die Gelegenheit nutzen und einige Fragen über Ihre Arbeit stellen. Die allgemeine Frage zuerst: Was ist Sufitum?

Sufitum ist Reinheit. Eine Veränderung des Zustandes, in dem du dich befindest in einen neuen, den du davor nicht hattest. Eine Evolution. So ist alles, was die Reinheit anstrebt Sufitum. Das Wort Sufi, arabisch *safa*, bedeutet Klarheit und Reinheit. Und das kann auch im Menschen passieren: klar zu sein, rein zu sein und in dem, was man tut, besser zu werden. Das Licht wird reiner, und es wird schöner. Denn das Leben der Menschen, egal wo sie leben, sollte in Harmonie mit der Umgebung und der Natur sein. Das ist auch der kreative Weg. Denn wenn die Luft nicht rein gehalten wird, also nicht schöpferisch bleibt, bedeutet das, daß die Dinge verfallen ...

Es heißt, das Sufitum sei die Mystik des Islam. Welche Verbindung hat Ihre Arbeit mit dem Islam, mit der Religion?

Als eine 'Religion' bedeutet das Wort *Islam* 'Friede'. Und es gab viele Religionen im mittleren Osten. Islam ist die abschließende. Und alle Religionen, die dem Islam vorhergingen, tausende von Jahren lang, kamen, um den Leuten eine gute Lebensweise zu zeigen. Sie zeigten wie die Leute leben sollten, was sie tun sollten — sozusagen Gesetz und Ordnung —, damit die Menschen in der Welt in Harmonie miteinander leben konnten. Doch der Islam war anders, als die anderen Religionen, innerhalb des Islam kam ein Entwicklungssystem auf, das Sufitum ... Wenn man das lebt, entwickelt man sich. Es ist positiv. Gibt es keine Möglichkeit, dieses System auszuüben, gibt es auch keinen Fortschritt. Das ist ganz einfach. Doch nur von außen her gesehen ist es schwierig, weil die Leute es nicht kennen. Sie haben keine Ahnung. Sufitum ist Freiheit, und hat keine Begrenzung. Es geht über die Religion hinaus. Religion ist wie eine Plattform, von der man beginnt. Doch von dort aus mußt du höher springen. Die Religion ist sehr gut für die Leute, wenn sie nach ihr leben, denn dann können sie in Frieden leben und sich des Lebens erfreuen. Doch die Sufi-Idee ist die Frage im Herzen der Menschen. Wer sind wir? Was tun wir? Woher kommen wir? Wohin gehen wir? Was ist das Universum? Was ist Existenz? Was ist Leben? Was ist der Geist, was ist der Tod?

All diese Fragen beschäftigen die Leute nicht. Die religiösen Menschen stellen diese Fragen nicht, aber im Sufismus werden diese Fragen gestellt. Es gibt auf dem Sufi-Weg keine Hindernisse. Die Sufis fragen sogar nach der Existenz Gottes, wer ist Gott?

Was bedeutet das Wort 'Gott'?

Gott ist eine Energie, und eine Intelligenz, die das ganze Universum umschließt. Und sie ist überall. Die Intelligenz ist das, was die Dinge anders macht. Es gibt viele Existenzebenen der Geschöpfe. Und jedes von ihnen hat eine gewisse Intelligenz. Nehmen wir einen Hasen zum Beispiel, oder eine Katze, oder einen Hund. Wenn Du eine kleine Ameise auf dem Tisch siehst und sie fangen möchtest, versucht sie wegzulaufen, weil sie mit Intelligenz operiert. Doch diese Intelligenz ist völlig verschieden von der menschlichen Intelligenz. Ein menschliches Wesen ist das höchste aller Geschöpfe auf der Stufenleiter der Intelligenz. Eine Fliege auf deinem Arm oder der Hand, weiß nichts darüber, weder über den Arm, noch die Hand, noch wer du bist. Doch die Fliege lebt in der gleichen Welt wie der Mensch. Und jeder hat seine eigene Existenzebene. Und wo steht der Mensch im Vergleich zu einer höheren Welt? Genau da wo die

Fliege im Verhältnis zum Menschen steht. Weil die Fliege nicht begreifen kann, was die menschliche Haut zum Beispiel ist — sie hat nur die Intelligenz um wegzufliegen.

Bedeutet das, daß Intelligenz und Verstehen höher sind als die Fähigkeit zur Liebe? Daß Intelligenz die höchste Eigenschaft des Menschen ist?

Ja, je mehr Intelligenz da ist, je mehr Liebe ist möglich. Weil dann mehr Verständnis da ist, eine bessere Wahrnehmung. Intelligenz und Liebe stehen tatsächlich in Verbindung mit dem Geist und dem Bewußtsein, und wenn diese sich erheben auf eine höhere Stufe ist alles verändert.

Der Geist ist das Innere des Menschen. Nun, Geist ist die Entwicklung für die Seele, oder das Selbst. Wenn du den Geist in die Seele gelangen läßt, entwickelst du dich als spirituelles Wesen und es verändert sich. Und wenn sich die Menschen in dieser Richtung verbessern wird das Leben schöner, denn das Leben ist nur eine Ausdehnung des Geistes. Es gibt einen Fluß, einer innen, einer außen und zusammen. Wenn du diesen trennst, gibt es kein Leben und keinen Geist. Zusammen erschaffen sie das Leben. Wenn der Geist also hochsteht (high spirit) wird das Leben schöner. Und alles Existierende im Universum, in der Welt, ist zum Wohle der Menschen da. Gott hat all diese Dinge für die Menschen gemacht und um sich daran zu erfreuen ... Doch wenn die Menschen sie mißbrauchen, wird das Leben negativ. Wie man heute sieht; betrachten wir nur die technologische Entwicklung.

Bedeutet das, daß die Menschen den Geist und die Materie mißbrauchen?

Sie mißbrauchen die materielle Welt und was diese hervorbringt, weil sie nicht mit dem Geist in Kontakt sind. Wenn der Geist vorhanden ist gibt es auch keinen Mißbrauch. Weil der Geist nicht in der Luft liegt, suchen die Menschen äußere Befriedigung und Glück. Und nichts Wirkliches geschieht.

Was heißt Geist für Sie?

Der Geist ist die positive Macht und Kraft. Und das Verstehen, die Tiefe, die Wahrnehmung. Geist ist die Kraft, die Gott den Menschen schickt. Gott gab den Menschen die Seele, als sie auf die Erde kamen. Doch wenn sie sich nicht durch das Leben entwickeln, das sie leben, gibt es keinen Geist. Der Geist kann entwickelt werden, und wachsen, und das Leben der Menschen verändern. Es ist etwas, was du ernähren mußt. Die Menschen essen, weil sie leben wollen, aber ernähren damit nur den Körper. Und mit dem Geist ist es das gleiche, er muß ernährt werden, immerzu.

Man geht von einer Stufe zur anderen bei seiner Entwicklung. Hat man eine Stufe erreicht, geht man zur nächsten. Das ist auch eine Lebensweise. Viele Leute denken: wie lange wird es dauern, bis ich entwickelt bin, bis mein Geist gewachsen ist, zwei Wochen, einen Monat, oder vier? Dann zur 'Tagesordnung' überzugehen, macht keinen Sinn. Man kann nicht am Geist arbeiten und dann zu anderen Dingen übergehen, es ist ein Lebensweg. Du lebst es, es wird Teil von dir und du wirst Teil des Geistes. Und wenn der Geist in eine Gruppe kommt, in eine Gemeinschaft, kann jeder glücklich werden. Geben, Großzügigkeit, Hilfe für andere, Positive Haltung, etc. sind die Ziele. Mißtrauen behindert die Beziehungen der Menschen.

Bezieht sich das auf das Innere und Äußere? Sie sprachen über jacal *und* jamal, *die äußere und innere Vollkommenheit.*

Ist Großzügigkeit etwas, was das Innere oder Äußere betrifft, oder beides?

Das Äußere ist die Form. Das Innere das Wesen. Eine Statue ist nur eine Form und hat kein Leben, es bleibt die Form. Doch menschliche Wesen sind anders als Statuen. Sie haben auch eine Form, und wenn kein Geist in ihnen ist, unterscheiden sie sich vielleicht nicht von der Form. Dann sind sie Statuen. Weil die innere Entwicklung nach außen drängt, verändern sich auch die äußeren Dinge. Viele Frauen, die in den USA z.B. zu mir kamen, hatten starkes make-up, Haarfestiger und schöne Kleider. Als sie mit mir arbeiteten, verschwand das alles, weil sie von innen her schön werden und die Schönheit nach außen kommt. Die Wangen werden rot und die Augen klar und sie verändern sich völlig. Das geschah mit Hunderten von Menschen. Wenn jedoch nichts im Innern ist, muß man das Äußere dauernd anstreichen, und doch geschieht nichts. Es ist keine Kraft in dir, keine Lebenskraft. Wenn kein Geist in den Menschen ist, haben sie Schwierigkeiten sich zu verständigen, miteinander zu reden, eine gute Zeit miteinander zu haben. Sie langweilen sich gegenseitig. Ich sehe das überall in der Welt, in der westlichen Welt; sogar bei einer Party können sie sich nicht unterhalten, jeder hat einen Drink in der Hand, sitzt in der Ecke und raucht. Das ist alles, keine Kommunikationsmöglichkeit, weil sie keine innere Tiefe haben.

Können Sie uns etwas über die Übungen sagen, mit denen sie arbeiten. Zum Beispiel dieses Singen der Namen Gottes. Allah Hu und andere. Welche Funktionen hat das oder was ist die Wirkung?

Was wir heute Vormittag machten, beinahe den ganzen Vormittag, war ein Singen. Doch es ist etwas anderes, eine Art verwobenes Singen, wie das Herstellen eines persischen Teppichs. Wenn du einen großen persischen Teppich kennst, mit all seinen Farben, Mustern und Ornamenten, etwas sehr Schönes, kannst du eine Energie darin sehen. Was wir heute machten, war genau das gleiche. Wir webten einen inneren Teppich. Es hat mit der inneren Kraft des Wesens zu tun. Es waren Abschnitte mit Singen, dann Übungen mit dem Körper dazwischen, Musik dazwischen, aber es ging dauernd weiter und evolvierte. Das letzte was wir machten, war eine Bewegung des Körpers in Verbindung mit dem Namen Allah: Hu Allah, also in umgekehrter Reihenfolge. *Hu* ist der mystische Klang, ein sehr mächtiger Ton. Und mit der letzten Übung, die wir damit machten, sollte tatsächlich ein Reinigen des Körpers und eine Umwandlung von allem darin bewirkt werden: z.B. eine negative Haltung, eine Schwäche oder Krankheit, ein Problem, oder negativer Gedanke kam durch den Ton *Hu* heraus. Mit *Huuu* kannst du alles schlechte aus dem Körper herausschaffen, weil es eine besondere Beziehung zum Atmen hat, und wenn du inhalierst, dann bringst du Leben hinein. Jedesmal wenn du ausatmest, atmest du das Tote aus. Mit dem Einatmen bringst du Leben in dich hinein, mit dem Ausatmen das Abgestorbene hinaus. So wirst du jedesmal neu geboren. Der Ton *Hu* ist einer der Namen Gottes, vom Wort *Huwa* abgeleitet, was bedeutet, das Gott existiert. *Hu* repräsentiert auch den Ton des Universums und dehnt sich im ganzen Universum aus, eine anschwellende Bewegung.

Es ist ein sehr friedvoller Ton. Die verschiedenen Techniken damit, die Vielfältigkeit, brachte die Leute in einen anderen Zustand. Wie die Macht des Friedens, die er mitbrachte. Der Laut *Hu* kommt aus der Tiefe. Er ist auch mit dem Herzen der menschlichen Wesen verbunden, nicht dem körperlichen Herzen, sondern der Ursache des Lebens, die man das *Herz* nennt. Wenn die Ursache des Lebens nicht da ist, gibt es kein Leben. Das wird als Herz bezeichnet. Die Sufis sind daran interessiert diese Kraft zu wecken, denn damit wird der Rest deines Wesens entwickelt. Die Intelligenz, der Intellekt, die Psyche, die Gefühle, die verschiedenen Teile des Körpers. Ihre Entwicklung kommt durch diese Veränderung. Der Laut *Hu* ist mit diesem Zentrum verbunden. Deshalb geht es immer tiefer, wenn es gemacht wird. Und die Leute fühlen sich nicht gestört, sie können sogar über den Punkt der Müdigkeit hinausgehen, sie werden wieder lebendig. Es gibt viele Techniken damit, viele dieser Übungen können mit sehr scharfen Bewegungen ausgeführt werden. Ich benutze sie hier nicht, weil die Leute noch nicht so weit sind. Doch es ist sehr effektiv. Danach ist man dann in dem Zustand der Ruhe und des Friedens, was die Leute heute erlebten.

Haben sie andere Methoden der Transformation?
Die göttlichen Laute, das Singen all dieser Mantren. . Der Zweck ist Entwicklung der Intelligenz und des Geistes. Aber es sind noch andere Techniken dabei für die Entwicklung der Leute, wenn sie eine Entwicklung benötigen, bevor sie den Geist entfalten. Wenn die Leute psychisch, mental, emotional, körperlich gestört sind, kann man das Singen auch benutzen, doch es gibt noch andere Mittel für die Entwicklung. Wie Therapie zum Beispiel, und Bewegungen. Es gibt unzählige Bewegungen. Tatsächlich erschaffe ich selbst die Bewegungen des Körpers, weil ich mein ganzes Leben damit gearbeitet habe. Und ich mache tausende und abertausende neue Körperbewegungen, die genau für die Umstände passen, genau für das, was die Leute benötigen. Was eine Veränderung bei ihnen bewirkt. Gestern war die Arbeit mehr eine Aktion, äußerlicher, heute mehr innerlicher, weil die Leute dafür bereit waren. Vor zwei Tagen benutzten wir die Worte *men ena – ena hunna,* das ist eine Grundübung und sie hat nichts mit der Entwicklung der Intelligenz zu tun. Sie hat mit der psychologischen Entwicklung und der Zufriedenheit zu tun. Es gibt dabei zwei Energieebenen: Eine Energie geht aufwärts, die andere ist mehr horizontal. Die eine, aufwärtsgehende, stellt eine Verbindung mit den Kräften des Geistes her, die dann herunter gebracht werden. Die andere, mehr horizontale, hat mit dem Leben hier zu tun, dem Leben auf der Erde, der Psyche, der materiellen Welt. Die Verbindung bringt ein Gleichgewicht zwischen dem Geist und der Materie hervor. Das ist die Ebene, auf der wir als menschliche Wesen leben. Diese Harmonie stellt die Kommunikation zwischen Himmel und Erde her, der Mensch repräsentiert sozusagen Gott auf der Erde; wird ihm das bewußt, wird er seine Situation nicht mißbrauchen, nicht ärgerlich werden, nicht kämpfen und töten. Wenn die Macht des Geistes kommt, herrscht Frieden. Die Kriege und Probleme der Welt beruhen auf dem Zorn. Wenn dieser durch den Geist ersetzt wird, wird das Leben schön, für jeden.

Können Sie etwas darüber sagen, was sie auf der psychologischen Ebene tun, wenn Sie von Veränderung sprechen und daß Sie auch Therpie leisten?
Jede Religion ist tatsächlich wie ein psychologisches Training. Im Islam sogar noch mehr. Im Westen wird Psychologie anders verstanden, weil die westliche Psychologie auf Annahmen beruht. Sie sind sich nicht sicher. Sie denken, daß dieses oder jenes passiert. Auch

basiert die westliche Psychologie auf der Vergangenheit, dem Graben in der Vergangenheit um herauszufinden, wo ein Problem herkommt. Und das ist falsch. Oder sie gehen in die Zukunft, haben Hoffnungen oder Erwartungen; beides funktioniert nicht. Das einzige, was das Leben der Leute beeinflußt, ist die Gegenwart. Das Jetzt. Wenn es dir jetzt gut geht, wenn du jetzt alles unter Kontrolle hast, wenn du jetzt glücklich bist, wird deine Zukunft auch glücklich sein. Deshalb ist es nicht notwendig, für die Zukunft zu planen, denn wenn jetzt alles in Ordnung ist, werden nur gute Dinge geschehen. Die Menschen planen im voraus, wenn nicht alle Dinge gut sind. Sie planen für später. Aber wenn du es jetzt tust, brauchst du dich für das Spätere nicht zu sorgen. Und der Augenblick, der aus der Zukunft kommt, wird zum Jetzt. Und in Wirklichkeit gibt es gar keine Zukunft. Wir sind jetzt in der Zukunft! Wenn du die Dinge jetzt richtigstellst, werden die späteren Dinge Teil davon sein. Wenn du eine Erwartung hast, die sich nicht erfüllt, dann hast du ein Problem. Dann benötigst du eine Therapie. Mit der Sufi-Technik kannst du dich von der Erwartung befreien, und frei von dem sein, was dich an etwas haften läßt. Nicht mit etwas identifiziert zu sein erschreckt die Leute, weil sie das mögen, was sie tun. Man kann nur frei sein, wenn man völlig im Geistigen fundiert ist, denn dann ist man nicht mit den äußeren Formen identifiziert.

Haben Sie Kontakte mit anderen Lehren oder Lehrern oder arbeiten Sie mit diesen zusammen?

Viele der Gruppen basieren auf Ritualen, einige sogar nur auf religiösen Formen. Meine Arbeit ist völlig verschieden davon, weil meine Arbeit die Wissenschaft der Seele ist. Sie hat damit zu tun, etwas im Menschen höher zu entwickeln. Und ich lege meiner Arbeit keine Begrenzungen auf, ich benutze alle Dinge, die im Universum vorhanden sind. Alles, was zur Entwicklung verhilft, zu höherem Bewußtsein, zur Realität und zu Gott, sollte benutzt werden. Denn in dem Augenblick, wo etwas verboten ist, behinderst du dich selbst. Das ist alles Unsinn und nicht wirklich ursprünglich, im Sinne der Sache. Alle großen Propheten, Mohammed, Jesus, Moses und alle anderen, und die großen Meister, sehen die Dinge auf eine wissenschaftliche Art. Ihnen ging es um Fortschritt. Viele Dinge, die später in jeder Religion passierten, nach Jahrhunderten, war Zerfall, Auflösung. Und viele Leute beginnen sehr fromm zu werden, ohne zu verstehen, was die Religion ist, oder die Idee, die dahinter steht. Die Religion kam für das Wohl der Menschen, damit die Menschen glücklich sind. Sie kam zum Menschen, nicht der Mensch kommt zur Religion. Deshalb kann man sagen, daß die Religion den Zweck hat, das menschliche Leben zu erleichtern und die Dinge für die Menschen in gute Bahnen zu lenken. Doch die Religion ist nicht dafür da, das menschliche Wesen einzuschränken und alle möglichen rituellen Dinge, Glaubensformen etc. zu schaffen. Das ist Unsinn. Doch das ist heute übriggeblieben, sogar in den arabischen Ländern, im Islam. Und die Essenz und die Stärke der Religion werden nicht mehr wahrgenommen.

Welchen Platz hat die religiöse Praxis bei Ihnen? Sie haben doch gewissermaßen die Religion von der Sufi-Arbeit getrennt, doch sie selbst beten und geben manchmal den Leuten Gebete zur Übung.
Ja, wenn sie bereit dafür sind lehre ich sie auch das Gebet. Aber nicht sofort, weil zuerst eine andere Entwicklung geschehen muß. Und wenn die Fähigkeit geöffnet ist und sie verstehen, worum es geht, lehre ich es. Wenn man es einer Person sofort beibringt, nur weil die Person emotional oder psychisch gestört ist, vor den Dingen wegläuft, usw. ist es nicht ratsam. Man muß Verständnis dafür haben, das ist wichtig. Das Gebet hat z.B. einen Zweck. Es ist ein Schutz. Die Funktion des islamischen Gebets ist sehr machtvoll. Aber es ist auch eine Bewegung darin. Es hat eine Vorbereitung — die Reinlichkeit, die man haben muß — das *Wudu*. Man reinigt sich von der äußeren Welt, bereitet sich auf die Welt vor, bis man mit der Realität Gottes vereinigt wird. Jede Bewegung des Gebets hat einen Zweck. Wenn wir z.B. mit der Stirn und Nase und den Händen den Boden berühren und die Zehen in ihre Position bringen, sagen wir: 'subhana rabbiya-l-à-la el-ala' — „Herrlichkeit gebührt Gott, dem Höchsten". Die Stirn auf dem Boden ist die Anerkenntnis der eigenen Unwichtigkeit, der die Größe der Realität Gottes gegenübersteht. Das ist überall so. Denn die Menschen haben selbst nichts. Nur das Ego macht etwas aus den Dingen. Doch in Wirklichkeit gibt es nichts. Wenn du ein menschliches Wesen zerlegst, in Haut, Knochen, Nase usw. was ist es? Wirklich? Nur wenn die Dinge zusammen sind, und die Seele und der Geist da sind, kann ein menschliches Wesen sich entwickeln. Nimmt man den Geist aus dem Menschen, ist er nur ein Tier. Beim Gebet zu sagen: Herrlichkeit gebührt Gott, dem Allerhöchsten, ist die Anerkennung Seiner Macht, der Schöpfung, und dann fällt alles Schlechte, was du kennst, weg. Du hast keine Probleme mehr. Es gibt keine andere Welt. Keine andere Sprache in der Welt kann den Platz von „subhana rabbiya-l-à-la el-ala'" in dieser Position einnehmen. Nichts anderes funktioniert, nur diese drei Worte. Sie sind magisch. Das gleiche bei der Beugung: „subhana rabbiya-l-à-la el-azim", Ruhm gebührt Gott, dem Größten. Und in dieser Position gehst du auf die gleiche Ebene

mit der anderen Energie, die in der Welt ist und stellst ein Gleichgewicht her. Natürlich gibt es auch körperliche Vorteile der Positionen. Wenn deine Stirn den Boden berührt, geschehen viele Dinge im Körper. Das muß genau gemacht werden, die Knie müssen am Boden sein, das Gesicht usw. und wenn es richtig gemacht wird, verursacht es eine Menge Veränderungen, eine Zusammenziehung des Magens, der sich hochzieht, anstatt nach außen zu drücken. Wenn das mehrmals am Tag gemacht wird, zieht sich der Magen immer zusammen, was gegen jede Schwäche und Krankheit wirkt. Das Nervensystem auf dem Rücken, im Nacken, alles wird beeinflußt. Das Blut steigt zum Kopf, die Augen, die Nase werden positiv beeinflußt. Die Muskeln im Rücken usw. werden entspannt. Das Gebet hat also viele therapeutische Vorteile. Aber das Wichtigste ist das Verständnis dessen, was du sagst. Denn wenn du das nicht verstehst, verschwendest du deine Zeit. Du stehst dann nicht in Kommunikation. Mit einem Verständnis bist du in größerer Kommunikation mit dem Geist und Gott und der Realität. Das ist das Ziel. Die Person muß, wie die Sufi sagen, mit dem Herzen dabei sein. Du stellst nämlich alles beim Gebet zur Seite, deine Gedanken, deine Wahrnehmung usw. Denn die vielen Gedanken, die beim Gebet kommen, zerstreuen dich, lassen Negativität in dich eintreten. Und was du tust beim Gebet ist die Arbeit gegen die negativen Kräfte. Die negativen Kräfte möchten deine Veränderung nicht, möchten dich da halten, wo du bist. Deshalb arbeiten die Gedanken in diesem Moment gegen dich. Aber das Gebet ist ein Ganzes, wenn du es verstehst und völlig darin aufgehst und es so tust, wie es richtig ist, dann kann am Ende ein offener Augenblick kommen und grenzenlos werden; ein sehr kurzer Augenblick kann ewig werden und dir die Macht des Friedens geben. Und alles verändert sich. Das ist ein Zweck des Gebets, dir Frieden, Zufriedenheit zu geben. Ein weiterer Zweck ist, dich aus dem, was du gerade tust, herauszubringen. Zum Beispiel bei der Arbeit; du wirst müde, angespannt. Du hältst für eine kurze Zeit an und machst das Gebet, erneuerst dich und gehst wieder in die Welt zurück, und bist und fühlst dich besser.

Auch die Gruppe spielt eine Rolle: beim Freitagsgebet treffen sich viele Menschen, um einander zu verstehen und sich kennenzulernen. Es ist wie ein Gemeinschaftstreffen.

Es gibt noch andere Gebete, manche Leute machen sehr viele Gebete täglich, zum Schutz, zu Gott, zur Anrufung der Engel usw.

Für manche Leute ist das anders, weil sie die Hölle und das Feuer fürchten. Deshalb machen sie Schutzgebete, damit Gott sie nicht ins Feuer wirft. Doch einer der großen Sufis sagte: „Ich begehre weder den Himmel noch fürchte ich mich vor der Hölle." (Rabia Al-Adawiya)

Es kommt auf den Zustand an, in dem du bist. Denn alles was du tust, bist du. Nicht Gott. Gott kümmert sich nicht darum. Nur wenn du dich verbesserst und Dinge für dein Wohlergehen tust, wird Gott kommen und dir dabei helfen, deine Kräfte zu stärken. Es ist auch für Dein Wohlergehen und Leben besser, Frieden, Ruhe und Entspannung zu haben, sich am Leben zu erfreuen, anstatt gespannt und nervös zu sein. Doch es gibt einige religiöse Menschen, die sich die ganze Zeit fürchten, weil Gott ihnen etwas Schlechtes tun würde etc. Deshalb beten sie, um Gott wohlgesonnen zu machen. Doch sie tun nichts für sich selbst oder die anderen Menschen. Doch die Idee ist, in die Tiefe zu gehen, um mehr herauszufinden, über die Existenz, das Leben.

Oscar Ichazo

„Ich bin der Ursprung einer neuen Tradition"

Interview mit Oscar Ichazo (Arica)

von Dorothy de Christopher

reprinted by permission © Arica Institute Press, New York

Oscar Ichazo ist mit einer Biographie, die an das Leben und die Reisen Gurdjieffs erinnert, tatsächlich ein bemerkenswerter Mann. Feingliedrig und von zarter Erscheinung hat er einen dynamischen Intellekt und eine nicht zu unterschätzende Visionskraft. Ist Erleuchtung etwas nicht erfaßbares, kurzlebiges, eine Gnade, für die man beten muß, oder kann man es planen, daraufhin arbeiten, ja, es sogar systematisch 'aufbauen'? Oscar behauptet das letztere und gründete vor 10 Jahren das Arica Institut, um es zu beweisen. (Siehe das Buch: John Lilly, Im Zentrum des Zyklons, Fischer-Taschenbuch).

Vom bescheidenen Anfang in der Wüste Chiles, wo mit über 50 Amerikanern das erste Seminar abgehalten wurde, ist Arica zu einer eindrucksvollen und gut organisierten Schule von praktischem und esoterischem Mystizismus angewachsen. Über 200 000 Menschen hatten die Gelegenheit, wenigstens an einem der vielen Arica Seminare, Kurse oder Workshops teilzunehmen, die entwickelt wurden, um den Teilnehmer in einem 9-stufigen Weg zur Erleuchtung zu führen. Oscars Vision schließt das Kommen einer 'Metagesellschaft' ein, d.h. eine Welt von transformierten Institutionen, in der Leute für das gemeinsame Wohl leben. Als er über sein ernstes Anliegen sprach, größere Zahlen von aufgeklärten Individuen mit dem Ziel der Welt zu dienen, auszubilden, sah ich einen Planeten im Gleichgewicht, wo jedes Herz aufgerufen ist, den Kurs unserer Welt mitzuentscheiden.

Durch die Gründung des Arica Insitutes haben Sie Mystizismus, altüberlieferte Weisheit und Ihre eigene Erfahrung verbunden und zum Augangspunkt für das Studium der Entwicklung des menschlichen Bewußtseins gemacht. Sie mußten doch einige persönliche Erfahrungen mit höheren Bewußtseinsstufen gehabt haben, welche Sie veranlaßten, das Bewußtsein über die materiellen Ebenen hinaus zu erforschen.

Mit 6 Jahren begann ich periodisch an schweren kataleptischen Anfällen zu leiden. Alle 2-3 Tage fühlte ich mich beim Einschlafen paralysiert und angsterfüllt. Das dauerte viele Jahre an. Am Anfang geriet ich in Todespanik, aber als das nachließ, wurde ich sehr zynisch, und nach einer Weile dachte ich „na und". Ich lebte mein Leben jeden Tag im Angesicht des Todes und das über Jahre hinweg. Diese Erlebnisse versetzten mich in eine eigenartige Stimmung. Ich war immer ein wenig eigen und sehr unglücklich. Ich fühlte mich wie gefoltert und der einzige Weg, um aus meinen Angstzuständen herauszukommen war der Versuch, alles über meine Krankheit in Erfahrung zu bringen. Ich las über dieses Thema soviel ich konnte. Ich unternahm ein richtig professionelles Studium, bis ich schließlich herausfand, daß eigentlich keiner etwas wußte. Ich erinnere mich noch gut daran, wie entrüstet und voller Zorn ich monatelang war.

Was half Ihnen bei Ihrem Versuch gesund zu werden und zu verstehen, was mit Ihnen nicht stimmte?

Ich war ungefähr 13 Jahre alt und lebte zu diesem Zeitpunkt in Bolivien. Die Curanderos oder indianischen Medizinmänner waren sehr populär, obwohl sie niemand, außer in verzweifelten Situationen, ernst nahm. Manchmal waren ihre Behandlungsmethoden erfolgreich, manchmal aber auch nicht. Langsam begann ich an ihre Behandlungsmethoden zu glauben. Ich freundete mich mit ihnen an und schließlich behandelten sie mich mit Drogen. Meine erste Drogenerfahrung hatte ich mit Ayahuasca (Yahe). Es handelt sich dabei um eine Kletterpflanze, die sich um Bäume schlingt und in den Amazonaswäldern gefunden wird.

Warum glaubten Sie denn gerade als Zyniker, daß deren Heilmethoden helfen würden und hat es Ihnen geholfen?

Nun, alles was sie mir anfangs verordneten, wirkte auf eine gewisse, sonderbare Weise. Zu dieser Zeit war ich sehr realistisch und zynisch. Ich glaubte weder an Gott, Idolatrie oder an Mystizismus. Von meiner Sicht aus stellte ich wissenschaftliche Untersuchungen an, da ich dachte, vielleicht verfügen sie über bestimmte Heilmittel, die der Allgemeinheit zugänglich gemacht werden müßten. Das war mein Ausgangspunkt. Mystizismus kam mir in diesem Zusammenhang noch überhaupt nicht in den Sinn. Das Ayahuasca aber gab mir den Geschmack und die Ahnung, daß da noch etwas anderes existierte. Tatsächlich führten mich mehr als eine dieser Ayahuascaerfahrungen aus meinem Körper heraus. Diese Erfahrung fühlte sich sehr real an, obwohl ich es auch geträumt haben könnte — ich werde es nicht beschwören.

Als Sie in den Bergen diese Erlebnisse, den Körper zu verlassen, hatten, sahen Sie oder fühlten Sie Dinge, an welche Sie sich dann noch im nachherein erinnern konnten?

Ja, es lehrte mich Verschiedenes, aber das Wichtigste war, daß alles im Universum wirklich eins ist. Es gab eine vollkommene, in Manifestationsgrade eingeteilte Einheit mit dem Menschen zweifelsohne an der Spitze. Es war ungeheuerlich für mich, diese Einheit der Materie, welche in der modernen Mathematik nur intellektuell und nicht als lebendige Erfahrung erklärt wird, zu erleben.

War dieses Erleben von Einheit ein Wendepunkt in Ihrem Leben?

Nun, eines führt zum anderen. Ich praktizierte bereits Yoga und hatte auch schon Hypnose ausprobiert. Ebenso hatte ich mich mit, was wir „Bananagruppen" nannten, beschäftigt. Diese Gruppen studierten westliche und einheimische indianische Zauberei und Spiritualismus. Außerdem hatte ich mich mit Theosophie und Hinduphilosophie befaßt. Mit 19 Jahren war all das abgeschlossen und ich hatte das Glück, einen älteren Mann zu treffen, der sich, obwohl ich damals nicht wußte, warum, für mich interessierte. Cirka 1950 lud mich dieser Mann nach Buenos Aires ein, wo ich mit einer Gruppe Mystiker, von denen viele zu dem Zeitpunkt bereits 70-80 Jahre alt waren, zusammentraf. Die meiste Zeit beobachtete ich sie nur und war sehr darauf bedacht, äußerst unauffällig zu sein. Ich servierte ihnen Kaffee und meine Freundschaft mit vielen von ihnen dauerte bis zu deren Tod an.

So, dort also hatten Sie Ihren ersten wirklichen Geschmack von östlichem und westlichem Mystizismus?

Ja, dort begegnete ich einigen Swamis, die uns besuchten und Einweihungen vollzogen. Ich sah alle nur möglichen Yogaarten. Wir praktizierten auch viel indischen und tibetanischen Tantra. Später wiederholte ich diese Studien im Orient, aber hier erhielt ich die Grundlage dafür. Es war hauptsächlich Kriyayoga und viel von der Kabbala. Ganz gleich, worüber sie sich unterhielten, ich probierte es aus und manchmal, wenn sie Zeit hatten, lehrten sie mich das eine oder andere, und ich lernte sehr schnell.

Das scheint eine außergewöhnliche Erfahrung gewesen zu sein. Ein Haus, zu dem viele spirituelle Lehrer kamen, um ihr Wissen auszutauschen. Waren Sie der einzige Student?

Nun, ich wurde nicht als Student angesehen. Die Idee, diese Leute mit ihrem speziellen Wissen zusammenzubringen, hatte eigentlich ihren Ursprung bei Gurdjieff, das aber eher angedeutet als gesagt wurde.

Waren diese Leute Südamerikaner?

Keiner von ihnen war ein Südamerikaner. Sie waren Europäer oder vom mittleren Osten.

Wohin führten Sie Ihre Reisen nach Ihrem Umgang mit den Lehrern in Buenos Aires? In den Osten?

Ich zog nach Santiago und begann 1956, 1958 und 1960 Gruppen zu unterrichten. Während ich jede dieser Gruppen unterrichtete, unternahm ich eine Reise in den Osten.

Gingen Sie mit Ihren Studenten?

Nein, ich ging allein. Es war ein schwieriges Unterfangen, da ich zu jener Zeit von meinem Land aus politischen Gründen ausgewiesen war. Sie wollten mich dort nicht haben und es war schwierig zu reisen. Es gelang mir trotz allem, einen Reisepaß zu bekommen und meine Reisen durchzuführen.

Wo im Osten studierten Sie?

Ich studierte im nördlichen Teil des Kaschmirs sowie im südlichen Iran Tantra und Sufismus im Pamir.

Wo ist Pamir?

Es ist eine Hochebene in der UDSSR, auf welcher jetzt Raketen stationiert sind. Es ist der Allgemeinheit nicht mehr zugänglich. Zu jener Zeit allerdings war der Pamir sehr einsam und verlassen. Es ist ein sehr eigenartiges Gebiet, da alle östlichen Kulturen über den Pamir in den Westen gelangten. Tamerlan, Dschingis Khan, alle Invasionen und alle Begegnungen zwischen der chinesischen und indischen Kultur fanden in Kaschmir oder im Pamir statt. Heute gehört es teilweise zu der UDSSR und zu China. Früher gab es dort 3 Häuser, die man das Kloster nannte, aber ich glaube, daß diese nicht mehr länger existieren. Dort wurde wirkliches Wissen gelehrt.

Padmasambhava, der Gründer des tibetanischen Buddhismus, kam aus dem Pamir und wenn man sich die Theorien Padmasambhavas ansieht, findet man große Übereinstimmung mit den Traditionen des Sufismus und Zoroasters.

Auf ihrer ersten Reise studierten Sie den Sufismus, können Sie darüber etwas erzählen?

Die erste Sufischule, der ich begegnete, war die der Suhrawardis in Kandahar, Iran. Von dort aus stellte ich Kontakte mit den Bektashis und Naqshbandis her und in Kabul nahm ich Verbindung mit den sogenannten Jemluddin, dem inneren Kern der islamischen Tradition, auf. Sie halfen mir mit meiner Reise nach dem Pamir, einem sehr gefährlichen und verrückten Unternehmen.

Reisten Sie nicht auf einem Maultier?

Ja, auf einem Maultier und es war wirklich sehr gefährlich, aber wenn man jung ist, macht man eben noch solche Sachen.

Reisten Sie noch weiter östlich?

Auf meiner dritten Reise fuhr ich nach Hongkong, einem sehr wichtigen Ort für mich, da ich unbedingt die chinesischen Klassiker meistern wollte. Da ich nicht ins Hauptland China einreisen durfte, war der nächstbeste Ort Hongkong, und ich lernte wirklich viel mehr, als ich mir ursprünglich vorgenommen hatte. Ich beschäftigte mich intensiv mit den islamischen, indischen, japanischen und chinesischen Kulturen. Ich war darin bereits tief verwurzelt, da ich seit meinem neunten Lebensjahr mit Sensei Kentara Ohara, einem richtigen Samurai, die Kunst der Selbstverteidigung studiert hatte. Außerdem kannte ich schon Zazen und Hatha-Yoga vom vorherigen Praktizieren.

Nachdem Sie aus dem Osten zurückkehrten, benötigten Sie einige Jahre, um das Gelernte zu verarbeiten. Können Sie darüber etwas sagen?

Als ich 1960 zurückkehrte, begann ich wieder meine Studiengruppe zu unterrichten. 1964 verbrachte ich im Haus meines Vaters in Bolivien ein Jahr in Einsamkeit. Dort hatte ich ein Erlebnis, sehr zu meiner Überraschung, das ohne mein Zutun passierte. Nach eben diesem Erlebnis fühlte ich, daß ich „es" erreicht hatte. Meine Suche war zu Ende. Ich hatte die Totalität erlangt.

Ist das eine Beschreibung für das, was Sie „göttliches" Koma genannt haben?

Gewöhnlich ist es als Koma bekannt, aber es war auch ein Zustand von Ekstase. Mein Körper befand sich im Zustand eines leichten Schlafes, aber er schlief nicht, denn ich nahm alles völlig bewußt wahr. Alle Körperfunktionen waren so vollständig verringert, daß ich momentan die Wahrnehmung, am Leben zu sein, verlor. Ich machte die Erfahrung, gleichzeitig nicht nur in dieser sondern auch in anderen Realitäten zu sein. Ich hatte viele Visionen, eine nach der anderen, welche, solange ich in diesem Zustand war, sehr viel Sinn ergaben. Aber als ich aus diesem Zustand herauskam, begann ich zu zweifeln.

Welche Art von Visionen hatten Sie?
Ich sah, wie Gesetze selbst den Kosmos organisierten, Gesetze, die ich bereits rational verstanden hatte, die ich jetzt aber auch sehen konnte. Ich hatte Erkenntnisse über die Kosmologie und wie die Welt geschaffen wurde. Ich konnte die mathematischen Verbindungen einzelner Größen sehen, die mich auf den Weg zu einem neuen Kalkulus führten. Dieser Kalkulus befaßt sich mit den logischen Problemen an sich, ohne diese in eine andere Sprache zu übersetzen, wie es jetzt üblich ist.

In einer anderen Art von Wahrnehmung sah ich, in welcher geschichtlichen Zeitspanne wir uns jetzt befinden und was nötig ist, um dieser aufgerüttelten Welt, in der wir leben, Lösungen zu geben. Zu jener Zeit, in den frühen sechziger Jahren, war es nur wenigen Menschen bewußt, daß wir dem Unheil so nahe waren. Im Gegenteil, man erwartete, daß sich alles bis ins Endlose weiterentwickeln würde. In den Visionen, die ich hatte, sah ich wie der ganze Planet sich einem sicheren Zusammenbruch näherte, einem Zusammenbruch in der Art, den ein menschlicher Körper als Folge von Krankheit, Degeneration und inneren Unvereinbarkeiten, hat. Es war wirklich so, als ob die Menschheit im Sterben lag.

Würden Sie diese Erfahrung als Erleuchtung bezeichnen?
Oh, sicherlich. Aber wissen Sie, Erleuchtung hat auch Abstufungen in sich. Es ist nicht so, daß man sofort alles auf einmal erreicht.

In der ersten Stufe der Erleuchtung sind wir uns vollkommen darüber klar, daß alles Entscheidende im Leben das Bewußtsein ist. Das ist Kensho, wenn man sich klar darüber ist, sich auf das Bewußtsein und nicht auf den Verstand zu konzentrieren. Während der Verstand sich aus Gedanken, Gefühlen und Sinneseindrücken zusammensetzt, hat das Bewußtsein keine Komponenten. Unser Bewußtsein ist der Ursprung unseres Verstandes. Wenn das Bewußtsein unklar ist oder leidet, trifft das gleiche auch für den Verstand zu. Wir sind nicht Herr über unseren Verstand, bis wir unser Bewußtsein klar haben.

Das ist interessant, da viele Suchende von der Annahme ausgehen, daß, falls der Verstand beruhigt werden kann, sich das Bewußtsein manifestiert und Klarheit sich einstellt. Sie sprechen jedoch vom Bewußtsein als leidend.

Sehen wir es mal von dieser Seite. Unsere gesamte Manifestation ist nichts als Bewußtsein. Unser Körper ist eine Manifestation dieses Bewußtseins und kann leiden, unsere Gefühle sind eine Manifestation dieses Bewußtseins und können leiden, unser Verstand ist eine Manifestation dieses Bewußtseins und kann leiden. Wenn dieses Bewußtseins selbst nicht befreit ist, leidet es.

Gurdjieff sagte, anstelle daß du dir selbst hilfst, versuche Gott zu helfen. Das hört sich absurd an, wie ist jemand in der Lage Gott zu helfen? Die zentrale Idee jedoch, die Gurdjieff damit zum Ausdruck bringen wollte, ist die, daß der Teil Gottes, der in uns allen ist, leidet, und wenn wir dieses Leiden beseitigen, dann helfen wir wahrlich Gott. Wenn alles von Gott geschaffen ist, dann muß auch alles zu Gott zurückkehren. Die gesamte Schöpfung und das menschliche Leben ist in Wirklichkeit das Bemühen, in der Gnade Gottes durch seine Schöpfung, zu ihm selbst, zurückzukehren.

Wie würden Sie beschreiben oder definieren, was Sie unter Gott verstehen?

Es ist unmöglich Gott genau zu beschreiben oder zu definieren. Angenommen, Sie sprechen mit einem Buddhisten. Er wird sagen, daß Gott nicht existiert und dennoch ist das nicht wörtlich zu verstehen. Was er in Wirklichkeit meint, ist, daß Gott jenseits von Existenz ist und daß „jenseits von Existenz" nicht erklärt werden kann, da wir nicht wissen, was es ist. Und wir werden es nie herausbekommen.

Wenn jemand die Manifestation des Göttlichen sieht und er unverkennbar all jene Manifestationen erlebt, dann ist er sich der Existenz Gottes absolut sicher. Wir haben noch nicht einmal diesen unerklärlichen Ausdruck von Ihm selbst, wir wissen einzig, daß Gott ist. Was wir noch haben ist nur Seine Wirkung und nicht Er selbst. Wir werden niemals mehr erreichen. Deshalb hat die Schöpfung nur einen Schöpfer, und der Schöpfer selbst hat genau diese eine Qualität. Hätte er sonstige Qualitäten, dann wäre Er nicht der Schöpfer, Er wäre selbst erschaffen worden.

Wissen Sie, mit allem Respekt, ich amüsiere mich immer sehr, wenn ich mystischen Menschen, die über diese Dinge diskutieren, zuhöre. Es ist so wie Gurdjieff zu sagen pflegte: „It's like trying to put the 'empty' into the void". (Gelächter) [Es ist als wolle man versuchen, die Leere ins Nichts zu stecken].

Nach diesem herausragenden Erlebnis, haben Sie dann noch andere gehabt? Haben Sie das Gefühl, als ob Ihre Erleuchtung sich mit der Zeit vertieft?

Für mich war es das höchste Erlebnis. Es ist eine Sache in dem

Moment des reinen Lichtes zu sein und eine ganz andere, wenn du runterkommst und mit dir selbst wieder konfrontiert bist. Zu jener Zeit dachte ich, daß ich ein glücklicher Mensch sein würde und aus diesem Erlebnis heraus leben und darüber Bücher schreiben würde. Ich dachte, bei mir sei alles in Ordnung, jedoch gegen Ende dieser Erfahrung fühlte ich, daß es meine Pflicht war, alles, was ich erfahren hatte, weiterzugeben und ganz ehrlich, diese Idee gefiel mir gar nicht.

Hatten Sie das Gefühl eine Mission zu haben?
Ja, ich hatte das Gefühl, als wäre es mir befohlen worden.

Die Methoden, die Sie lehren, sind so verschiedenartig wie Ihr Werdegang. Haben sie die Grundlage für „Die Neun Arten des Zhikr" Trainings in dem Studium der Sufisekten im Osten gefunden?
Ich habe mit verschiedenen Arten des Zhikr lang, bevor ich in den Osten ging, gearbeitet. Der Arica Zhikr ist wirkungsvoller als die Zhikr der einzelnen Sufisekten, da er alle neun Arten des Zhikr verbindet. Der wirkungsvolle Zhikr kann sie zu einem Zustand von Ekstase führen, wo sie die Wahrnehmung von sich selbst als ein separates Wesen verlieren und mit dem Universum verschmelzen. Das ist der Augenblick, wenn sie die Verbindung mit dem Göttlichen aufnehmen. Es ist notwendig, einen Leiter zu haben, der diese Technik absolut beherrscht: sonst ist es sehr verwirrend und kann sogar gefährlich sein.
Der ‚Weg' fängt für jemand in dem Moment an, indem er sich der Tatsache bewußt wird, daß er stirbt. Normales Leben ist, was sich völlig aufbraucht und stirbt, ohne sich dessen bewußt zu sein. Jesus sagt sehr deutlich, daß, wenn du am Leben festhältst, du es verlieren wirst und wenn du dein Leben aufgibst, du es gewinnen wirst. Der wirkliche Weg ist, ein völlig normales Leben gleichzeitig mit einem gottergebenen Leben zu führen. Das bedeutet, daß du jede deiner Taten einweihst, um es nicht für dich allein zu tun, sondern mit einem zusätzlichen Ziel, welches über deine Person hinausgeht, transzendental zu dir selbst. Dann wird es wahren Wert haben.
Indem wir uns selbst transzendieren, können wir unsere inneren Strukturen entwickeln. Wenn wir nicht als erstes über unser physisches Wesen und die Art und Weise, wie es funktioniert, Bescheid wissen, können wir das jedoch nicht erreichen. Unser physisches Wesen ist zur Befriedigung äußerer und nicht innerer Bedürfnisse aufgebaut. Deshalb müssen wir für die inneren Bedürfnisse arbeiten.

Die meisten sind vollständig mit der Außenwelt beschäftigt. Sie können sich nicht vorstellen, daß auch eine innere Welt existiert. Ihr

Verstand arbeitet daran, äußere Absichten zu erfüllen und läßt die inneren Zwecke, die allein von Dauer sind, gänzlich außer acht. Glück existiert nicht auf der physischen Ebene. Die Menschen werden nur von Dingen völlig in Anspruch genommen. Was wir Unterhaltung nennen – vor dem Fernseher sitzen – besteht doch nur darin, daß unsere ganze Energie aus uns in einer Art und Weise herausgesaugt wird, daß wir das Gefühl haben, zu leben. In Wahrheit sind wir im Sterben begriffen. Alle die „Wege", die behaupten, es sei spirituell man selbst zu werden, sind total auf dem falschen Weg, denn d.h., sich in seine eigene Welt zurückzuziehen. Dadurch trennt man sich von der universellen Energie.

Was müssen wir dann tun?
Wenn wir zu glauben anfangen, daß wir die Ursache unserer eigenen Welt sind, dann liegen wir völlig falsch, da wir nichts erschaffen, nicht einmal unsere Träume. Wir müssen unsere egoistischen Begierden im Zaum halten, anstelle nur an uns selbst zu denken müssen wir dem, welches höher als wir ist, dem, wo wir unseren Ursprung haben, dienen, denn wir alle stammen von der Menschheit ab. Wir verdanken alles der gesamten Menschheit.

Wenn wir uns selbst so wichtig nehmen, daß wir meinen, der Mittelpunkt von allem zu sein, dann sind wir selbstsüchtig. In der mystischen Tradition wird dieser Zustand Satan genannt. Satan ist das, was den inneren Weg in uns verleugnet. Es ist wichtig, nicht durch unsere Dämonen, unser Ego, versucht zu werden. Unser Ego ist nur das ganze Spektrum unserer Mängel. In dem Versuch, das uns Fehlende zu erlangen, verlieren wir unser Leben. Wenn wir uns bewußt werden, daß diese Mängel in Wirklichkeit nicht existieren, sondern Teil unserer persönlichen Entwicklung sind, dann sind wir in der Lage, jene Mängel zu transzendieren und in uns selbst integriert zu werden. Dann können wir der allgemeinen Evolution von Hilfe sein.

Dann ist das Ziel von Arica, daß sich jeder Student in seinem inneren Leben ebenso wie im Dienst an der Allgemeinheit standhaft einsetzt.
Als erstes müssen wir genau wissen, wie unsere Psyche arbeitet. Dann können wir über uns selbst verfügen und das was wir wollen, erreichen. Jeder Versuch ist nur erfolgreich, wenn die nötige Energie dahintersteht. Sie können 1000 Versuche unternehmen, ohne daß etwas dabei herauskommt. Auf der anderen Seite ist es möglich, daß ein mit der notwendigen Energie unternommener Versuch sich dauerhaft auf Sie auswirken wird. Es ist eine Frage des Wissens. Aus

diesem Grund ist die wahre Übermittlung in allen Traditionen so wichtig. Ich selbst habe viele erstklassige Übermittlungen erhalten und habe zusätzlich ein eigenständiges System ausgearbeitet. Ich bin die Wurzel einer neuen Tradition oder eines neuen Weges, welche im Wesentlichen als Folge aus den anderen entstanden ist, aber welche auch eigenständig ist, da sie eigene Elemente und genauere Erklärungen für unsere Psyche hat. Noch nie ist die menschliche Psyche mit den Methoden, die ich vorschlage, beschrieben worden. Noch nie war es möglich, unsere eigene Entwicklung beinahe selbst zu konstruieren. Dieses Wort „konstruieren" mag denjenigen, der mystisch ist, zurückstoßen, weil im Mystizismus alles, was mit Verstand zu tun hat, nicht nur als unannehmbar sondern als direkt unvereinbar angesehen wird. Der Grund dafür ist, daß es bis heute keine Logik gab, um die Einheit erklären zu können, sondern Vernunft wurde als dem spirituellen Weg entgegengesetzt angesehen.

Wenn wir eine Logik haben, mit der wir die Einheit begreifen können, dann werden unser Verstand und der Weg eins. Das macht den spirituellen Weg unabhängiger und, in gewissem Sinne, demokratischer. Zuvor war die Beziehung mit dem Meister oder Lehrer notwendig. Wer braucht noch den Meister oder Lehrer, sobald alle Regeln dieses Spiels aufgedeckt sind?

Können Sie etwas über das Paradox sagen, daß Erleuchtung auf der einen Seite zu einem beträchtlichen Maße vorbereitet oder in Ihren Worten „konstruiert" werden kann und auf der anderen Seite aber eine Gnade, eine Fügung des Schicksals ist und nicht manipuliert oder kontrolliert werden kann. Ist Erleuchtung nicht ein Geschenk Gottes?

Früher war die Erleuchtung etwas Zufälliges. Die bestimmten Faktoren und Variablen waren in einer solchen Weise festgelegt, daß keiner bestimmen konnte wann, wie und ob es überhaupt eintreten würde. Es trat einfach ein. Der Grund dafür war, daß wir nichts genaues über den Aufbau und die Zusammensetzung der Psyche wußten. Nun, da wir das Wissen darüber haben, können wir dementsprechend handeln. In der Medizin gab es, bevor wir die genauen Ursachen der Krankheiten bestimmen konnten, entweder eine Wunderheilung oder man starb. Heute können wir relativ genau die Dauer einer Krankheit vorraussagen und sie heilen.

Auf der spirituellen Ebene können wir noch genauer als auf der physischen sein, was zur Folge hat, daß wir uns daher besser selbst lenken können. Wenn wir das erkannt haben, können wir verschiedene Arten von Energie nützen, von denen wir zuvor nur geträumt haben. Bis zum heutigen Zeitpunkt ist die mystische Arbeit eine rein persönliche, individuelle Arbeit gewesen. Arica schlägt nun einen gesellschaftlichen Weg vor. Das ist der wirkliche Unterschied. Bis heute war es ein Weg voller Zufälle. Jetzt aber haben wir die Möglichkeit, ein System anzuwenden, welches getestet wurde und funktioniert, der Beweis dafür ist die Schule. Aber ich will mehr als das. Ich will mehr wissenschaftliche Forschung. Wenn wir ein „Tuning" haben, d.h., wenn jeder zur gleichen Zeit meditiert, gibt es fantastische Ergebnisse. Man kann es an den Gesichtern der Leute lesen. Die Resultate treten in einem viel schnelleren Ausmaß ein, daß man bei einem Vergleich der traditionellen Wege mit einem Pferd — Arica als Düsenflugzeug bezeichnen kann.

Würden Sie dem, der Erleuchtung sucht, empfehlen, mehrere Wege gleichzeitig auszuprobieren oder sich auf einen zu beschränken und diesen dann hundertprozentig auszuschöpfen?

In Wirklichkeit hat jedes Studium seinen Wert. Alles hat seine eigene Gültigkeit. Ich würde sagen, daß wir in der heutigen Zeit etwas Stärkeres als bis jetzt vorhanden ist, schaffen müssen. Jede geschichtliche Periode hat ihre eigenen Bedürfnisse und Problematik. Jedes Zeitalter hat eine neue Technologie und die Werkzeuge werden verbessert und spezifischer. Unsere Zeit benötigt nicht nur neue Werkzeuge sondern auch neue Methoden, die sich mit diesem Zeitalter befassen. Das ist der Sinn Aricas. Um dieser Aufgabe gerecht zu werden, benötigen wir als erstes eine neue Logik, welche die Einheit erklärt und welche eine neue Mathematik, klar und vollständig, beinhaltet. Es ist möglich, eine neue Atomtheorie und eine vollständige Revision unserer Denkweise über Biologie zu erlangen. Unsere physische Welt muß von einer anderen Perspektive betrachtet werden. Wir sehen sie immer noch aus einem 200 Jahre alten Blickwinkel. Wir sind hinter unserer Zeit zurückgeblieben und das ist gefährlich. Es ist notwendig, Methoden zur Weiterentwicklung und zu einer reifen und völlig unabhängigen Verhaltensweise zu entdecken. Ich werde nichts gegen Religion sagen, doch der Mensch sollte sich auf seinen eigenen Zustand, Fähigkeiten und Qualitäten hinsichtlich Mystizismus' verlassen. Personen, die in einer Gruppe zusammenarbeiten, machen so schnelle Fortschritte, daß es fast unvorstellbar ist. Durch diese Gruppenarbeit kann man die Selbstverwirklichung in einem solchen Maße beschleunigen, daß eine Woche wie Jahre erscheint.

Können Sie etwas zu dem alten Widerspruch sagen, daß man auf der einen Seite einen Lehrer als Führer in die unbekannten Regionen des Geistes braucht, daß man zum anderen aber Erleuchtung im Inneren des Geistes finden muß, wohin einen jedoch keiner begleiten kann? Wie befaßt sich das Arica System mit diesem augenscheinlichen Problem?

Arica bietet eine klar wissenschaftliche Beschreibung der Psyche und was dich dort erwartet, an. Zum anderen muß die Gültigkeit des 'Mystischen Teiles' von Arica nachgewiesen werden, obwohl in Arica die Notwendigkeit dafür viel geringer ist. Wir haben keine Regeln, wir sagen nicht „das darfst du" oder „das darfst du nicht", weil wir der Ansicht sind, daß der gesamte Weg mehr eine Frage der Verantwortlichkeit als eine Frage der Disziplin ist. Disziplin ist notwendig, aber es muß aus einer inneren Verantwortung heraus kommen. Man muß wirklich selbst wählen. Jeder muß selbst die Wahl treffen und die Verantwortung übernehmen, den Weg zu gehen. Niemand außer du selbst kann tun, was von dir getan werden muß. Ein wesentlicher Unterschied zwischen Arica und anderen mystischen Richtungen ist, daß dort der Lehrer dein Karma annimmt. Aber das ist sehr relativ, nur du selbst kannst dein Leben leben.

In Ihrem System kann ein Student sich durch viele Stufen durcharbeiten, ohne daß ein Lehrer seinen spezifischen inneren Fortschritt überwachen muß. Zu welchem Zeitpunkt beginnt die Arbeit mit einem Lehrer, oder mit Ihnen?

Wenn sie mit Arica beginnen, spüren sie die Energie, die wir die Energie der Schule nennen. Das ist eine sehr reale Erfahrung. Sie bekommen zusätzliche Energie, die sie vorher nicht hatten.

Sie meinen, daß Neuankömmlinge ein Energiereservoir anzapfen können, das ein Resultat der Arbeit von früheren Studenten ist?

Haargenau. In jeder mystischen Idee muß ein Zentrum geschaffen werden, um diese Art von Energie zu generieren. Es fängt klein an und nimmt stetig zu. Die Pioniere, die am Anfang die Verantwortung auf sich nehmen, sind diejenigen, die mehr leisten müssen. Sie bauen die Straße und das kostet eine große Anstrengung. Eine Anstrengung dieser Art hat spirituell eine ungeheure Kompensation. Ein Lehrer wird erst in der 8ten oder 9ten Stufe der Schule benötigt. Hier ist er unentbehrlich, während wir mit den astralen, mentalen und kausalen Körpern arbeiten, was Telepathie bedeutet. Die wesentliche Erfahrung, die ein Student auf dieser Stufe fühlt, ist die Umkehrung seiner Einstellung hinsichtlich der Welt. Was wir den Wachzustand nennen, wird zum Traumzustand und umgekehrt. Der Student wird sich verschiedener Räume und Realitäten bewußt, die realer als diese Wirklichkeit sind. Um diesen Übergang zu machen, braucht der Student unbedingt einen Führer, der schon dort gewesen ist und darin ein Experte ist.

Wenn ein Student durch das ganze Arica System hindurchginge und die einzelnen Stufen vollständig absolviert hätte, würde er dann erleuchtet sein?

Jawohl, wenn wir im Auge behalten, daß Erleuchtung in mehreren Stufen und Graden kommt. Im wesentlichen aber bedeutet es, Bewußtsein als den Ursprung unseres Lebens, unserer Existenz, ja von allem, zu erfahren. Es gibt einen Moment, in dem man entdeckt, daß das Bewußtsein sich nicht bewegt, nicht erschaffen worden ist und daß es weder gespalten, gebrochen noch zerstört werden kann. Dies ist ein äußeres Prinzip, das keinen Bedingungen unterliegt und jenseits von Existenz ist.

Arica ist mehr eine gesellschaftliche als eine persönliche Bewegung. Wenn man in Arica arbeitet, arbeitet man an sich selbst, aber die Resultate kommen der Schule als ganzes zu Gute. An einem gewissen Punkt leitet die Schule diese Energie zu einem zurück. Man gibt 1 % und erhält 100 % zurück. Das ist ein sehr gutes Geschäft. Ich meine hier in spiritueller und nicht materieller Hinsicht. Deine Einstellung und Absicht ist, was zählt. Du gibst deinen Brüdern und Schwestern in der Schule Liebe und du erhältst Liebe und Anteilnahme zurück. Jeder weiß intuitiv wer gibt und wer nicht. In Arica ermutigen wir Neugierde. Wenn jemand einen anderen Meister besuchen will, einen anderen Weg beschreiten will, stehen wir dem nicht entgegen, denn wenn es ihm zugute kommt, dann kommt es auch der Schule zugute. Und wenn der andere Weg besser für ihn ist, dann ist das in Ordnung. Unsere Türen sind nie geschlossen, und er kann jederzeit zurückkommen.

Dann haben Sie also in der Arica Schule die vollständige „Straßenkarte" der Psyche und der menschlichen Entwicklung in Schwarz und Weiß dargelegt?

Ja, und diese stimmt für jeden und für alle. Nun möchte ich damit mehr in die Öffentlichkeit treten. Ich schreibe gerade Bücher darüber, eins nach dem anderen, vollständig und endgültig. Ich habe lange damit gewartet, bis ich fühlte, daß die Zeit dafür reif war. Hierzu muß ich sagen, daß nicht alles nur von mir abhängig ist, und daß ich aus dem einen oder anderen Grund nie das gesamte Material ordnen konnte. Die „Straßenkarten" sind in Ordnung, sonst hätte ich nicht zu unterrichten anfangen können, aber ich muß den Sachverhalt so erklären, daß ihn die Allgemeinheit verstehen kann. Anders ist es, wenn man persönlich mit den Leuten arbeitet. Dort kann ich den Sachverhalt in mystischen Begriffen erklären, welche die breite Öffentlichkeit nicht akzeptieren würde.

Können Sie in einfachen Begriffen die Grundlage der Arica Lehren erklären?
Die erste Frage ist: Was ist der Ursprung des Lebens? Wodurch fühlen wir, daß wir lebendig sind? Das muß definiert werden. Ich behaupte, daß die Instinkte uns das Gefühl geben, lebendig zu sein. Was ist ein Instinkt? Ich definiere Instinkte als lebende Fragen, die wir uns nicht bewußt stellen, die aber trotzdem vorhanden sind. Es gibt 3 grundlegende Fragen. Die erste ist: Wie geht es mir? Geht es mir gut oder nicht? Die zweite Frage ist: Mit wem bin ich? Das ist der Beziehungsinstinkt. Du mußt wissen wie es dir geht und mit wem du bist. Im Tierreich muß jedes Tier wissen mit wem es ist, oder es würde sofort getötet werden. Wenn ich mich als Gazelle mit einem Jaguar befreunden möchte, werde ich das sicherlich nicht überleben. Die dritte Frage ist: Wo bin ich? Im Augenblick, wenn du nicht weißt, wo du bist, gerätst du in Panik. Diese Frage dürfen wir nicht vergessen. Es ist in jedem Augenblick für uns notwendig zu wissen, wo wir sind. Jeder dieser Instinkte entwickelt sich zu einer Art von Wesen, welches unabhängig in sich ist.

Gehört das zu dem grundlegenden Enneagon der Psyche?
Ja, dies ist das Enneagon der 9 hypernostischen Systeme, die sich in diesen 3 Instinkten, den 4 Funktionen — Raum, Zeit, Ausdruck und Koordination — und in den 2 Polen — dem sexuellen und dem spirituellen — die den Kreis vollenden, manifestieren. Das ist die erste Stufe des Studiums.

Kann man es mit Gurdjieffs Enneagram vergleichen?
Mir war das Enneagon bekannt bevor ich darüber bei Gurdjieff las. Es machte mich sehr neugierig, so daß ich dauernd fragte: „Was bedeutet es?" Schließlich sagte einer meiner Lehrer in Afghanistan zu mir: „Schau mal, versuch das erst gar nicht zu verstehen, denn derjenige, der es versteht, wird es allen erklären müssen". (Gelächter) Auf einmal begann ich es Punkt für Punkt korrekt zu erklären. Als ich Einblick in das Enneagon bekam, konnte ich Dinge wahrnehmen, die sie nicht sahen.

Die Zahl 9 scheint in Ihrer Lehre bedeutsam zu sein.
Jede Manifestation kann in 9 Teile unterteilt werden, jede.

Was sind die „Bereiche"?

Auf der zweiten Stufe des Studiums arbeitet der Student mit den 9 Systemen als die psychische Projektion der Bereiche des Bewußtseins. Diese Bereiche sind in unserer Psyche und in unsere Umgebung projiziert. Arica sagt, daß unsere Psyche eine Projektion unseres Körpers und unser Körper die Frucht unseres Bewußtseins ist. Deshalb existiert das Bewußtsein vor dem Körper. Der Körper entsteht aus dem Bewußtsein. Das Bewußtsein ist in 9 Bereiche unterteilt. Es gibt 9 Systeme in unserem Körper, die uns den Eindruck der 9 Bereiche des Bewußtseins vermitteln. Wir wissen, daß wir 8 Sinne haben — Gehör, Geruch, Gleichgewicht, Gefühl, Geschmack, Kinesthetik, Temperatur und Sehvermögen —, welche uns die Eindrücke der von außen kommenden Energien vermitteln. Wenn diese 8 Energien durch die 8 Sinne aufgenommen werden, erzeugen sie 8 Bewußtseine, welche zusammen das 9te Bewußtsein ergeben, welches das Bewußtsein des Lebens ist. Ohne die 8 Bewußtseine wäre die Einheit, das 9te Bewußtsein, nicht möglich.

Hat das Arica Studium auch 9 Unterteilungen?
Ja.

Und die erste Stufe ist das 40 Tage Seminar?

Ja. Danach folgt ein Seminar über die Bereiche und „Protoanalyse". Daraufhin folgen „Psychoalchemie", „das Öffnen des Regenbogenauges" und danach „Alpha Hitze". Dann kommt die „Adamantine Pyramide". Die 8te Stufe nennen wir „das Öffnen des Goldenen Auges" und das abschließende Seminar ist wirklich das Verstehen der kosmischen Psyche nicht als ein individueller sondern als ein universeller Ausdruck. Wir nennen diese Stufe das „Kloster", da uns ein besserer Name dafür fehlt.

Wie beginnt der Student die Arbeit mit dem Enneagon?

Er arbeitet nicht nur mit dem Enneagon, sondern auch mit den Systemen, eins nach dem anderen, wobei der Student seine Lebenserfahrung von einem neutralen Blickpunkt aus betrachtet, ohne sich mit seinen Erfahrungen und Entwicklungsvorgängen zu identifizieren. Durch das Wissen über die Systeme verstehen wir die Zusammensetzung unseres Inneren. Die gleichen Systeme werden dann in Bezug auf die Außenwelt angewendet.

Und diese sind dann die Bereiche?

Ja. Man könnte die Arbeit mit den Systemen die physische Stufe nennen, während die Bereiche, die emotionale sind, da sich diese mit

Beziehungen befassen. Dann muß man beide zusammenfügen, um von den Systemen und Domänen unabhängig zu werden. Das ist der Zweck von Protoanalyse auf der dritten Stufe. Dort arbeiten wir mit den Fixierungen. Da fängst du an zu begreifen, daß du dich dauernd im Kreis bewegst, ohne daß es dir jedoch bewußt war.

Und die Fixierungen bezeichnen den Dreh- und Angelpunkt des Dilemmas, in der jede Person steckenbleibt.
Alles, was Du in deinem Leben anfängst, beginnt dort.

Wenn ich mein Dilemma, meine Fixation kenne, wie befreie ich mich dann davon?
Indem man sich dessen bewußt wird. In dem Augenblick, wenn du erkennst, daß du diesem Mechanismus folgst, wird die ganze Angelegenheit ziemlich amüsant. Man beginnt zu erkennen, daß unsere inneren Prozesse gar nicht so weltbewegend sind und daß man sie bewältigen kann.

Benützt der Student in diesem Erkennungsvorgang auch andere Methoden wie Meditation?
Ja, wir nenen sie unterstützende Methoden, da gleichzeitig mit der Arbeit am äußeren Menchanismus es notwendig für uns ist, unser Inneres zu schärfen. Sicherlich ist Meditation eines der wichtigsten Bestandteile, aber nicht das einzige.

Was ist die nächste Stufe?
Psychoalchemie. Dort lernen wir normale in höhere Energie umzuwandeln. Eine der Methoden, die wir anwenden, ist Kinerhythmus. Hier wird dem Studenten gezeigt, wie er unter äußerster Aufmerksamkeit eine Folge kinetischer Bewegungen sehr präzise und langsam ausführt.

Es gibt noch eine sehr interessante Methode, in der man mit den sogenannten Yantras arbeitet. Können Sie dazu etwas sagen?
Die Yantras sind wirklich visuelle Mantras. Sowohl Yantras als auch Mantras sind Konzentrationshilfen für Meditation. Die Grundidee ist die, daß man sich durch Konzentration auf spezifische Töne und Formen in Gleichklang mit seinem Inneren bringen kann. Es ist ein Schlüssel nicht nur zu unserem inneren Selbst, sondern auch zu höherem Bewußtsein und Wesenseinheiten.

Arica scheint mit solch positiver Einstellung erfüllt zu sein, und ist zur Verwirklichung einer vereinten Welt zu einem Zeitpunkt ausge-

*richtet, wo Propheten Weltuntergangsstimmung verbreiten und Ka-
tastrophen voraussagen. Können Sie dazu etwas sagen?*

Man kann über eine Katastrophe, wenn man sie Auge zu Auge wie
ein wahrer Krieger konfrontiert, hinausgehen. Ein Krieger wird keinen Krieg wählen, wenn er den Krieg und die damit verbundenen
Schwierigkeiten nüchtern betrachtet. Ein Krieger ist nicht nur ein
Mann der Mut hat, sondern, der auch Wissen besitzt. Wenn er vor
den Schwierigkeiten davonläuft, werden ihn diese wieder einholen
und ihm zum Verhängnis werden. Wenn die Welt keine Katastrophe
will, müssen wir uns die Gefahren vor Augen halten und eine der
schlimmsten Gefahren, die auf uns zukommt, ist eine Klimaverände-
rung. Die Ionosphäre ist beschädigt und die Gefahr ist, daß die
Veränderung des Klimas nicht nur unser rein äußerliches Dasein
bedroht, sondern auch eine Veränderung der ganzen organischen
Manifestation auf unserem Planeten hervorruft. Je mehr sich die
gesamte Menschheit der Möglichkeit des sicheren Aussterbens bewußt wird, desto besser sind unsere Überlebenschancen. Wenn wir
die Möglichkeit verneinen, daß die Menschheit einem Unfall zum
Opfer fallen kann, begeben wir uns blind in eine Situation, die gefährlich sein könnte.

*Dieses Wissen könnte viele Menschen veranlassen, sich nur auf
den negativen Aspekt zu konzentrieren. Würde das die Gefahr nicht
noch vergrößern anstelle sie zu verringern?*

Eine Person auf der richtigen Seite ist mit einer Million auf der
anderen Seite gleichzusetzen. Um ein Gleichgewicht zu erzielen ist
die Mehrheit nicht notwendig. Ein Karat eines Diamanten ist mehreren Tonnen Sand gleichwertig. Der Unterschied zwischen einem
bewußten Menschen und dem Rest ist gewaltig.

*Spirituell gesehen, wenn Sie sich die spirituelle Gemeinde in unse-
rem Land betrachten, haben Sie dann Hoffnung?*

Jawohl, denn jeder leistet seinen Teil auf die eine oder andere
Weise. Seit 1971 hat es wie ein Sturm begonnen. Alle möglichen
Traditionen sind hier erschienen und das ist ein wahrer Segen. Und
dennoch haben diese altherkömmlichen Traditionen schon alles
gesagt, was sie zu sagen haben. Wir benötigen etwas, das vollkommen zu unserer Zeit paßt. Modern zu sein, d.h. völlig und grundsätz-
lich anders zu sein. Wenn wir nicht in der Lage sind, etwas völlig
Neues hervorzubringen, wird es uns nicht gelingen. Eine ernstzu-
nehmende Bewegung, frei von Fanatismus und Dogma, muß geschaffen werden, welche die Wahrheit nicht nur verständlich und
erreichbar macht, sondern sie auch beweisen kann. Dazu braucht

man einen großen Personenkreis, da es eine große, große Aufgabe ist.

Meinen Sie damit die Metagesellschaft?
Der Begriff Metagesellschaft steht für eine transzendierte Gesellschaft, in der man nicht für sich selbst sondern für die Menschheit als Ganzes lebt. Bis heute hat die Gesellschaft dem einzelnen gedient. Ich sage nicht, daß wir jetzt der Gesellschaft dienen sollen, das wäre eine sozialistische Idee und sowohl Sozialismus als auch Kapitalismus sind Idealvorstellungen. Entweder entwickeln wir uns zu einer Metagesellschaft, oder wir werden schnell aussterben. Wir dürfen nicht glauben, daß Metagesellschaft eine große Party ohne Ende sein wird und daß jeder sofort überglücklich sein wird. Die Metagesellschaft beginnt in Wahrheit in dem Moment, in dem wir erkennen, daß unsere inneren Möglichkeiten viel besser als unsere äußeren sind. Die äußeren haben uns immer zu Leiden, Begierden, Kompromissen, Freiheits- und Selbstverlust geführt. Der schlimmste Selbstverlust ist der Glaube, daß wir die Herren unserer eigenen Welt sind. Das ist nicht der Fall. Die Gesetze sind die Herren über unser Leben, und wir können unser Leben nur dann richtig bewältigen, wenn wir diese Gesetze kennen. Alle Traditionen weisen darauf hin, daß am Ende der Zeiten die negativen Kräfte, die Kräfte des Egos, sehr stark sein werden.

Sehen Sie die Welt jetzt in einer solchen Polarisation?
Jawohl, und das ist wirklich absolut notwendig. Das hat seine Richtigkeit. Opportunismus erscheint zur gleichen Zeit wie die Wahrheit. Und es wird sich in die gleichen Kleider wie die Wahrheit kleiden.
Die Wahrheit ist in der Geschichte immer zurückgewiesen worden. Es wird schwierig was wahr und was nicht wahr ist, herauszufinden, aber der entscheidende Unterschied ist der, daß der Opportunist keine eigenen Wurzeln hat und die Wahrheit imitieren muß.

Werden wir denn diesmal die Wahrheit erkennen, an Stelle sie zurückzuweisen?
Diesmal *müssen* wir es, denn dies ist die letzte Krise. Wenn nicht, dann sind wir zum Sterben verurteilt.

Vor 10 Jahren haben Sie das Arica System gegründet und 5 Jahre lang daran gearbeitet. In den letzten 5 Jahren waren Sie persönlich nicht darin verwickelt, von der Graduierung einer Anzahl bewußter Personen abgesehen. Wie haben Sie in den letzten 5 Jahren an der

Herstellung des Gleichgewichtes in dieser Krise gearbeitet?

Ein Teil meiner Anstrengung ist sehr innerlich gewesen, ich habe die Negativität, die um mich herum war, in mich aufgenommen. Ich habe sie absorbiert und sie auf spirituelle Weise umgewandelt. Das ist eine sehr schwierige Arbeit. Zum Glück ist der schwierigste Teil vorbei. Ich fühle, daß wir jetzt sehr schnell vorwärtskommen.

Sie haben uns das, was Sie als die komplette Straßenkarte bezeichnet haben, gegeben. Es gibt nur so viele Energien, so viele Funktionen, Bereiche, Illusionen – nur so viele und nicht mehr. Es ist schwierig für mich in diesen strengen Grenzen zu denken.

Geschichtlich gesprochen können wir sagen, daß wir etwas wissen, wenn wir seine Grenzen kennen. Bevor wir entdeckten, daß unser Planet rund und begrenzt ist, glaubten wird, daß wir von einem unbekannten Ozean umgeben waren. Wir ignorierten unsere physische Umgebung, weil wir deren Begrenzung nicht kannten. Sobald eine Grenze auftaucht, haben wir die Möglichkeit zum Verstehen. Bis dahin haben wir nur Annahmen, Ideen und Dogmas, da unser Verstand etwas zum arbeiten braucht. Wo wir keine Begründung, die mit empirischer Realität übereinstimmt, haben, brauchen wir ein Dogma, damit unser Verstand funktionieren kann. Sobald die Grenze entdeckt ist, sind Argumente überflüssig. Die Erde ist rund, und das ist eine Tatsache. Keiner kann argumentieren, daß sie flach ist, nur weil er sie flach sieht. In der gleichen Weise werden wir auf dem spirituellen Gebiet, dem letzten Gebiet, das wir kennenlernen, da es das höchste ist, an dem Punkt ankommen, wo der Geist Grenzen hat, wo der Geist materiell ist. Es ist eine Art von Materie, aber dennoch Materie. Nun da der Geist Materie ist, hat er Grenzen. Und haben wir einmal seine Grenzen verstanden, dann werden wir verstehen, was Geist ist. Bis heute haben nur die wenigen, die sehr hohes Bewußtsein erreicht haben, diese Grenzen kennengelernt. Es gab nur wenige, die diese Erfahrung hatten, aber sie könnten später weder darüber reden noch es erklären, da ihnen eine Fachsprache und eine Wissenschaft fehlte. Was ich vorschlage ist einfach das: genau das zu erklären, was bis jetzt nicht erklärt worden ist. Was wir brauchen ist eine Gruppe Wissenschaftler, die spirituell denkt. Dann wird die Gesellschaft von diesen Gedanken genährt und wird sie kulturell an Stelle von intellektuell ausleben. Sobald der gesamte Mechanismus der Psyche bloßgelegt ist, wird man sehen, daß alle wahren Traditionen, alle wahren Wege zum gleichen Ort führen.

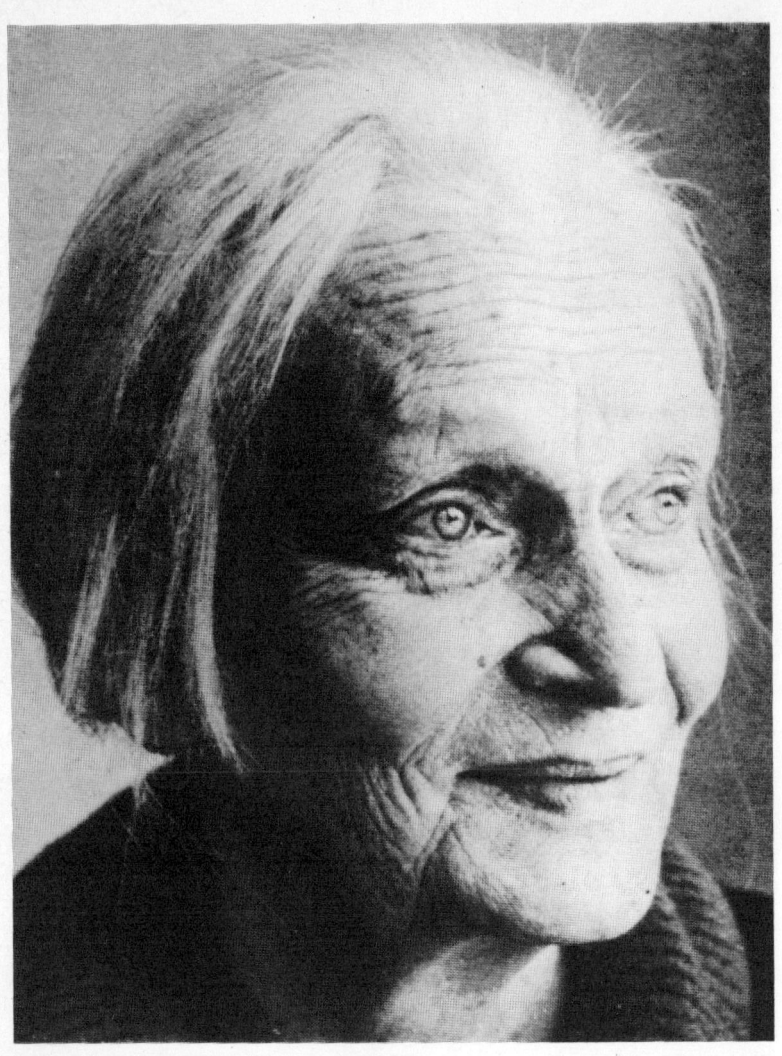

Irina Tweedie

Der „Lehrer" ist ohne Gesicht, ohne Namen

Interview mit Irina Tweedie

Frau Irina Tweedie hat ein bewegtes Leben hinter sich. Sie ist Russin von Geburt, studierte in Wien und war mit einem Engländer verheiratet. Nach intensiver Beschäftigung mit der Theosophie wurde sie schließlich zu ihrem Lehrer geführt, Bhai Sahib, der in Indien lebte. Ihre Erlebnisse mit diesem Lehrer beschreibt Frau Tweedie in dem Buch „Wie Phönix aus der Asche" (Scherz/O.W. Barth-Verlag), das vor einem Jahr erschien, viele Jahre, nachdem Sie Ihre Erfahrungen in Indien machte. Irina Tweedie ist jetzt 75 Jahre alt, aber noch sehr aktiv und leitet eine Gruppe in London. Das Interview machte Charles Claasen, der bis vor kurzem bei der Sunday Times arbeitete.

Frau Tweedie, um was geht es in Ihrem Buch?

Mein Buch ist keine Darstellung einer spirituellen Übung als solcher, sondern vielmehr eine Konfrontation mit der dunklen Seite meiner eigenen Natur. Ohne unserem Schatten (um die bekannte Terminologie von C.G. Jung zu übernehmen) gegenüberzutreten, mit ihm zurechtzukommen, sind wir so gut wie unfähig, jenen Vorgang einzuleiten, der uns letztendlich — umgangssprachlich ausgedrückt — zur Selbstverwirklichung oder Erleuchtung führen wird.

Dies trifft auf jeden zu, es gibt keine Ausnahmen. Wir müssen nur die Biographien derjenigen lesen, die vor uns diesen Weg gingen, und die aufgrund ihrer großen Weisheit und Spiritualität für den Durchschnittsmenschen kaum greifbar sind. Große Yogis, Heilige, unermüdliche Arbeiter für die Menschheit, sie alle mußten dem Schatten begegnen, alle mußten durch die strenge Kontrolle des Geistes gehen, des genauen Gleichgewichts der Emotionen, das das Leben der höchsten Ethik bestimmt, so wie es alle Religionen, alle Philosophien der Welt lehren.

Die dunkle Seite der menschlichen Natur zu erlösen ist immer ein schmerzhaftes und sogar gefährliches Unternehmen, und es ist nur zu verständlich, daß der Mensch vor der Anstrengung, der Demütigung, dem langwierigen Prozeß der Konfrontation mit der Angst, dem Leiden, der Dunkelheit im menschlichen Herzen ... zurückschreckt; ... denn das, was wir in der Tiefe unseres Wesens finden, kann tatsächlich sehr angsteinflößend sein ...

Aber es gibt keinen anderen gehbaren Weg; es ist der Weg der scharfen Klinge, wie es die Brihad Aranyaka Upanishad ausdrückt.

„Das einzig Böse ist das Ego, das kleine Selbst", sagte unser Lehrer immer. „Aber wer möchte es loswerden? Aus diesem Grunde gibt es viele von uns, die sich niemals wirklich anstrengen wollen, um zur Wahrheit zu gelangen. Zwei Herren können nicht in einem Herzen leben; entweder das Ego oder der Geliebte, die ursprüngliche Essenz in unserem Wesen, unser einziger Freund ... aber wer *möchte* ihn schon?" Seine Stimme war erfüllt von Traurigkeit als er dies sagte, und alle Anwesenden erfuhren ein solch unendliches Gefühl von *Bedeutsamkeit*, so als würde ein unsichtbarer Finger des Schicksals den Rand, ja, nur den Rand unserer Herzen berühren.

Sie sagen, ihr Buch sei keine Darstellung einer spirituellen Übung, aber Guruji (Bhai Sahib) bezieht sich in dem Buch häufig auf das System. Worin besteht das System der Sufidisziplin?

Nun, es ist eigentlich das System, das Herz des Menschen zu erziehen, damit es auf bestimmte „Schwingungen" — ich mag das Wort nicht, denn es wird so oft mißbraucht — reagieren kann; durch die Aktivierung des Herzchakra stellen wir den Geist ab, denn durch die Schwatzhaftigkeit des Geistes wird verhindert, daß wir die Wirklichkeit verstehen können. Bei unserem Yoga wird nur das Herzchakra aktiviert. Guruji sagte zu mir „Wir bemühen uns nicht um all die anderen Chakras. Bei allen anderen Yogawegen werden sie nacheinander erweckt. Dies ist ein mühseliger Vorgang. Wir erwecken des Herzchakra und dieses wiederum erweckt alle anderen." Es funktioniert genau wie Elektrizität: man plaziert zwei elektrische Ströme nebeneinander und der stärkere Strom wird den schwächeren aktivieren.

Ist dies die Bedeutung des Sufi-Sprichwortes, daß schon die Gegenwart des Meisters eine Umwandlung herbeiführt?

Ja, genau. Wissen Sie, ich erinnere mich nicht genau an das Wort des Paulus, aber er sagte ungefähr so etwas „Es ist das geschriebene Wort, das tötet, aber der Geist gibt Leben." Nun, spirituelles Leben ist eine Frage des Geistes. Wir werden beschleunigt. Paulus benutzt tatsächlich dieses Wort „beschleunigen". Wir müssen mit jemanden zusammen sein, der in der gleichen geistigen Tradition steht wie wir selbst, wir werden beschleunigt, das ist alles und wenn ein Mensch schnell genug ist, kann er nichts Böses mehr anstellen.

Was ist das Böse? Das Böse ist Unwissenheit. Unwissenheit ist Beschränktheit. Wenn wir schneller sind als das Schwerfällige in uns, können wir nichts Böses mehr tun. Darum tun große Menschen nichts Böses. Für uns ist es viel einfacher ungehorsam als gut zu sein, denn wir wurden aus dem Stoff der Erde erschaffen.

Ein menschliches Wesen zu sein ist sehr schwierig: unsere untere Körperhälfte wird von der Erde angezogen und unsere Seele wird vom Reich des Himmels angezogen — wir werden in zwei Richtungen gezogen. Und wenn wir „beschleunigt" werden, dann brauchen wir sonst nichts mehr. Ich mußte ungefähr zehn Stunden bei meinem Lehrer sitzen, er lehrte mich nur wenig. Das ist alles.

Wenn man so von der „Beschleunigung" des schwerfälligen Teils spricht, dann zeigt dies auch die Absurdität eines Suchenden, der glaubt, daß er nach draußen gehen und suchen muß. Es scheint eher so, daß der Meister einen geeigneten Suchenden findet.

Ja, genauso ist es. Der Suchende muß nur nach der Wahrheit verlangen. Wissen Sie, die einzige Qualifikation auf dem Weg der Sufi ist das Verlangen nach Wahrheit, so wie ein Ertrinkender nach Luft verlangt.

Nun, was kann man einem westlichen Menschen raten, der nach einem Sufi/Yoga-Lehrer Ausschau hält?

Ich bin sicher, das allgemeine Gesetz trifft auf ihn wie auf jeden anderen spirituell Suchenden zu: Wenn der Schüler bereit ist, wird der Lehrer da sein. Wir begehen hier im Westen einen großen Fehler, wenn wir an bestimmte Orte gehen — je weiter östlich umso besser — um einen Lehrer zu suchen. So geht das nicht. Wenn wir inbrünstig genug nach der Wahrheit verlangen, dann wird uns unser Schicksal zwangsläufig zu der Möglichkeit des Findens führen und dies ist gleichbedeutend mit dem Finden des Lehrers.

Unser sehr starker Wunsch nach Wahrheit schafft unweigerlich eine Ursache, das Resultat ist das Finden der Wahrheit. Dies ist das Gesetz und gerade wegen diesem Gesetz ist es eigentlich der Lehrer und nicht wir selbst, der das Treffen bewerkstelligt. Ich bin nicht nach Indien gefahren, um einen Guru zu finden, aber offensichtlich habe ich in mir selbst eine ausreichend starke Ursache geschaffen, die mich zu Ihm führte.

Wenn Ehrlichkeit und Aufrichtigkeit die einzigen Qualifikationen sind, die ein Suchender benötigt, wie soll sich dann aber ein Suchender aus dem Westen zu dieser unglaublichen Fülle spirituellen Schrifttums und den verschiedenen Wegen, die sich ihm offenbaren, verhalten?

Das ist ein großes Problem. Bevor ich meinen Lehrer traf, hatte ich dieses enorme Problem: Ich suchte und suchte und suchte. Aber nur diese Anstrengung des Suchens, des Verwirrtseins, des Umherirrens verursacht das Karma, daß dich letztendlich einen Lehrer finden läßt. Es ist diese Anstrengung des Suchens nach der Wahrheit, die wir machen müssen, um zum Lehrer geführt zu werden.

Dann ist es in der Tat so, daß es gleichgültig ist, nach wem wir Ausschau halten, während wir suchen, es ist schon genug, daß wir suchen.

Ja. Ich beobachte dies immer wieder. Es gibt so viele Pseudo-Lehrer. Wissen Sie, es ist wunderbar. Ein Tag bevor Guruji starb, fragte einer seiner Schüler mich „Warum sind Sie zu Bhai Sahib gekommen?" Ich antwortete ihm „Ich bin zu so vielen Lehrern gegangen und ich fand dort einen großen Mann, der mit vielen Schülern auf einer Plattform saß und ich stellte fest, sie waren alle vom Ego erfüllt. Bhai Sahib war so *demütig.*" Und er sagte mir „Pssst, sag das nicht. Sag nur, daß ein Stück des Kuchens da war." Das ist alles. Und somit hat *er mich* gefunden, nicht ich ihn.

Gibt es irgendetwas, das wir aufgrund unseres besonderen historischen Bezugs verstehen können, gerade jetzt, wo die spirituellen Wege, die in vielen Teilen der Welt hunderte von Jahren geheim gehalten wurden, veröffentlicht und im Westen publiziert werden. Gibt es irgendetwas, das wir auf dieser Ebene der Erscheinungen verstehen können?

Ich weiß es nicht, ich kann dazu keine Antwort geben. Ich denke, daß es wiederum unser Schicksal, unser Karma ist; wenn ich verstehen will, dann werde ich verstehen. Zum Beispiel erkannte ich meinen Lehrer. Das ist eines der Zeichen, daß man den Lehrer erkennt.

Ohne jeden Zweifel?

Ohne jeden Zweifel. Als er mich anschaute, wußte ich es. Es ist eine recht ungewöhnliche Sache. Anfangs erkannte ich, daß ich sein

Gesicht nicht sehen konnte; und dies war ein Zeichen, daß er mein Guru ist. Wie lachte er, als ich ihm mitteilte, mich nicht an sein Gesicht zu erinnern — ich war erschrocken — es schien, als würde ich verrückt.

Das ist die Sufi-Tradition: Nur die Lehre zählt. Der Lehrer selbst muß ohne Gesicht sein, ohne Namen. Die Leute nennen mich Frau Tweedie. Es ist nicht mein Name sondern der meines Ehemannes. Und wenn sie zu mir kommen und mich Irene nennen, dann weiß ich, daß ich nichts für sie tun kann, ich kann ihnen dann überhaupt nicht helfen. Dies ist die Tradition und wenn nun jemand kommt und mich Irene nennt, dann entmutige ich diese Person einfach, noch einmal zu kommen. Ich darf keinen Namen, kein Gesicht haben.

Liegt nicht ein Widerspruch, den man wohl untersuchen könnte, in der Art und Weise, wie der Suchende die verschiedenen spirituellen Ausdrucksformen betrachten muß? Er fällt Urteile – daß dieser Lehrer Ego besitzt, daß jener Lehrer von Habgier erfüllt ist oder was auch immer – obwohl dies nur Urteile sind, die auf seinen eigenen Annahmen beruhen. Der Suchende, der dies noch wahrnimmt, muß noch durch die Phase des Suchens nach Wahrheit hindurchgehen, um genügend Karma anzusammeln, den Lehrer zu finden.

Ursache und Wirkung. Du schaffst die Ursache, das Resultat dessen wird das Finden eines Lehrers sein. Schauen Sie, wenn wir die Wahrheit wünschen, kommt ein Augenblick und wir sagen „Um was geht es hier überhaupt?", „Warum wurde die Welt erschaffen?" Ich reiste in Indien und sagte zu mir selbst: „Noch ein Tal, noch eine Stadt ... Wofür?" Und Schritt für Schritt war es eine endgültige Führung, wie ein goldener Faden, der mich vor die Tore meines Lehrers führte. Es gibt diesen Faktor, den man die göttliche Unzufriedenheit nennt und dieser führt uns nach Hause.

Wenn ich zurückschaue, dann finde ich es schon erstaunlich, wie sicher und mit absichtsvoller Logik ich geführt wurde. Es war zu deutlich, um nur zufällig zu sein. Übrigens glaube ich nicht an den Zufall, den gibt es nicht.

Wenn wir in diese Welt kommen, bringen wir zwei Wünsche mit, oder sagen wir lieber zwei Qualitäten, die in der tiefsten Substanz unserer Seele eingebettet sind: Der Wille zum Leben und der Wille zur Verehrung. Der Wille zum Leben hat mit unserem physischen Körper zu tun: Nahrung, Sex, Bequemlichkeit, was immer mit unseren physischen Bedürfnissen zu tun hat, oder dem „Ich" mit großgeschriebenem „I", ja? Der Wille zur Verehrung ist der Aspekt der Liebe und wir bringen ihn mit in die Inkarnation. Neben diesen beiden sammeln wir nach der Geburt noch all die anderen Wünsche an. Diese beiden bringen wir aber schon mit. Der Wille zur Verehrung manifestiert sich auf seiner niedrigsten Ebene, wenn wir den Fußballer, den Filmschauspieler, eine Waschmaschine, irgend etwas bewundern — aber der höhere Aspekt ist die kosmische oder die universelle Liebe des Großen Mitleids, wie es die Buddhisten nennen. Und es ist der Wunsch nach Verehrung, der in unserer Seele eingebettet ist, der uns wieder in unsere wirkliche Heimat zurückführt. Andernfalls würde der Mensch sie vergessen und er würde niemals etwas Spirituelles wünschen.

Ist es für den westlichen Menschen irgendwie nützlich, wenn er glaubt, er habe die Wahrheit, das Selbst, den Gott in sich selbst?
Absolut. Das ist die Wahrheit.

Aber wenn dies nur in seinem Geist und nicht in seinem Herzen gewürdigt wird, ist das dann eine Hilfe oder ein Hindernis für ihn?
Nun, wir leben auf der Ebene des Geistes und wir müssen nun mal irgendwo anfangen. Dann fangen wir mit dem Geist an, wir erkennen langsam, daß ich mit diesem und jenem nicht zufrieden bin und ich suche und suche, ich gehe zu verschiedenen Gesellschaften und Gruppen — bis ich eines Tages über etwas stolpere. Aber natürlich glaube ich nicht an den Zufall, ich wurde dorthin geführt.
Wissen Sie, die Sufis glauben an eine geheimnisvolle Substanz im Herzen des Menschen, und diese geheimnisvolle Substanz ist der Suchende, der Pilger und der Weg, nicht die Persönlichkeit. Und es ist dieser geheimnisvolle Suchende, den die Upanischaden als einen kleinen goldenen Menschen beschreiben, so groß wie ein Daumen, der in den verborgenen Tiefen unserer Herzen sitzt.

Ist es dann aber nicht nützlich, wenn man die Unterschiede zwischen arabischem und hinduistischem Sufismus berücksichtigt?
Tatsächlich ist es das gleiche. Es gibt heutzutage viele Sufischulen in der Welt. Alle verrichten nützliche Arbeit, die in der spirituellen Dunkelheit unserer Tage so sehr benötigt wird.
Die indische Richtung der Naqshibandi Sufis, zu denen mein Verehrter Lehrer zählte, nennt sich Naqshmandia Mujadidia und sie umfaßt natürlich sehr viel aus der indischen Kultur, so wie der arabische Sufismus in Ägypten, Marokko oder Persien zwangsläufig viele typische Elemente der Traditionen dieser Länder enthält. Sie alle haben verschiedene Nuancen, verschiedene Farben ihrer jeweiligen Länder angenommen. Wohlgemerkt, der Sufismus ist immer der gleiche. Die Metaphysik ist in allen Schulen des Sufismus gleich, nur

die Wege, um zur Wahrheit zu gelangen sind unterschiedlich. Die Chisti Sufis glauben an die Einheit aller Religionen, sie verwenden Mantren und Tanz und Musik. Andere Sufis leben ein mönchisches Leben mit bestimmten Gesängen und Praktiken und viele praktizieren Pranayama, Atemübungen. Das tun wir nicht. Wir glauben, daß Gott Stille ist, nur in der Stille begriffen werden kann und wir machen stille Meditationen. Unsere Farbe ist Gold — das auf dem Regenbogen fehlte als Er starb. Unser musikalischer Ton ist das scharfe D. Und sie gehören natürlich zu dem zweiten Lichtstrahl, dem Lichtstrahl der Liebe-Weisheit.

Was ist der erste?
Der erste Lichtstrahl ist der rote Weg der Macht. Der dritte ist der grüne Strahl — ich weiß es nicht genau. Sie können es in den Büchern von Alice Bailey nachlesen. Es ist sehr eindeutig. Ich weiß, daß jeder spirituelle Weg von einem bestimmten Lichtstrahl seiner Farbe beherrscht ist.

Und welcher Lichtstrahl gehört zum Christentum? Oder besitzt es keinen? Würde es Aspekte aller in sich vereinigen?
Ich glaube, es ist der violette Lichtstrahl. Das violette Licht ist der zeremonielle Weg. Sie halten Zeremonien ab.

Ich habe mich sehr bemüht, das Christentum zu verstehen. Das ist ohne direkte Erfahrung wiederum sehr schwierig.
Vergiß es. Es ist die Mühe nicht wert. Nicht aus meiner Sicht der Dinge. Ich bin Heidin.

Wie sollen wir nun den Sufismus verstehen?
Ich weiß es nicht. Ich kann nur sagen, was ich glaube. Ich glaube, daß der Sufismus letztendlich die Welt umfassen wird. Seine Lehre ist für den modernen Menschen am annehmbarsten, weil sie so frei ist. Frei von Dogmen, von festgefügten Glaubensinhalten, von psychologischen und körperlichen Beschränkungen, sie ist fließend, sie ist widersprüchlich und lehrt tatsächlich nichts, was klar definiert werden kann. Es ist eine Nicht-Lehre.
„Wenn der Schüler das Leben lebt, möchte ich, daß er lebt, ich habe nichts zu lehren", sagte unser Verehrter Lehrer, und „laßt den Menschen allein und er wird Gott auf seine Weise finden."

Die Wege zu Gott sind so zahlreich wie es Menschen gibt, so zahlreich wie die Atemzüge der Menschenkinder. (Ein Sufi-Sprichwort).

Das ist es. Keine Konversionen zu irgendeiner Glaubensform oder Religion wird benötigt. Sie (die Lehre) ist vor allem ein Weg des Lebens und, was am wichtigsten ist, ein Weg zur Selbsterkenntnis. Sie ist eine einzigartige und persönliche Beziehung zu einem Unendlichen Wesen, oder zu Gott oder zur Wahrheit; um die Namen geht es nicht.

Und ihr Ursprung?
Die Sufilehre ist viel älter als der Islam, als das Christentum oder sogar das Judentum. Die Ursprünge sind in den Abgründen der Vergangenheit verloren.

„Vor langer, langer Zeit gab es eine Sekte", erzählte uns mein Lehrer. „Kamal Posh wurden sie genannt, die Träger der Decke, denn ihr einziger Besitz bestand aus einer großen wollenen Decke, auf der sie schliefen und mit der sie sich bedeckten. Sie wanderten von Land zu Land, auf der Suche nach Wahrheit. Sie hörten jedem zu, von dem sie dachten, er spräche die Wahrheit, aber sie waren nicht zufrieden. Sie konnten nicht das Hindu-Konzept von Shiva, Vishnu und Brahma akzeptieren, auch nicht die christliche Lehre von der Dreifaltigkeit von Vater, Sohn und Heiligem Geist. Die strengen Regeln des Judentums konnten sie nicht akzeptieren. Der Sage entsprechend gingen sie zu Moses und sogar zu Jesus. Und wo immer sie waren, sagten sie zu den Menschen: „Warum geht ihr zum Beten in einen Tempel, eine Synagoge, eine Kirche? Der Geliebte ist überall; schaut in euer Herz!" So waren sie nirgends gern gesehen, die Herrschenden verfolgten sie, die Priester haßten sie. Sie wurden gequält, vertrieben, geschlagen, zu Tode gesteinigt.

„Eines Tages hörten sie von einem Propheten, der in Mekka und Medina predigte und sie entschlossen sich, zu ihm zu gehen. Vielleicht war er derjenige, der die Wahrheit sprach.

„Eines Tages sagte der Prophet Mohammed: „Kamal Tosh kommen von weit her, laßt sie als unsere Gäste willkommen sein." Und so wurden sie als willkommene Gäste empfangen, sie blieben bei dem Propheten und hörten ihn sagen: „Er, der Unendliche ist Eins; er hat keine Söhne, keine Verwandten," und dies gefiel ihnen und sie fühlten, das dies die Wahrheit ist.

Nach dem Tod des Propheten verstreuten sie sich in alle Länder des Mittleren Ostens und dann nach Indien und noch weiter.

Dies ist die Geschichte der Sufis, soweit noch davon bekannt ist und von meinem Lehrer erzählt wurde. Es ist weiterhin überliefert, daß sie überall vertrieben und verfolgt wurden, denn sie sagten immer wieder, warum die Menschen zum Gebet in die Moschee gingen, wo doch der Geliebte in unseren Herzen weilt.

Kommen wir auf Ihr Buch zurück, wie haben Sie diese Reinigung des Feuers letztendlich verstanden?
Kundalini. Das Feuer im Körper, durch das ich meinen Körper vollständig transparent sah. Kaltes Feuer, es ist ein sehr schmerzvoller Vorgang. Dies ist das Kundalini-Feuer, diese merkwürdige erdhafte Kraft. Es gehört zur Erde, es ist angeblich eine weibliche Kraft. Sie sagen, daß sie an der untersten Stelle unserer Wirbelsäule zusammengerollt ist. Sie *ist* unten an der Wirbelsäule zusammengerollt, denn ich erfuhr dort jene ungeheuerlichen Zustände von Hitze und Schwingung, als ich mich in diesen schrecklichen Zuständen befand.

Welche nach ihren Angaben mindestens drei Monate anhielten.
Die Heftigkeit dauerte ungefähr drei Monate und als ich diesen hysterischen Ausbruch in seinem Garten erlebte, entfernte er den Zustand einfach von mir und er hat mich seitdem nie mehr gequält. Wissen Sie, Sex ist nicht Kundalini, aber er ist Teil der Kundalini-Kraft. Und das hat in mir einiges innerlich verbrannt.

Er hat Sie einen Tag, bevor dies einsetzte – nicht wahr – gefragt, welche der vier Arten der Reinigung ...
Ja, und er lachte so sehr darüber und ich wußte nicht warum.

Wissen Sie jetzt, warum er so gelacht hat?
Ja, denn er wußte, daß er mich dieser Feuerprobe aussetzte. Ich wußte es nicht. Und ein anderes Mal, als er mit einem Mann sprach, der total unausgeglichen war, sagte ich zu ihm — zu dieser Zeit wußte ich noch nicht, daß man den Lehrer nicht anspricht ohne von ihm selbst angesprochen worden zu sein — das ist sehr unhöflich in der Gegenwart des Gurus. Ich sagte zu ihm, „Aber Bhai Sahib, warum verschwenden Sie Ihre Zeit mit diesem Mann, er ist total verrückt, er ist unausgeglichen, er ist dumm?" Er schaute mich an und sagte: „Mit was für einem Recht sprichst du so? Bald schon wirst du dümmer sein als er." Und dann hat er meinen Geist abgestellt.
Sehen Sie, es ist eine sehr interessante Erfahrung, sie wird in dem Buch nicht so genau beschrieben, denn wie ich schon sagte, vieles wurde gekürzt. Der Geist wird durch die yogische Kraft des Lehrers abgestellt. Manchmal bis 25%, manchmal 50%, manchmal 75%. Wenn es bis zu 75% ist, dann kannst du nicht denken und es ist sehr schwierig zu leben. Ich lief in den Straßen herum und ich konnte ausschließlich beobachten, wohin ich meine Füße setzte — Kühe liefen in den Straßen herum, und Rikschas, und verrückte Autos mit lauten Hupen. Es schien als hätte ich — wie nennt man diese

Dinger, die Pferde tragen — Scheuklappen. So war es. Ich konnte nichts neben mir sehen, nur das, was direkt vor mir lag, so wie man in einen Tunnel hineinblickt, man sieht nichts seitlich, nur das unmittelbar vorne liegende in einer Art Tunnelschau, und der Geist arbeitet mit Verzögerung. Ich kam ungefähr mittags nach Hause, es war sehr heiß und ich sagte zu mir selbst, daß dies wohl meine Tür sein soll, richtig, jetzt öffne ich die Tür mit dem Schlüssel, ach ja, der Schlüssel. Hier ist der Schlüssel in meiner Handtasche. Nimm den Schlüssel, öffne die Tür. Dann stand ich da und sagte, nun ich bin hungrig — ach ja, die Kartoffeln, die ich sehe. Die Kartoffeln müssen geschält werden. Schälen, ach ja, das Messer. Und so weiter.

Es gibt ein wunderschönes Beispiel von Krishnamurti. Er sagt, daß unser Problem darin besteht, daß der Geist fortwährend an die Zukunft denkt, sich an Vergangenes erinnert, aber niemals im Jetzt, in der Gegenwart ist.

Wenn wir durch ein Wunder sehen könnten, z.B. eine Rose sehen könnten und würden uns nicht daran erinnern, daß wir eine Rose sehen, sondern sie so betrachten wie ein Kind eine Rose zum ersten Mal sieht, in diesem Zwischenraum zwischen dem *Sehen* der Rose und danach vielleicht der Erinnerung daran was sie ist — wenn nun dieser Zwischenraum lang genug ist — dann wird etwas mit dem Geist geschehen. Das Abstellen des Geistes durch den Lehrer bewirkt genau das. Es geschieht durch yogische Kräfte. Es ist faszinierend, es ist fast schmerzlos, aber es ist sehr schwierig, so zu leben. Er hat dies nie länger als für mehrere Stunden an einem Tag gemacht und dann kam es langsam wieder zurück. Aber ich wußte, wann er es tat, denn plötzlich fühlte ich etwas wie ein Stahlband auf meiner Stirn und dann verließ mich mein Geist. Wissen Sie, der Geist ist der Mörder des Wirklichen, er hindert uns daran, die Realität zu sehen. Die Buddha-Qualität kann wegen des fortwährenden Geschwätzes nicht durchdringen. Nun, wenn du nicht denken kannst, ist die Welt erfüllt von Seligkeit, es gibt so viel Liebe, so viel Herrlichkeit — es ist ein sehr angenehmer Zustand, ganz schmerzlos. Es ist glückselig.

Lassen Sie uns nun zum Schmerz kommen, denn der verblendete Geist wird während dieser Reinigungs-Phase Erfahrungen machen, die extrem schmerzvoll sind. Und in ihrem Buch gibt es einen ausgeprägten Gegensatz zwischen dem, was Guruji sagt, nämlich daß es einfach ist, „alles, was ich von euch verlange, ist einfach", und dem sehr akuten Leiden, daß Sie und jeder andere Sadhaka erfuhren, als sie versuchten, sich auf ihren Meister einzustellen. Was ist die Funktion des Leidens?

Leiden ist Spannung. Spannung ist ein reinigender Vorgang. Es ist sehr erlösend, wenn man leidet. Warum mußte ich so viel leiden? Weil ich ein riesiges Ego besaß. Das Selbst muß verschwinden. Zwei Herren können nicht in einem Herzen leben und das ist ein schmerzhafter Vorgang. Wenn du zu einem Analytiker gehst, dann ist dies ein schmerzhafter Vorgang. Der Prozeß der Individuation ist ein extrem schmerzhafter Vorgang. Wissen Sie, das was in uns ist, ist manchmal sehr dunkel, manchmal sehr schrecklich. Wir sind Diebe, wir sind Mörder, wir sind fähig zu allem. Unser Problem besteht darin, daß alles in uns ist: wir können nicht auf etwas reagieren, das nicht in uns ist. Und wir sind so alt, daß wir fast alles in uns haben.

Einschließlich Tiere?
Einschließlich der tierischen Natur. Halb Engel und halb Tier. Die alte Tradition des Yoga, des Sufi-Yoga und die moderne Psychologie sind ein und dasselbe. Es gibt bestimmte Darlegungen, die verblüffend sind, so wie z.B., daß die alten Karmas Teil und Parzelle des Blutes sind — ich glaube das ist in dem Buch — und C.G. Jung sagt, daß unbewußte Erfahrungen in unserem Blutstrom gelagert sind. Das ist das gleiche. Es ist faszinierend.

Und doch sagt er in dem Buch – etwas vorher –, daß Karma eine Illusion ist.
Ja, wenn du an Karma glaubst, wirst du Karma haben. Wenn du nicht daran glaubst, wirst du es nicht haben.
Und dies weist auf eine tiefere Weisheit auf der Kausalebene hin, daß das, was wir denken, entweder bewußt oder unbewußt, zu unserer Realität wird. Was in uns ist, wird von unserem Leben, so wie es sich uns darstellt, beantwortet.
Eines Tages war ich sehr verwirrt. Einer der Sannyasins in Indien sagte: „Karma mag auf dich zutreffen, aber nicht mehr auf mich". Ich konnte das nicht verstehen. Aber wir können jenseits von Karma sein, wenn unser Verstehen sich soweit öffnet, daß wir von jedwedem Glauben vollständig befreit sind, oder von jeglichem Dogma, jeglicher Überzeugung, die Karma hervorbringt.

Sie verwenden das Wort „Verstehen" und Verstehen ist wiederum ein paradoxes Wort. Das wahre Verstehen reicht jenseits des Verstandes und doch hat es immer eine Verbindung zum Geist. Wenn ich nun sage, daß ich Gott wirklich verstehen will, dann beinhaltet dies gleichzeitig die Wahrheit und ein Absurdum.
Ja, es ist eine Frage des Standpunktes. Was ich mit Verstehen meine ist Gnosis, Weisheit, aber es gibt auch das Verstehen des Geistes.

Es gibt einen Satz in den Upanishaden, „Der Geist ist der Mörder des Wirklichen, laß den Schüler den Mörder ermorden." Du mordest nichts. Es ist totaler Unsinn. Du hilfst dem Geist, in einem anderen Raum zu funktionieren, du verwandelst ihn, um es so auszudrücken. Aber durch die Verwandlung, die Arbeit auf einer höheren Bewußtseinsstufe, wird alles so anders.

Du kannst sagen „Ich habe meinen Geist getötet". Es funktioniert total anders. Keine Erfindung, keine Entdeckung wurde je mit dem Geist vollbracht. Was tut der Wissenschaftler? — Er arbeitet um den Geist herum. Er rechnet, er wartet, er denkt, er lebt es, er fertigt die Schale an und *dann* wird der Apfel vom Baum fallen und er wird sagen „Oh, mein Gott, das ist es". Oder etwas anderes geschieht und er sagt zu sich selbst: „Komisch, daß ich das nicht schon vorher gesehen habe".

Erkenntnis ist immer voller Wunder.

Immer voller Wunder, immer wie ein Leuchten und jenseits des Geites. Das ist die wirkliche Weisheit. Das ist das wahre Verstehen und Wissen. Aber wir müssen irgendwo beginnen. Wir leben auf der Geistesebene, besonders wir im Westen. Es ist interessant, als C.G. Jung in Amerika war, sprach er mit Indianern und ein Indianerhäuptling sagte ihm: „Sie glauben, daß Sie hier im Kopf denken. Wir glauben, daß wir im Herzen denken." Was ist das Herz? Das Herz ist der Urgrund des Geistes. Die Denkfähigkeit des Geistes ist die Oberfläche und der Urgrund ist die Gefühlseigenschaft, die wiederum das Herz ist.

Was geschah mit ihnen, nachdem Guruji gestorben war?

Mein Verehrter Lehrer starb am 21. Juli 1966. Am Vorabend seines Todes beobachtete man merkwürdige Erscheinungen am Himmel. Ein wahrlich herrlicher Sonnenuntergang mit ungewöhnlichen Farben und sieben kleine runde Wolken von hellvioletter Farbe schwebten über seinem Bungalow und dem Garten, in dem wir saßen. Auch seine Farbe, das goldene Gelb, war nicht in dem doppelten Regenbogen vorhanden, der sich über dem östlichen Himmel wölbte.

„Wenn eine Große Seele wieder heimkehrt, gibt es Zeichen am Himmel, denn die Natur freut sich," sagt eine Sufi-Tradition.

Ich fühlte mich vollständig verloren als er starb und verspürte ein großes Bedürfnis nach Einsamkeit, ich hoffte ein Selbst zu finden, aber welches Selbst, das wußte ich nicht, denn es schien überhaupt kein Selbst zu geben.

Im August fuhr ich nach Kausani, nicht weit von der nepalesischen

Grenze in den Kumaon-Bergen und ich wohnte im Gandhi-Ashram und blieb dort bis Weihnachten. Dort geschah es, in einer regnerischen Septembernacht während tiefer Meditation, mir wurde die Gnade gewährt, zu erkennen, daß ich nicht verlassen war, daß ich meinen Lehrer erreichen konnte. Unsere Beziehung wurde auf eine andere Ebene gehoben, das war alles. Der Schock und die Freude über diese große Erfahrung strahlt noch nach all diesen Jahren bis heute in mir. Mein Aufenthalt im Ashram war wirklich wundervoll. Während einer Vollmondnacht im Dezember hörte ich den Chor der Gandarvas (die Engel der Musik), die aus dem Schnee kommen. Ich sah einen ganz runden Regenbogen. Ich hörte die Tannen des Himalaya wispern, als der Wind von den Gletschern herunterfuhr und über allem die 260 Meilen der großartigen Kathedrale der Schneegipfel direkt vor meinen Augen, nur 15 Meilen entfernt. Und noch vieles andere. Aber all das ist nicht in dem Buch, denn die Erfahrungen im Himalaya wurden ausgelassen. Das Buch mußte erheblich gekürzt werden, auf ein Drittel. Es tut mir leid, das zu sagen.

Kurz nach Weihnachten 1966 verließ ich den Gandhi-Ashram und ich fuhr nach Dehra Dun, wo ich Freunde in einer Aussätzigensiedlung habe. Im April 1967 kehrte ich nach London zurück, denn Guruji, mein Verehrter Lehrer, gab mir die Anweisung, dies zu tun. Seitdem haben wir hier eine Meditationsgruppe, die sich in meinem Haus jeden Freitag trifft, und ich sehe jeden Tag Menschen. In diesen letzten Jahren mußte ich meine Wohnung mehrmals wechseln, denn die Gruppe wurde größer und größer und jetzt sind es schon nahezu 100 Leute.

Wir haben sehr gute und erfolgreiche Treffen. Mit erfolgreich meine ich, daß die Mitglieder spirituelle Fortschritte machen. Viele, die krank waren, wurden wieder gesund, oder schafften ihre Examen oder sie wurden aus schwierigen Situationen befreit oder erhielten unerwartete Hilfe — all dies dank der Gnade unseres Lehrers.

Der Weg der Sufis ist der Weg der Mystiker. Mystiker in den höheren Stufen der Meditation haben manchmal großartige und wundervolle Erfahrungen, Zustände großer Seligkeit, Schimmer des kosmischen Bewußtseins. Und vor allem haben sie teil an der Ruhe des Geistes und der Toleranz.

Wenn einmal der Zustand der tiefen Meditation Gewohnheit geworden ist, verschwindet die Furcht vor dem Tode. Man ist glücklich und zufrieden mit allem, was das Leben bietet. Unsere Treffen sind voller Lachen. Es ist eine Gruppe freudiger Menschen. Entsprechend der Tradition der Naqshibandi-Yoga-Schule ist unsere Meditation eine stille, denn wir glauben, daß Gott oder die Wahrheit lautlos sind und nur in der Stille berührt werden können.

Es gibt hier niemanden, den man etwas lehren könnte noch gibt es jemanden, der lehrt. Wir alle sind Schüler Gottes.

Wir dürfen uns nicht anders als alle anderen Menschen kleiden, denn täten wir dies, würden wir eine Schranke zwischen den anderen Menschen und uns selbst errichten. Wir arbeiten immer innerhalb einer Organisation oder innerhalb der Kultur des Landes, in dem wir leben. Wir werden niemals schlechte Beispiele abgeben. Wir sind weder Lotusfresser noch faule Drohnen, wir sind verantwortungsbewußte Männer und Frauen, die ihre Pflichten in der Gesellschaft erfüllen.

„Keine Phantasieflüge. Keine Übertreibungen oder Verzücktheiten. Steht mit beiden Füßen auf der Erde, aber mit eurem Haupt müßt ihr das Gewölbe des Himmels stützen", sagte unser Verehrter Lehrer immer, wenn manchmal einer vor lauter Freude wegfliegen wollte und die Welt uns gehörte und unser Herz soviel Liebe nicht zu fassen vermochte.

Hat sich seit Veröffentlichung des Buches viel verändert?

Ich glaube nicht, daß die Veröffentlichung für mich persönlich etwas verändert hat, außer vielleicht die Enttäuschung über die vielen Kürzungen. Die Methode, einen Menschen für die höheren Bewußtseinsstufen vorzubereiten, ist unglaublich, ähnlich dem Individuationsprozeß, wie ihn der große Psychiater C.G. Jung sich vorstellte. Und das Buch wurde in diesem Geiste geschrieben; großes Gewicht wurde gelegt auf bedeutungsvolle Träume; die Gleichzeitigkeit meiner inneren psychologischen Zustände mit den äußeren Geschehnissen in der Natur während meiner Zeit im Ashram im Himalaya waren verblüffend.

Ist das Dhyana, das sie in ihrem Buch erwähnen das gleiche, wie die Meditation, die sie hier mit ihren Freunden praktizieren?

Ja. Es ist das vollständige Auslöschen der Sinne. Du siehst nichts, du hörst nichts, du bist anscheinend bewußtlos. Anfangs ist es wie der Schlaf. Es ist jenseits der Sinne und die nächste Stufe im Samadhi.

Wissen Sie, Jesus sagte: „Suchet zuerst das Himmlische Reich und alles andere wird euch gegeben werden." Wir kümmern uns nicht um all die anderen Zustände, die entsprechend dem Patañjali Yoga auf dem Weg erfahren werden müssen. Wir beginnen mit der siebten Stufe, das ist Dhyana und sie führt uns direkt in den Samadhi, der ein überbewußter Zustand ist. Und der Zustand von Dhyana ist irgendwie ein Zustand größtmöglicher Demut. Es ist so, als würde man dem Geliebten sagen (— natürlich Ihn, die Wahrheit oder Gott, den Geliebten anrufen, alle Sufis tun dies —): Hier bin ich, ich versuche meinen Geist zu beruhigen, ich sitze wie eine Gurke, ich tue nichts um meinetwillen. Wartend. Die Schale für die Gnade geöffnet.

Und es gibt einige, die Gefäße für diese Gnade sind?
Ja.

Wie z.B. Ihr Meister?
Ja.

Kann man Ihre Funktion in England auch so ähnlich beschreiben, ein Gefäß für die Gnade zu sein? Im Buch gibt der Meister so viele Hinweise, daß er Sie für eine besondere Aufgabe erwählt hat, für eine besondere Rolle? Können Sie irgendetwas über die von ihm gegebene Aufgabe berichten?
Sehen Sie, es ist sehr schwierig darüber etwas auszusagen, alles, was ich zu sagen vermag, ist, daß wir Sufis während der Nacht arbeiten. Wir müssen während der Nacht meditieren und arbeiten. Tatsächlich arbeiten wir vierundzwanzig Stunden, versuchen Menschen beim Leben zu helfen, wenn ich mich so ausdrücken darf, und in der Nacht meditieren wir. Das ist alles, was ich sagen kann. Wie das nun funktioniert, das ist sehr esoterisch und ich glaube, man kann es nicht mal schriftlich niederlegen.

Somit kann es auch nicht sinnvoll beantwortet werden: Worin bestand Ihr Wachstum in den letzten zwanzig Jahren oder seit den Erfahrungen in dem Buch?
Ich kann Ihnen nur meine persönliche Erfahrung mitteilen, wie ich den Lehrer erreichen kann. Ich glaube, dies wird ein wenig dargestellt.
Ich betrachte mich selbst als eine Schülerin eines sehr großen Wesens, das ich jederzeit erreichen kann. Zu Beginn war es eine Dualität. In jenem September, als ich während einer dunklen Gebirgsnacht im Himalaya entdeckte, daß ich meinen Lehrer erreichen konnte, erkannte ich, daß er mich nicht betrogen hatte, indem er starb, indem er alles von mir wegnahm, mein Selbst in vollständiger Hingabe, mein Geld, alles.
Während der tiefen Meditation war zu Beginn mein Lehrer und ich. Auf dieser Ebene ist die Einheit. Wir erreichen den Lehrer auf der Atma-Ebene. Aber es gibt immer noch eine Art von Dualität. Ich werde wissen, daß es der Lehrer ist und der Lehrer ist auch ich, und ich bin der Lehrer. Aber da ist immer Dualität. Mein ganzes Wesen

stand so vor ihm: vollkommen nach innen gedrückt und es war sehr schwierig in mein Wachbewußtsein herüberzubringen, was ich während der tiefen Meditation erfahren hatte. Später, als die Jahre vergingen, ohne daß ich es selbst bemerkte, wurde die Dualität schwächer und schwächer und schwächer. Das geschieht nun, ich weiß, daß ich es nicht beweisen kann. Ich weiß es einfach und mein Geist akzeptiert es als Bestandteil seines eigenen Wesens, ohne auch nur die geringste Auflehnung, denn mein Geist ist gehorsam. Z.B. kenne ich viele Leute, die Hilfe von mir wollen und die ich berate, manchmal sind es sehr schwierige Fälle. Sie stellen mir Fragen und noch während sie fragen, denke ich „Mein Gott, wie werde ich das beantworten?" Und doch ist es gleich da und es ist immer richtig und Er macht keinen Fehler. Ich sage manchmal Dinge, die gegen meine eigenen Interessen gerichtet sind. Ich sage manchmal Dinge, die unpassend oder dumm erscheinen, aber sie scheinen es nur zu sein. Es ist manchmal sehr täuschend. Zu Beginn war ich voller Furcht. Jetzt, nach so vielen Jahren, habe ich gelernt, nur darauf zu hören und das ist es, was ich unter Leben in der Gegenwart verstehe. Die Buddhisten glauben, daß das Leben in der Gegenwart dadurch bestimmt wird, daß man achtsam in seinen Handlungen ist. Jetzt spreche ich zu Ihnen und ich praktiziere darin Achtsamkeit und sonst nichts.

Für mich persönlich bedeutet Leben in der Gegenwart eine Art nach innen hören. Guruji sagte eines Tages: „Ich verlasse mein Haus nicht ohne Auftrag." Ich habe diesen Satz nicht verstanden. Tatsächlich tue ich aber das gleiche. Ich tue das immer, immer so und ich tue nur das, was als Auftrag aus meinem Innern kommt. Ich nenne dies gewöhnlich eine Eingebung — sehen Sie, die spirituelle Kraft, obwohl manifest, die Stimme, die noch schwache Stimme im eigenen Innern.

Nun, im Menschen wird es sich auf drei verschiedene Weisen manifestieren. Entweder wird es eine Stimme sein, die im Kopf spricht, und ich habe hier jemanden, die diese Stimme in ihrem Kopf sprechen hört und ihr Anweisungen gibt. Nun, wenn das geschieht, gerät der Mensch in Panik, denn beispielsweise ist eines der Symptome bei Schizophrenie genau diese Stimme im Kopf. Dann gehen wir normalerweise zu Psychiatern und die Intuition verschwindet. Es gibt noch eine andere Art, wie es funktioniert: Ein ruhiger, kleiner Gedanke, der recht beiläufig im Geist aufkommt. Das ist noch schwieriger. Du sagst, „Ach du liebe Zeit. Das kann ich nicht tun. Wie gräßlich." Und die Intuition verschwindet. In meinem Fall, vielleicht weil ich emotional bin, weil ich Russin bin, ich weiß nicht, daß es eine Eingebung ist, eine starke Eingebung, etwas zu tun oder nicht zu tun, etwas zu sagen oder nicht zu sagen, zu gehorchen oder nicht zu gehorchen. Nun, anfangs war das ein fürchterliches Problem. „Wie kann ich das tun? Oh, mein Gott," aber bald lernte ich, darauf zu hören. Jetzt tue ich es einfach.

Ist das der Grund für all die Gehorsamsübungen, die ein Lehrer verlangt?
Genau. Es ist ein Sichergeben. Von diesem Augenblick an, wenn du dich hingibst, dem Licht in deinem Selbst, dem Ewigen, ungeborenen Funken, der Teil von Jenem — mit großem J — ist, dann übst du Hingabe.
Wir arbeiten mit der Göttlichen Kraft. Wir dürfen unter keinen Umständen Geld für irgend etwas verlangen. Geld besitzt einen sehr korrumpierenden Einfluß. Wir dürfen überhaupt nichts annehmen.
Eines Tages sagte er uns: „Ich kann alles heilen, aber ich kann nicht jedwedes Karma heilen. Ich weiß, daß wenn ein Mensch zu mir kommt dessen Geist krank ist, dann wird der Geist geheilt werden. Der Körper ist krank, der Körper wird geheilt werden. Ich tue es nicht selbst. Es wird getan. Es braucht nur im Geiste zu sein und es ist im Geist des Lehrers. Wissen Sie, wenn der Geist eines Yogis vollständig auf einen Punkt gerichtet ist, dann verändern sich die äußeren Umstände. Denn zwischen unserem Geist und den äußeren Bedingungen besteht eine seltsame, wunderbare Verbindung. C.G. Jung nennt es Synchronismus. Ich habe es im Himalaya bewiesen — im Buch haben sie es herausgelassen. Ich glaube, daß es sehr interessant war. Die Zyklen der Natur, die Gewitter, die Regenbögen, alles reflektierte meinen inneren Kampf mit mir selbst und natürlich auch die Herrlichkeit, die man erfährt.
Wenn Sie mich fragen, ob ich es nochmal tun würde. Ich sage Ja, aber natürlich kann das nicht geschehen. Ich bin ein vollständig anderer Mensch. Es würde niemals mehr nötig sein.
Wir müssen uns durchbeißen. Er nimmt Sandpapier und poliert unser kleines Selbst heraus und ohne Tod gibt es kein spirituelles Leben. Wir müssen uns selbst begegnen mit all unserer Dunkelheit, genau wie auf dem Sessel des großen Jung'schen Psychiaters.

Wenn ich das höre, verzagt mein Herz, genau wie ihres sicherlich verzagt war, als sie die im Buch beschriebenen Erfahrungen machten. Es erscheint so umfassend und so schwierig und all die Ausflüchte, die auf diesem kleinen, schutzlosen Herz lasten, das nur versucht, die Wahrheit zu finden.
Verdammt nochmal, Charles! Andere Menschen haben es vor ihnen geschafft. Andere werden es nach Ihnen vollbringen. Warum

können sie es nicht schaffen? Warum kann ich es nicht? Wir sind gleichartig. Die Essenz ist die gleiche. Gott im Himmel! Wir können es. Laß uns das Banner, die Fahne nehmen und es tun. Gestern kam dieser Junge aus Bristol zu mir. Sehr jung, herrlich, mit leuchtenden Augen. Er sagte, „Ich kam schon zweimal, Frau Tweedie, und ich träume immer von ihnen. Ich weiß nicht, warum sie mir erscheinen." Und mit einem Lächeln sagte ich ihm: „Liebling, wenn ich Ihnen erscheine, würde ich es wissen, nicht wahr? So, irgendetwas stimmt nicht ganz." Er sagte: „Bis jetzt war ich Marxist. Ich gehörte zu meiner Partei. Ich verließ sie letzte Woche, Frau Tweedie, weil ich ihr Buch gelesen habe. Jetzt glaube ich, kein Marxist mehr sein zu können. Was soll ich tun. Aber mein Geist kämpft gegen mich. Ich fühle mich unsicher und ich fühle mich verletzbar und ich habe solche Angst."

Ich ermutige niemals jemanden. Wissen sie, was ich ihm sagte? Ich sagte, „Mein Lieber, das ist nichts. Welch große Angst müssen sie ausstehen, wenn sie dem Nichts gegenüberstehen werden, der Hölle, dem absoluten Nichts, dem wir uns alle stellen müssen, dem Abgrund, NICHT EINMAL VOR DEM FEUER — DEM ABGRUND DES GRÖSSTMÖGLICHEN NICHTS."

Gibt es Liebe im Nichts?
Ah! *Nur* LIEBE, und soviel Lachen. Denn Er schuf die Welt lachend und tanzend und das ist die Wahrheit. Es ist phantastisch, Charles. Und so wie ich in meinem Radiointerview vor drei Jahren gesagt habe, das Leben war niemals schöner, die Blumen niemals so rot, das Essen schmeckte niemals so gut — und ich bin alt.

Und die Liebe?
... Ist alles. Absolut, denn Er oder Es ist Liebe. Er schuf das Universum mit Liebe, aus Liebe und dies ist die größte Kraft. Und wir Sufis, wir liebten mehr als andere und haßten mehr als andere. Leute werfen faule Tomaten und verdorbene Eier auf mich und mich kümmert es überhaupt nicht. Das ist ihre Angelegenheit — nicht meine.

Somit stellt Liebe keine Bedingungen?
Absolut keine. Und aus diesem Grunde dürfen wir kein Geld für irgend etwas, was wir tun, annehmen, und wir können schon recht *interessante* Sachen machen. Und manchmal auch recht wichtige Dinge. Denn wir arbeiten mit der Göttlichen Kraft, die Liebe ist — es ist unwiderstehlich, Charles. Und aus diesem Grunde muß ich so vorsichtig sein, wenn ein Mensch zu mir kommt. Wenn einige Seelen

in unsere Obhut gebracht werden und wenn ich meine Sache nicht verstehe, dann bin ich eine Idiotin. Ich muß sehr wohl wissen, wie man es ·tut. Aber ich muß so vorsichtig sein, den Menschen zu beeinflussen. Ich muß im Herzen ganz ruhig sein, um ein klein wenig helfen zu können. Ich weiß, daß er oder sie nur einen kleinen Schritt seitwärts tun müssen und sie werden da sein. Und ich kann nur einen kleinen Fingerzeig geben. Ich kann sie oder ihn nicht daraufstoßen, denn das wäre falsch. Darum können wir nichts berechnen. Alles ist kostenlos, wie der Sonnenschein, wie die Luft, die wir atmen, denn die Sonne scheint auf den Komposthaufen und sie scheint auf den Heiligen.

Was ist ein Heiliger?
Ein Heiliger ist eine Person, dessen Geist vollkommen rein ist. Was bedeutet „reiner Geist"? Es ist ein gleichmütiger Geist. Ein Heiliger ist derjenige, der so wenig Bedürfnisse wie nur möglich hat. Alle Heiligen haben Bedürfnisse. Sie haben das Bedürfnis nach Kleidung. Sie haben das Bedürfnis nach Nahrung, aber wenn diese Bedürfnisse nicht erfüllt werden, dann macht das auch nichts. Wenn beispielsweise jemand eine Waschmaschine unbedingt will und wenn er sie dann nicht bekommt, dann leidet er. Zwischen dem Heiligen und dem Yogi gibt es keinen Unterschied. Guruji sagte, daß der Heilige und der Yogi ein und derselbe sind. In der Weisheit gibt es keine Unterschiede. In Europa, im Westen nennt man ihn einen Heiligen. Im Osten nennnt man ihn Yogi. Es ist das gleiche.

Und ein Mahatma. Steht er höher als ein Heiliger?
Nein, es ist nur eine höfliche Ausdrucksweise. Mahatma bedeutet Große Seele. Guruji nannte jeden Bettler Mahatma. Und das ist gut so.

Jabrane M. Sebnat ist ein marokkanischer Sufi, der in Paris lebt. Er ist Soziologe und Psychologe, und gibt lebendige Sufi-Lehren weiter. Jabrane hat auch Gruppen in Deutschland, vor allem in Bremen.

Die sieben Täler
Ein Gesang der Liebe

Jabrane M. Sebnat

Originaltitel: Les sept vallees — chant d'amour — Geschrieben im Mai 1982 in Sainte Maure de Tourraine, Übersetzung Karl Hollerbach, © Jabrane M. Sebnat 1982. Mit freundlicher Genehmigung.

AL GHAZALI der Spinner, der Handwerker, der Künstler.
Er, der ein Band, eine Brücke schuf zwischen der muslimischen Exoterik und der muslimischen Esoterik.
Zwischen der Form und dem Urgrund.
Zwischen dem Sichtbaren und dem Unsichtbaren. Er spann dieses Band mit den Fibern der Gazelle.
GHAZALI — ein Pol des Sufismus seiner Zeit, des 12. Jahrhunderts.
Im MANHAJ AL ABIDIN beschreibt er die sieben Etappen, die sieben Stadien, die sieben Barrieren und die sieben Täler, die den Menschen von Gott trennen.
Den Menschen als Potential und den Menschen als Realisation.
Zwischen dem Weg des Verstandes und dem Weg des Herzens gibt es sieben Täler.
Die grundlegende Natur des Menschen ist, die Vollendung zu suchen.
Der Mensch ist ständig gespalten zwischen Vergangenheit und Zukunft.
Er muß ständig auf Suche gehen nach seinem Selbst, nach seiner Seele.
Er ist ein Abenteurer, ein Reisender.
Er muß alles gestalten, erschaffen.
Daher lebt er in einer ständigen Anspannung.
Woher komme ich?
Wohin gehe ich?
Was ist der Sinn, was ist das Geheimnis dieses Lebens?
Gibt es einen Schöpfer?
Wenn ja — wo verbirgt er sich?
Ich muß ihn sehen, muß ihm begegnen.

Viele stellen diese Fragen.

Viele brechen auf zur Reise, zur Durchquerung der sieben Täler.

Wenige erreichen das Ziel.

Der Weg ist mühsam.

Die Reise ist lang.

Die Nächte dunkel.

Jeder beschreitet einen anderen Weg.

Niemand weiß, wie lang der Weg ist, wie lange es braucht, ihn zu gehen.

Angesichts der Vielzahl von Wegen, die zu Gott, die zum Herzen führen, kann keiner wissen, ob er den guten oder den schlechten gewählt hat — den längeren oder den kürzeren, den leichteren oder den schwereren.

Niemand derer, die einen Weg einschlugen, kann hiervon Nachricht geben: Sie haben sich verloren.

Sie wurden vom Feuer verzehrt.

Sie können den Novizen nicht informieren.

ATTAR, ein anderer Pol des Sufismus, hat die spirituelle Suche durch eine Reise symbolisiert, die die Vögel unternehmen, um zu ihrem Gott zu gelangen, zum Simorgh.

Nach einer harten und mühseligen Reise erkennen die Überlebenden unter den Vögeln: Sie selbst sind der Simorgh — der Simorgh ist jeder einzelne von ihnen und alle zugleich.

Die Reise durch die sieben Täler läßt uns unsere zutiefst göttliche Natur erkennen, sie erlaubt es uns, den Menschen in Gott und Gott im Menschen zu verwirklichen.

Für die Sufis ist Gott keine Idee.

Er ist nicht jemand, der im Himmel zuhause ist.

Er ist kein Super-Herrscher, der auf seinem Thron sitzt und dem Universum Ordnung oder Chaos zudiktiert.

Nein — Gott, Allah ist ganz einfach ein Wort, um die Gesamtheit des Universums, des Daseins auszudrücken.

Gott, Allah wird erlebt als alltägliche Realität während der 'Politur' des Herzens: „Ich bin der Empfänger so vieler Gaben — Leben, Kraft, Verstand, Sprache.

Und geheimnisvollerweise bin ich gegen viele Sorgen und gegen viele Übel beschützt.

Wer ist mein Beschützer?

Ich muß die rechte Art finden, ihm meine Dankbarkeit zu zeigen, sonst werden mir diese Gaben genommen und ich werde vernichtet.

Die Gaben enthüllen ihre Bestimmung, so, wie das Werkzeug in den Händen des Handwerkers, und die Welt erscheint mir wie ein Kunstwerk, das meine Gedanken zu seinem Maler aufsteigen läßt." (Al Ghazali)

Die Reise durch die sieben Täler unternehmen, das heißt, seine Dankbarkeit gegenüber der Totalität des Daseins auszudrücken.

Das heißt, in uns die Kraft zu entwickeln, wach zu sein, und unser Verhalten ständig zu beobachten.

Die sieben Täler symbolisieren die Stadien, die der Mensch durchschreitet, um auf der Suche zu seinem ursprünglichen Wesen, seiner grundlegenden Natur zurückzufinden.

Um es gleich zu sagen: am Ende der sieben Täler findet sich, wie alle Sucher übereinstimmend sagen, ein Spiegel.

Ein universaler Spiegel.

Ein Spiegel, der sämtliche Formen der Schöpfung reflektiert.

Ein Spiegel, der die göttliche Natur eines jeden Wesens bezeugt.

ALLAH ist keine abgegrenzte Entität, die dem Universum ihre Macht aufzwingt.

ALLAH, das ist mein Herz, dein Herz, das Herz des Baums, des Steins, des Tieres, des Teufels, des Engels.

ALLAH ist eine lebende Realität, keine abstrakte Entität.

ALLAH ist der Zustand des Verschmelzens, der Einheit mit allen sichtbaren und unsichtbaren Formen der Schöpfung.

Nun die sieben Täler.

1. DAS TAL DES WISSENS
2. DAS TAL DER REUE
3. DAS TAL DER HINDERNISSE
4. DAS TAL DER WIRRUNGEN
5. DAS TAL DER UNWETTER
6. DAS UNAUSLOTBARE TAL
7. DAS TAL DER HYMNEN UND DER FEIERN

DAS TAL DES WISSENS

Dies ist das Tal des inneren Monologs, der dich dazu bringt, einen Entschluß zu fassen und die Reise zu unternehmen.
Woher komme ich?
Wohin gehe ich?
Wer bin ich?
Welchen Sinn hat diese Welt?
Welche Rolle habe ich in dieser Galaxis?
Die Vielzahl intensiver Fragen zwingt dich auf die Suche nach Antwort, wo auch immer sie zu finden ist.
Du verbringst lange Jahre mit Anstrengungen. Deine Suche muß sich in alle Richtungnen wenden.
Du hast keine Wahl, du darfst nicht wählerisch sein.
Die Gefahr dieses Tals ist, in einen dualistischen Prozeß zu verfallen, Sklave der Dualität zu werden.
Denn im Bewußtsein gibt es zwei Teile;
das Wissen setzt sich aus zwei Teilen zusammen:
— dem Inhalt des Wissens
— der Kapazität der Wahrnehmung
Sich an den Inhalt des Wissens zu klammern heißt, sich zu klammern an das Ansammeln von Ideen, von Sprache, von Theorien.
Der Inhalt des Wissens treibt dich dazu, dich mit den Objekten des Wissens zu identifizieren.
Dies führt zu einem Zustand der Verwirrung und der Lethargie.
Du scheinst mit diesem Autor ganz und gar einverstanden — zwei Tage später liest du einen anderen Autoren, der etwas völlig Gegensätzliches aussagt — du scheinst mit jenem einverstanden — plötzlich Verwirrung: welcher von beiden hat Recht?
Der Inhalt des Wissens macht aus dir ein Wesen mit der Fähigkeit, zu unterscheiden. Eine Maschine zum Aufhäufen von Ideen und Theorien.
Einen Papagei, der mechanisch Gedankensysteme wiederholt.
Indem man sich an den Inhalt des Wissens klammert, schafft man in sich eine Vielzahl von Gesichtspunkten, Widersprüchen und Gegensätzlichkeiten.
Du wirst zu einem Wust von Gedankensystemen.
Du verlierst die Verbindung zu deinem wahren Selbst.
Was es in diesem Tal zu entwickeln gilt, ist die Fähigkeit der Wahrnehmung.
Einen klaren und fähigen Zustand des Bewußtseins.
Das Subjekt beobachten, das du studierst und nicht das Objekt deiner Studien.

Auf diese Weise bewahrst du eine Distanz und vermeidest es, dich mit dem Objekt des Wissens zu identifizieren.

Du wirst derjenige, der wahrnimmt und nicht derjenige, der begriffen wird.

Du entwickelst das Bewußtsein des Wissens.

Du transzendierst die Dualität.

Die Identifizierung mit Ideen und Theorien macht aus euch Fanatiker, Roboter.

Du verlierst das individuelle Bewußtsein, das aus dir einen Menschen macht.

Du identifizierst dich mit dem Islam und bist Muslim — mit dem Christentum und bist Christ — mit dem Marxismus und bist Marxist.

Nicht mehr du sprichst, sondern der Marxismus spricht durch dich.

Ich habe einige Male folgendes Experiment gemacht.

Ich habe zwei Bücher genommen mit unterschiedlichen Aussagen, die zwei unterschiedliche Ansichten ausdrückten.

In einem der Bücher habe ich den Namen des Autors geändert.

Die beiden Bücher, die zu zwei unterschiedlichen Autoren gehörten, schienen von demselben Autor zu stammen.

Ich habe sie Freunden zum Lesen gegeben.

Ein großer Teil von ihnen behauptete, daß die beiden Bücher dasselbe aussagten.

Dabei haben sie in Wahrheit zwei völlig verschiedene Aussagen.

Haltet euch an die Fassungskraft der Wahrnehmung, dann werdet ihr über die Identifizierung mit Theorien und Systemen hinausgehen.

ATTAR sagt: „In seinem Verlangen, das Geheimnis des Lichtes der göttlichen Majestät kennenzulernen, fürchtet der Sucher den Drachen nicht, der ihn zu verschlingen sucht.

„Wenn ihm in diesem Augenblick Glaube und Untreue begegneten — er würde sie gleichermaßen freundlich empfangen, wenn sie ihm nur die Pforte öffneten, die ihn zu seinem Ziel gelangen läßt.

„Tatsächlich — wenn sich ihm die Pforte geöffnet hat, was sind dann Glaube und Untreue, denn auf der anderen Seite dieser Pforte gibt es nicht mehr diese oder die andere Sache."

Wenn du einen Unterschied machst zwischen Gold und Eisen, wenn du dich geehrt fühlst durch den Diamanten und entwürdigt durch den Stein, dann bist du noch nicht bereit, das Tal des Wissens zu verlassen.

Wisse dennoch, daß der Stein ein Herz hat, einen Atem, eine Schwingung.

Wenn du die Großen achtest und die Kleinen verachtest, wenn du die Herren verehrst und die Sklaven entehrst, dann bist du noch nicht auf dem Weg.

Aber verzage niemals — der Augenblick wird kommen.
Beschäftige dich mit deinem Weg, mit deiner Bahn.
Versuche, dich vom Gesetz der Dualität zu befreien.
Sei jemand, der wahrnimmt, der weiß, und der sich nicht an das verhaftet, was er weiß.
Entwickle die Fähigkeit des Bewußtseins und des Wissens.
Wirf die ganzen Ideen, Theorien, Glauben von dir und verpflichte dich dem Weg.
Wenn es dir gelingt, das Gesetz der Dualität hinter dir zu lassen, die Gegensätze zu transzendieren, dann verläßt du das Tal des Wissens und gelangst in das Tal der Reue.
Dann verpflichtest du dich endgültig dem Weg.
Dem Weg der Liebenden und der Besessenen.
Dem Weg der Issaoua, der Gnaoua, der Verrückten Allahs.
Dann wirst du bereit sein, alle Welten, die du besessen hast, ins Feuer zu werfen, alle Theorien, die deinen Verstand gestalten.
Du nimmst den Weg der Liebenden.
Der Liebende ist ein Verrückter.
Er ist jemand, der keine Vernunft hat.
Vernunft hat keinen Raum neben der Verrücktheit der Liebe.
Weil die Liebe da ist, flieht die Vernunft wie ein Hase.
Sogar das Vorhandensein der Liebe entschwindet aus dem Bewußtsein des Verliebten.
Es ist vom Rausch der Liebe zerstört.

Im Reich der Liebe zählt das Leben nicht, Weise und Heilige haben keinen Platz.
Die Rationalisten verlieren sich in der unendlichen Galaxis der Liebe.
Ihr Kopf wird verwirrt.
Liebe, das ist der Raum der weiblichen Magie.
Liebe ist die Wiege aller Verrücktheiten.
Das einzige Heilmittel gegen die Liebe ist der Tod.
Der Zustand der Verliebten ist einzigartig.
Er kennt keinen Glauben, keine Untreue, kein Gut, kein Böse, keinen Zweifel, keine Gewißheit.
Im Tal der Liebe gibt es kein Gut und kein Böse mehr.
Liebe ist nicht angenehm oder unangenehm.
Sie IST einfach.
Nur ein erfahrener, freier Reisender kann diese Liebe empfinden.
In der Tradition der Sufi hat die göttliche Liebe einen bevorzugten Platz im Herzen des Derwischs.
Der Sufismus ist der Weg des Herzens. Majnun (der Besessene) und Laila (das weibliche Geheimnis), zwei berühmte Verliebte in der

arabisch-persischen Tradition — ihre Geschichte hat mehreren romantischen und mystischen Dichtern dazu gedient, den Zustand des Verliebten zu veranschaulichen.

Majnun war verrückt aus Liebe zu Laila.

Eines Tages, so wird erzählt, fand jemand Majnun zusammengekauert, damit beschäftigt, Erde durchzusieben.

—„Was machst du?" fragte ihn der Mann.

—„Ich suche Laila." antwortete Majnun.

—„Weh dir, Laila ist eine reine Seele und du suchst sie in der Erde!"

—„Ich suche sie überall!" antwortete Majnun, „Vielleicht finde ich sie, irgendwann, irgendwo!"

Gott manifestiert sich im Staub genauso wie in der Luft.

In den Tieren wie in den Pflanzen.

In der Vollkommenheit wie in der Unvollkommenheit.

„Es ist wichtig," sagt Mevlana Rumi, „sich zu vergegenwärtigen, daß zwei gegensätzliche Dinge zusammenwirken, obwohl sie grundlegend gegensätzlich sind."

Wenn du in diesem Bewußtseinszustand bist, bist du bereit, das Tal des Wissens zu verlassen.

Du kennst die Kapazität des Wissens und hast sie entwickelt.

So gehst du weiter in das Tal der Reue.

DAS TAL DER REUE

Das ist das Tal des schlechten Gewissens, der großen Reue.

Das Tal des Bewußtseins und des Wissens gab dir die Möglichkeit, anzufangen zu sehen, aufmerksam, bewußt, wachsam, und offen zu sein.

Du gibst dir Rechenschaft über das Böse, das du getan hast — dir selbst und anderen.

Du wirst dir deiner Fehler und Sünden bewußt.

Du beginnst zu sehen.

Endlich öffnest du deine Augen.

Du weißt in deinem Innersten, daß Wut schlecht ist, du weißt, daß Habsucht nichts für dich ist.

Vom Verstand her akzeptierst du die Eifersucht nicht.

Und dennoch fährst du fort, deine Frau, deinen Mann, deine Kinder zu besitzen wie Gegenstände.

Das Tal des Wissens gab dir die Möglichkeit, dir alle diese widernatürlichen sozialen Verhaltensweisen bewußt zu machen.

Das erste Tal ließ dich sehen, daß dein Bewußtsein aus Vorurteilen, Konditionierungen und Moralgesetzen aufgebaut ist.

Bis jetzt hast du in der Kultivierung des Anscheins funktioniert.
Du warst ein oberflächliches Wesen ohne Essenz.
Du warst ein egoistisches, nutznießerisches, dünkelhaftes Wesen.
Du nimmst all das wahr und beginnst zu sehen.
Wenn du dir wegen deiner Vergangenheit Schuldgefühle machst, bekommt dies große Bedeutung und du versinkst im Schlamm.
Wenn du fortfährst, deine Vergangenheit zu bedauern, findest du dich im Zustand der Morbidität und versinkst im Dunkel. Ein neues Muster wird in dir auftauchen und dich erschöpfen.
Es wird mir niemals gelingen, alle Fehler meiner Vergangenheit auszulöschen; warum habe ich all das getan?
Du gerätst in den Teufelskreis der Selbstanschuldigungen.
Andererseits — wenn du annimmst, daß die Vergangenheit Vergangenheit ist, wenn du die Last dieser Vergangenheit abwirfst und dich der Zukunft zuwendest — dann wird, was für dich und die anderen gut ist, ganz selbstverständlich.
Du wirst begeistert, dynamisch, glücklich und schlägst eine neue Richtung in deine Zukunft ein.
Diese neue Richtung leitet dich zum Tal der Hindernisse.

DAS TAL DER HINDERNISSE

Oder das steinige Tal.
Das der endlosen Tunnel, der unüberwindbaren Mauern, der Barrieren und Hindernisse aller Art.
Mit deinem neuen Bewußtsein beginnst du, die Dinge anders zu sehen — die Realität mit neuen Augen zu sehen.
Dich im Spiegel zu sehen, dich mit dir selbst zu konfrontieren.
Mit deinem Schatten zu spielen, dein Double zu überrumpeln.
Tausende von Mauern, Tunneln, finsteren Durchgängen — winzige Pforten beginnen dir zu erscheinen.
AL GHAZALI veranschaulicht vier hauptsächliche Typen von Hindernissen:
1. Versuchung der Welt der Objekte
2. Verhaftetsein an Menschen
3. SATAN: der ursprüngliche Widersacher
4. Das unmäßige EGO
Das erste ist die Welt der Versuchungen, der Objekte, der faszinierenden Dinge. Die Welt der Materie.
Sich an Objekte verhaften heißt, sich mit ihnen zu identifizeiren.
Von Dingen abhängig zu werden.
Ich komme nicht ohne mein Auto aus; wenn man's mir stiehlt, hört

mein Herz auf, zu schlagen.

Loslösung von den Objekten heißt nicht, die Objekte abzuweisen. Wenn dein Weg der Loslösung über das Ansammeln von Dingen läuft, dann verwirkliche ihn auf diese Weise.

Mit anderen Worten, wenn für dich die Loslösung vom materiellen Reichtum heißt, ein großes Vermögen zu verwirklichen, dann erwirb dir ein Vermögen, werde aber der reichste Mensch der Welt — aber sei bereit, dein Vermögen jeden Augenblick zu verlieren.

Identifiziere dich mit deinem Vermögen nicht soweit, daß du sein Sklave wirst.

Sei unabhängig.

Und wisse, daß du deine ganze Energie in den Weg der spirituellen Suche investieren mußt.

Die Suche nach der Wahrheit.

Dabei ist dein Ziel, den göttlichen Geist in allen Dingen zu entdecken.

Laß diese Energie in eine einzige Richtung strömen.

Investiere alles in den Weg der Liebe, in den Weg Allahs.

All die kleinen Bäche lassen den Fluß anwachsen.

Die Flüsse verlieren sich im Ozean der Vielfältigkeit.

— Das Verhaftetsein an Menschen: seid mit Menschen zusammen, aber verhaftet euch nicht an sie.

Eines Tages trennen sich die Wege.

Liebe deinen Mann, deine Frau, deine Kinder, aber besitze sie nicht.

Kette sie nicht an dich.

Kette dich nicht an sie.

Sei frei wie ein Schmetterling.

Wenn du zwanzig Jahre mit deiner Frau zusammengelebt hast und sie lernt eine neue Liebe kennen, entdeckt eine neue Leidenschaft, eine neue Verrücktheit, dann fühle dich nicht entehrt oder neidisch.

Habe den Mut, ihr offenen Herzens und freundlich eine gute Weiterreise zu wünschen.

Sag ihr mit Freude auf Wiedersehen.

Und setze deinen Weg fort, denn jeder ist alleine auf dem Weg.

— SATAN: der ursprüngliche Widersacher. Der Dämon, der Teufel, die dunklen Mächte, die Verwirrung — das sind die Dämonen, die sich an den Pforten der Sucher und Propheten zeigen und den Durchgang versperren.

Glaubt nicht, daß es sich um echte Teufel handelt, die mit einer materiellen, physischen Form existieren.

Seid nicht naiv.

Satan, der ursprüngliche Widersacher ist der Verstand (mental), ist der Mechanismus des Verstands.

Er ist eine mythologische Entität.

Er ist der Verstand, der dir sagt:

„Jetzt bis du bekannt, bist reich, bist mächtig. Warum dich um Allah, um Wahrheit, um das Herz sorgen?

Warum deine Zeit mit schwächlichen Vorstellungen verlieren? Mach was aus deinem Reichtum, deiner Macht. Mach was aus deinem Leben."

Wenn du aufmerksam, wachsam, aufgewacht bist, wenn du deinem Verstand sagst:

„Mach dich fort von meinem Weg, verschwinde!", dann gelangst du weiter zu dem letzten Hindernis dieses Tals, zu dem unmäßigen Ego.

— Das Ego ist die Entität in dir, die dir sagt: Du bist ein faszinierendes, außergewöhnliches Wesen.

Du bist intelligent und dir gelingt alles. Du bist der Größte.

Du hast enorme spirituelle und magische Kräfte.

Nutze sie und ruh dich von dieser endlosen Reise aus.

Warum versauerst du auf dieser langweiligen Durchquerung all dieser Täler?

Das hat keinen Sinn.

Nutze deine Kräfte!

Mit ein wenig Verständnis, Geduld und gesundem Menschenverstand kannst du dich dieser Herausforderung entledigen. Du kannst den Mechanismus des Egos verstehen.

Kämpfe nicht — entfache keinen Krieg in dir.

Sei Zeuge und unbeteiligt.

Sei dein eigener Clown und lache über die Streiche, die dir dein Verstand spielt. Erforsche dein Ego, erforsche deine intimsten Wünsche mit dem Lachen.

Um die vier Hindernisse zu überwinden, nennt AL GHAZALI vier Gegenkräfte:

1. ein intensives inneres Leben
2. sich von Neugierigen fernhalten
3. die Mechanismen des Satans integrieren
4. die Einfachheit

Diese vier Kräfte schaffen vier psychologische Probleme:

1. Die Angst, du könntest deine Bedürfnisse nicht erfüllen
2. Zweifel, Sorgen und persönliche Probleme, die deinen Geist beunruhigen
3. Schwierigkeiten durch den Mangel an sozialen Kontakten
4. unangenehme Ereignisse und unerwartete Leiden.

Es gibt vier Mittel, dich gegen diese psychologischen Probleme zu schützen:

1. das Vertrauen entwickeln
2. Anrufung des göttlichen Geistes, Dhikr
3. Geduld im Leiden entwickeln
4. sich freudig dem göttlichen Willen fügen.

DAS TAL DER WIRRUNGEN

Es ist das vierte Tal
Es schlägt eine Brücke zwischen den drei ersten und den drei letzten.
Es ist das Tal des Blauen Todes, des Kleinen Todes.
Es ist auch das des Zweifels und der Panik.
Des Beginns der Schwierigkeiten, der Entdeckung einer fremden, irren Welt.
Der Eintritt in den Bereich in uns, der am dunkelsten, am tiefsten begraben ist. Der Eintritt ins Unbewußte — in die Bereiche der Finsternis, des Irrseins, in eine fremde Welt, wild und unbekannt.
In diesem Tal gelangst du vom Sichtbaren ins Unsichtbare;
von der Oberfläche in die Tiefe;
vom Endlichen ins Unendliche.
Dies ist der Eintritt in unsere dunkelsten Partien.
Der endgültige Tod.
Körper und Geist verschwinden.
Nur das klare, erleuchtete Bewußtsein bleibt übrig.
Der Zweifel wächst in diesem Tal:
—Wozu ist das alles gut?
—Habe ich mich nicht im Weg geirrt?
—Wäre ich nicht besser in der Welt der Macht und des Erfolges geblieben?
—Was hab ich nur getan? Ich hab alles verloren und was ist mir geblieben? der ZWEIFEL.
—Was für ein Unsinn, ich habe alles verfehlt.
Du mußt wissen: Der Zweifel ist eine Schutzvorrichtung, eine Rüstung.
Die Weigerung, ins Dunkel zu gehen, ins tiefe Schwarz, in den Embryo, in die Tiefen des Unterleibs.
Solange du nicht hinabsteigst in die Dunkelheit, wirst du den Tod nicht willkommen zu heißen wissen.
Aber — du kannst den Tod nicht ganz allein willkommen heißen.
Du brauchst einen Führer, einen, der den Weg kennt.
Einen Erleuchteten.
Jemanden, der dich an der Hand nimmt und dich diese Dunkelheit durchqueren läßt.

Einen Handwerker, einen Künstler — das, was du einen Meister nennst.

Zwei Fähigkeiten brauchst du: Vertrauen und Unterordnung unter deinen Führer. Durch Vertrauen und Unterordnung entwickelst du das Loslassen.

Du nimmst es an, zu sterben.

„Sterben vor dem Sterben" sagen die Sufis.

Das ist das Erfahren des Vorganges des endgültigen Todes.

Es gibt drei Arten des Todes:

— den Schlaf: der kleine Tod. Man stirbt jede Nacht.

— den Tod: intensiverer, tieferer Schlaf; der Körper stirbt, aber der Geist lebt fort.

— Fanaa': der Tod des Geistes. Fort lebt der Kern, die ewige Essenz.

Wenn du das Wagnis annimmst, durch die dunklen Zonen deines Seins zu gehen, erweitert sich dein Bewußtsein, du entdeckst neue Partien deiner selbst. Du wirst von der Liebe nicht mehr erschreckt, Orgasmus bringt dich nicht mehr in Panik, Verlassenwerden nicht in die Katastrophe.

Die Menschen haben Angst vor allem, was sie in das vierte Tal führen kann, in ihr Unbewußtes, ihre dunklen Zonen. Sie wissen, woher diese Angst kommt. Sie können dir tausend von Gründen nennen aus Psychologie, Religion, Erziehung ...

Sie wollen das 'Gewußt wie' lernen, wie man den Mechanismus der Angst überwindet.

Indessen lehnen sie die Unterordnung, die Unschuld, das Vertrauen dem Führer gegenüber ab.

Es ist unmöglich, dieses Tal ohne Führer zu durchqueren, ohne Lehrling eines Handwerkers, Schüler eines Meisters zu sein.

YUSUF von Hamadan, auf dem Weg der Sucher, rief aus, als er dieses Tal betrat:

„Wenn du dich während langer Jahre in den Höhen des Himmels aufgehalten hättest, wenn du dann hinabstiegest auf den Boden der Erde, dann würdest du dich versichern, daß alles was war, ist und sein wird, gleich ob gut oder schlecht, daß alles, sage ich, nur ein Atom ist.

„All dies ist nichts als ein Tropfen im Ozean.

„Was macht's, ob die Völker fortbestehen oder nicht fortbestehen."

Man muß im Auge haben, unabhängig zu sein und sich selbst zu genügen. Ein Führer kann dich diesen Weg leiten. In einem Bewußtseinszustand sein, in dem man bald fröhlich ist, bald jammert. „Wenn alle Leiber von der Erde verschwunden wären, wenn nicht einmal ein einziges Haar der Lebewesen existierte, wovor könnte man sich da noch fürchten?

„Wäre es außergewöhnlich, wenn die Welt in einer Sekunde verschwände?"
STEH AUF UND DURCHQUERE DIESES SCHWIERIGE TAL, NACHDEM DU DEINES GEISTES, DEINES KÖRPERS, DEINES HERZENS ENTSAGT HAST.
STIRB.
STIRB BEVOR DU STIRBST.

DAS TAL DER UNWETTER

Das Tal des Donners,
der Wolkenbrüche,
der schroffen Veränderungen,
das Tal der Ängste, des Verzweifelns,
der Nutzlosigkeit aller Dinge.
Das Leben hat keinen Reiz.
Der Sucher ist verwirrt, außer Fassung.
Dies ist das Gefühl, deine Individualität zu verlieren, die Angst, zu zerfallen.
Wenn du diese Empfindung annimmst, trittst du in dieses Tal ein.
Das Tal der Leere und der Vernichtung.
VERSCHWINDEN.
Verlust jeglicher Wahrnehmung des Körpers.
Zerschmelzen.
Zersplittern.
Ungeheure Angst.
Dichte der Finsternis.
Abgrund.
Das Bewußtsein hat keine Marksteine mehr. Ein Bewußtsein, das um einen vom Verstand nicht faßbaren Punkt kreist.
Faruddin ATTAR drückt das wunderbar aus: „Es gibt in dieser Welt keinen Zustand, verwunderlicher als ein Zustand der Dinge, der nicht handgreiflich und nicht verborgen ist.
„Ich kann nicht reden, nicht schweigen, nicht einmal mich wundern in dieser Ungewißheit.
„Was ich sah, habe ich in keiner Weise aus meinem Geist ausgewischt und dennoch kann ich keine Spur davon finden."
Dies ist der Ort der Enthüllung aller Dinge und ihrer Vereinung.
Das Ganze ist im Teil, das Teil ist im Ganzen.
Die Welt, das All ist gleich einem Baum aus Wachs.
Wenn du es handhabst, wird es wieder zu einer formlosen Masse.
Und du kannst nicht mehr unterscheiden die Blüten, die Blätter, die Äste, die Früchte, den Stamm, die Wurzeln.

Jede Kreatur — sichtbar oder unsichtbar — jedes Atom hat ein Herz.

Jede Kreatur trägt eine Sonne in sich. Eine Sonne der Gnade

Ein Tag wird kommen, an dem die Sonne den Schleier durchdringen wird, der sie verbirgt.

„Wer auch immer sich nicht im Ozean der Einheit verlor, und sei es Adam selbst, ist nicht würdig, der Menschheit anzugehören."

Solange du das Leben individualistisch und egoistisch ansiehst, arbeitet dein Ego in dir, es verhüllt dich und hindert dich, die Sonne der Einheit wahrzunehmen, es gibt für dich Gut und Böse.

Aber wenn du dich im Ozean der Einheit verlierst, wird alles Liebe sein und du bist bereit, in Freude zu sterben.

Dann wird dein Unbewußtsein nicht mehr individuell sein

sondern universell

und du gelangst in das unauslotbare Tal.

DAS UNAUSLOTBARE TAL

Liebe — Tod
Auseinandersetzung — Anziehung
Zerrissenheit — Überwindung
Traurigkeit — Gewimmer
Kreuzigung — Zustimmung
Dankbarkeit — Verschwinden
Erstaunen angesichts der göttlichen Ordnung.

ATTAR sagt, wenn man einen Wanderer durch die sieben Täler fragt:

— Bist du oder bist du nicht?

Hast du das Gefühl zu sein oder nicht?

Bist du sichtbar oder verborgen?

Bist du vergänglich oder unsterblich?

Existierst du oder existierst du nicht?

wird er antworten:

— Ich weiß nichts davon.

Ich beachte es nicht und beachte mich selbst nicht.

Ich bin verliebt, aber weiß nicht, worin.

Ich bin weder treu noch untreu.

Wer bin ich dann?

Ich beachte selbst meine Liebe nicht.

Mein Herz ist gleichzeitig voll und leer von Liebe.

Das Tal des Paradoxes — das ist das sechste Tal.

Zum Sterben gelangen, seine eigene abgestreifte Hülle sehen und sich gleichzeitig existieren sehen.

Großes Leiden, tiefes Gejammer.
Zerrissenheit, aus den größten Tiefen kommend.
Sich verlieren, nicht mehr ein noch aus wissen.
Entspannen, akzeptieren, abwarten, bis der Engel der Treue aus den Tiefen des Herzens hervorsteigt, dich an der Hand nimmt und dir hilft, das Tal zu durchqueren.
Bei den Christen ist es das Tal der Kreuzigung.
Bei den Hindus ist es das Tal des Samadhi.
Bei den Zen-Buddhisten ist es das Tal des Satori.
Bei den Sufis ist es das Tal der Fanaa', der Feier.

DAS TAL DER HYMNEN

Das Tal, in dem die Feier, der Tanz ausbrechen.
Tal der Ekstase, der Trance
Es gibt keine Zukunft, keine Vergangenheit, nicht einmal Gegenwart.
Die Essenz dieses Tales ist das Vergessen, Vergehen.
Tal der Auferstehung, der Wiedergeburt und der Unsterblichkeit.
Wiederauferstehen in einem göttlichen Körper.
Blühen.
Duft.
Du wirst dir bewußt, daß der Duft bereits da war — du hast ihn einfach nur nicht gerochen.
Es bleibt nichts als ein Gesang, ein Tanz der Freude und der Lobpreisung der zutiefst göttlichen Natur aller Dinge. Wer sein Herz in diesem Tal verliert, bleibt verloren für immer.
Dies ist die Geschichte der Schmetterlinge, die den Gegenstand ihrer Liebe kennenlernen wollten: Die Flamme der Kerze. Sie sammelten sich unter der Autorität des Weisen Schmetterlings.
Nahe dem Platz ihrer Zusammenkunft brannte eine Kerze in einem Schloß. Einer von ihnen entschloß sich, die Reise dorthin zu machen und ihnen Nachricht davon zu bringen.
Er flog davon, erreichte das Schloß, schaute durch das Fenster, kehrte zurück.
Er beschrieb alle Einzelheiten der Flamme: ihre Form, ihre Farbe, ihren Geruch, ihre Wärme.
Als er geendet hatte, sagte ihm der Weise Vorsitzende der Versammlung:
„Du hast absolut nichts über die Flamme erfahren."
Ein zweiter brach auf, näherte sich ein wenig der Flamme.
Berührte das Feuer.

Er kehrte eilig zurück, erklärte, drückte seine Empfindungen und Gefühle beim Kontakt mit dem Feuer aus. Der Weise sagte ihm: „Deine Erklärung ist nicht genauer als die deines Kameraden."
Ein dritter brach auf.
Ein Trunkener.
Bei der Flamme angekommen, warf er sich völlig hinein, verlor sich in ihr, wurde von ihr verzehrt.
Seine Glieder wurden rot wie das Feuer.
Als der Weise von Ferne sah, daß die Kerze den Schmetterling verzehrt hatte und ihm ihre eigene Erscheinung gegeben hatte, sagte er:
„Dieser hat erfahren, was er wissen wollte, aber er allein weiß es.
Dies ist das Geheimnis und das Mysterium der Fanaa' — Auslöschung.
Dies ist das Geheimnis des Zustandes des Verliebten!"
Die sieben Täler sind eine wunderbare Reise.
Eine Entdeckung.
Eine Symphonie von Nomaden, Verliebten, Fahrenden.
Am Ziel der Reise
öffnet dir die unsichtbare Hand
des Wächters
das Tor des göttlichen Palastes
und reißt dich mit
in die Unermeßlichkeit
des Ozeans der Liebe.

Pir Vilayat Khan

Punkt Omega

Pir Vilayat Khan

Pir Vilayat Khan ist Leiter des Sufi-Ordens im Westen, der von seinem Vater Hazrat Inayat Khan begründet wurde. Der Sufi-Orden steht in der Tradition der Chistis und hat universalen Charakter. Pir Vilayat ist bestrebt, den Weg und die Essenz der Sufitradition besonders dem westlichen Menschen erlebbar zu machen.

Der folgende Artikel ist Teil des neuen Buches von Pir Vilayat Khan mit dem Titel: „Der Ruf des Derwisch", erschienen im Synthesis-Verlag. © *Synthesis-Verlag, mit freundlicher Genehmigung.*[1]

Viele Vertreter östlicher Schulen kommen jetzt in den Westen, um Methoden und Dogmen zu verbreiten, die seit Tausenden von Jahren gelehrt werden. Antiquitäten haben einen Wert, den neue Dinge nicht haben: Das Alter eines Cello zum Beispiel machte einen großen Unterschied; sein Holz ist gereift und die Schwingungen, von denen es durchdrungen wurde als Ergebnis ständigen Spielens, haben das Holz umgewandelt. So ist es sicher, daß die alten Lehren und Methoden, immer weiter verfeinert von überragenden Menschen, die in ganz besonderen Umgebungen lebten, einen unschätzbaren Wert besitzen. Wir sollten daran denken, daß jeder auf den Schultern derer steht, die vor ihm kamen — ganz wie in der Geschichte vom Golem, wo die Menschen einander auf den Schultern standen, um einen Menschenturm zu bilden, damit der Golem in den Himmel blicken konnte. Dennoch scheint es nicht unbedingt sinnvoll, einfach einer Methode der Vergangenheit zu folgen, ohne zu berücksichtigen, was in der jetzigen Zeit geschieht.

Was heute geschieht, ist genau das, was Teilhard de Chardin beschrieb: die Bildung des Punktes Omega, der Integration aller menschlichen Bewußtseine in ein vereinigtes Bewußtsein. Hazrat

---

* Leider ist es Pir Vilayat nicht gelungen, seinen versprochenen Artikel über Sufismus und Wissenschaft fertigzustellen, da er ständig unterwegs ist, um seine Murshide in aller Welt zu betreuen.

Inayat Khan sagte, daß man die Menschheit als ein Wesen betrachten kann. Es ist das, was man in der Theologie die Immanenz Gottes nennt im Gegensatz zu seiner Transzendenz. Man hat Meditation, zumindest in Indien, traditionell als einen Weg angesehen, über das Bewußtsein der physischen Welt hinauszugelangen in dessen transzendenten, ursprünglichen Zustand — 'ursprünglich' weniger im zeitlichen Sinne als vielmehr *in pincipo*: die ursächliche Ebene, von der aus sich alles in die Manifestation entfaltet. Dies wurde zum Ideal der Meditation erklärt. Bis Ramakrishna sagte: „Kann man denn nicht mit offenen Augen meditieren? Samadhi mit offenen Augen erleben?"

Dies war der Beginn einer Wende; Ramakrishna war ein Vorläufer des Neuen Zeitalters. Er erkannte die Wichtigkeit, ein hohes Bewußtsein mitten ins Leben zu bringen. Im allgemeinen ist man sich im Zustand des Samadhi nicht mehr der Dinge bewußt, die sich in der physischen Welt ereignen. Ob eine Fliege über Ihre Nase krabbelt oder ob jemand vor Ihnen sitzt: Nichts davon gelangt in Ihr Bewußtsein; es ist der Zustand, den ich das Alpha-Bewußtsein nenne. Alpha-Bewußtsein zusammen mit Iota- oder persönlichem Bewußtsein ist Samadhi mit offenen Augen, und es gibt wenige Menschen, die solches vollbringen können — sich in einem extrem hohen Bewußtseinszustand zu befinden und dabei noch das Denken der Anderen zu erfahren.

Es ist sehr schwer, diese beiden Perspektiven zu vereinigen. Ich nenne es 'stereoskopisches Bewußtsein', und es bedeutet, auf zwei verschiedenen Ebenen gleichzeitig bewußt zu sein. Es ist, als ginge man mit einem Fernrohr vor dem einen Auge und einem Mikroskop vor dem anderen, und es ist nicht gerade einfach, so zu gehen. Doch irgendwie besitzen wir eine außergewöhnliche Fähigkeit, Bewußtseinsebenen zu integrieren.

Einige Zeit lang dachte ich: Das ist es! Samadhi mit offenen Augen! Ich war sehr überzeugt. Doch dann kam es mir: Warum versuchst du, die Dinge aus dem Alpha-Bewußtsein heraus zu betrachten, welches der Urzustand ist vor aller Inkarnation, um dann alles in dessen Begriffen zu sehen? Wo ist da der Sinn? Ist er nicht wichtiger als die Ursache? Es war in der Tat die Lehre von Hazrat Inayat Khan, die mich zu der Erkenntnis brachte, daß das Gesetz Strangulation ist — jenes Gesetz, das besagt: Du hast dies getan, deshalb mußt du das erleiden. Es gibt keine Freiheit darinnen. Doch der Sinn ist die Befreiung vom Gesetz.

Die Schöpfung wird ständig verbessert und erneuert, und wir sind Teil davon. So ist unsere Freiheit der Ausdruck der göttlichen Freiheit gegenüber dem, was einmal göttliche Freiheit gewesen ist, bevor es in Form eines Gesetzes versteinert ist. Viele Menschen denken, daß sie in ihrer persönlichen Freiheit dem Gesetz Gottes zuwiderlaufen, doch im eigentlichen Sinn ist ihre Freiheit die Weise, auf die sich die Freiheit Gottes durch sie manifestiert.

Oft denke ich an den Forscher, der an den DNS-Strukturen arbeitet. Ich weiß nicht, ob er denkt, er selbst würde all das herausarbeiten, denn aus der wirklichen Perspektive ist das, was er tut, nichts anderes als das eine und einzige Bewußtsein, welches durch dieses Instrument — den Forscher — arbeitet, Sein eigenes Sein zu entdecken im Lebensprozeß des Zellinneren. Immer denken wir von Gott als von einem anderen Wesen; wenn wir nur begreifen könnten, daß wir Gott *sind*! Es ist nicht einmal so, daß Er durch uns wirkt: Wir *sind* Er. Diese Erkennntnis bringt uns eine völlig andere Betrachtungsweise der Dinge, denn insoweit als wir Gott sind, ist Er wirklich hier unten und nicht irgendwo im Himmel. Das ist es, was der große Sufi Niffari sagte: „Warum suchst du Gott da oben? Er ist hier, hier!" Unsere ganze Meditation war traditionell begründet auf das Alpha-Bewußtsein — 'da oben' — doch was sie eigentlich sein sollte, ist die Erfahrung des göttlichen Bewußtseins bei seiner Tätigkeit hier in der Manifestation — was ich 'Omega-Bewußtsein' nenne, oder 'Omega-Samadhi'.

Als diese Erkenntnis mir gerade gekommen war, dachte ich, das Ei des Kolumbus gefunden zu haben, bis mir einfiel: „Warum das Alpha-Samadhi ausschließen? Es ist genauso wichtig!" Vollkommene Meditation würde in einer Vereinigung aller drei Zustände bestehen; Alpha, Ioata und Omega: in der Lage zu sein, die Ursache zu sehen, des persönlichen Bewußtseins gewahr zu sein, und den göttlichen Willen zu erkennen, der durch alle Dinge wirkt im Einklang mit dem Gesetz.

Ein anderer Gedanke, der immer stärker wird und an Bedeutung gewinnt, ist der, wie leidvoll es für das göttliche Wesen sein muß, diese Begrenzung hinzunehmen, damit jedes Seiner Teile frei werde. Alle großen Menschen erfahren dies natürlich in stärkerem Maße als andere; sie erleben die erstickende Gefängnisatmosphäre nicht nur des physischen Körpers, sondern der Verhältnisse, in denen sie zu wirken haben in der Auseinandersetzung mit der Freiheit anderer Menschen. Menschen sind zuweilen ziemlich rücksichtslos und egoistisch — und mitunter aggressiv, grausam, unehrlich. Mit alledem zu tun zu haben, bedeutet wirklich zu leiden; es ist, glaube ich, das, was das hebräische Wort *zumzum* bedeutet: daß Gott sich begrenzen muß, um herabsteigen zu können.

So gibt es viel Leid im Zustand des Iota- oder persönlichen Bewußtseins, aufgrund der Einschränkungen, in die es sich zu begeben hat. Und doch kann sich hier Freiheit in einer Weise manifestieren, die im Alpha-Zustand nicht möglich wäre, so wie man sich manchmal innerhalb eines umschriebenen Rahmens freier ausdrücken kann als ohne jede Begrenzung. Ein Pferd beispielsweise wird schneller laufen, wenn es geritten wird, vorausgesetzt, der Reiter ist nicht zu schwer; und Ihre Improvisationen auf dem Klavier mögen hervorragend sein, doch können Sie mehr geben, wenn Sie innerhalb einer vorgegebenen Struktur improvisieren, wie Bach es tat. In solchen Begrenzungen kommt irgendwie die göttliche Freiheit zum Ausdruck.

Es gibt die Tendenz, sich 'Sinn' als etwas vorzustellen, das sich einem Endzustand entgegenbewegt. Doch der Sinn hat kein Ende, man wird nie sagen können 'zuletzt', zumal die Zeit kein Ende hat. Doch man neigt dazu, sich das Ziel vorzustellen als etwas irgendwo in unendlicher Zukunft und die Ursache als in der Vergangenheit liegend. Besser sollte man über die Ursache als etwas gegenwärtiges denken, denn sie liegt in der ewigen Gegenwart und über das Ziel hinaus schon jetzt existierend; darum sagt Hazrat Inayat Khan, daß Gott Seine Erfüllung findet in dem, der Seine Vollkommenheit auf Erden verkörpert. Man braucht nicht zu denken, daß dies irgendwann in der Zukunft stattfindet. Man muß sich frei machen von der Vorstellung, daß 'Grund' mit Vergangenheit zu tun hat und 'Ziel' mit der Zukunft.

Es ist wahr, daß Omega in diesem Sinn eine zeitliche Entwicklung durchläuft. Man kann sicher sagen, daß es bereits existiert, denn es ist der Zeit nicht unterworfen; Teilhard de Chardin sprach davon, daß Omega schon in Alpha war. Doch was ist dann Omega-Bewußtsein? Man wird es nicht begreifen, wenn man es sich denkt als etwas, worauf man sich zubewegt, denn es läuft immer weiter weg. Es ist in der Tat unser gemeinsames Bewußtsein — unser kollektives Bewußtsein. Und an der Schwelle des Neuen Zeitalters beginnen wir mehr und mehr zu erkennen, daß wir ein einziges Wesen sind. Omega ist die Fähigkeit, einzutreten in das Bewußtsein von jemand, der eine von uns verschiedene Person zu sein scheint, und zu erleben, wie es ist, diese Person zu sein, und sie erreicht ihre Vollendung in der Erkenntnis, daß jene Person tatsächlich du selbst bist in einer anderen Person.

Das Omega-Bewußtsein des Neuen Zeitalters bedeutet, eine andere Person kommen zu sehen und zu denken: „Das bin ich, der da kommt." Das schönste Kompliment, daß Sie jemanden machen können, ist, ihn mit dem Worten „Hallo ich!" zu begrüßen. Hindu-Gurus benutzen manchmal die Grußformel „Geliebtes Selbst". Es ist schön, so etwas zu sagen: geliebtes Selbst. Es ist, wie wenn ein

Blatt eines Baumes einem anderen Blatt desselben Baumes schreibt: „Geliebtes Selbst", denn sie beide sind Teil des Baumes. Im letzten Jahrhundert lag der Akzent allgemein sehr auf dem Kampf des Individuums gegen andere Individuen, auf Wettbewerb und der Festigung von Eigendünkel. Man mag jetzt einwenden: Wollen Sie wirklich behaupten, daß wir unser Ego verlieren sollten? Hat das Ego nicht seinen Sinn? Selbstverständlich hat es. Die Schönheit des Lebens ist die 'Unendlichkeit im Endlichen und Ewigkeit im Vergänglichen', um die Worte von Prentice Mulford zu gebrauchen. Man kann sich jedes Individuum vorstellen als eine Pyramide, deren Spitze für sich steht und die ihre Basis mit allen anderen gemeinsam hat. Wenn unser Handeln aus der Polarität kommt, von der Spitze der Pyramide, so haben wir die Konzeption unserer selbst als Teil der Gesamtheit und der Welt als von uns verschieden oder außerhalb unserer selbst. Doch wenn wir aus der Perspektive der Pyramidenbasis handeln, erleben wir uns selbst als das Ganze. Normalerweise geschieht das nur, wenn wir das Bewußtsein unserer Individualität verlieren; darum konnte al-Hallaj sagen: „Ana'-l Haqq" — 'Ich bin die Wahrheit' — was besagt, daß er Gott ist. Die Sufis sagen, daß er diese Worte sprach, als er sein Ichbewußtsein verloren hatte: Es wäre der billigste und gröbste Ego-Trip, der überhaupt vorstellbar ist, wenn irgendjemand sagen würde, „Ich bin Gott", während er sich noch seiner selbst bewußt ist. Aus dieser Perspektive heraus kann nur der wirken, der alles Gefühl seiner selbst verloren hat.

Das Ich ist wichtig, denn dank der Vervielfältigung der Ichs hat die Totalität jene Vollendung erreichen können, die sich auf der Erde zuträgt. Der Grund für diese Vollendung liegt darin, daß all das, was im Urzustand latent war, sich jetzt gegenseitig befruchten kann. Wir sind nicht nur die Erben des ganzen Universums; in uns ist mehr als das, was wir geerbt haben, und das ist das Ergebnis unserer Interaktion mit anderen Wesen. Es ist das, was Hazrat Inayat Khan den Charakter nannte, der mehr aus erworbenen Eigenschaften besteht denn aus ererbten. Jemand mag einen großen Einfluß gehabt haben auf Ihr Wesen, Ihre Begegnung mit ihm hat Sie verwandelt. Vor Ihrer Inkarnation durch die verschiedenen Sphären wäre das nicht möglich gewesen; es wäre nicht möglich gewesen im ursprünglichen Zustand. Etwas wird also gewonnen durch das Leben auf der Erde, und es wird gewonnen durch das Ego.

Wir wollen deshalb das Ego nicht einfach abtun; wir wollen es in Übereinstimmung bringen mit den Dimensionen des Unpersönlichen und Unendlichen. Hazrat Inayat Khan sagte es sehr schön mit den Worten: „Meine eigenen Wände begannen meinen Ellbogen wehzutun. „Wir möchten, daß unser Ego eine Art Elastizität entwickelt, die es befähigt, die Ganzheit einzuschließen. Es ist eigenartig genug: Man ist nie eine so reiche Persönlichkeit, als wenn man völlig unpersönlich ist; es ist eigenartig, wie erst dann all die Qualitäten der Persönlichkeit hervortreten. Befreien Sie sich von Ihrer Persönlickeit und sie wird sich entfalten.

Es ist eine so wunderbare Erfahrung, daß man vor Freude tanzen möchte: den Sinn seines Lebens entdecken. Es ist in der Tat unentschuldbar, ein langes Gesicht zu machen — der einzige Grund dafür ist, daß man in seinem Ichbewußtsein festsitzt. Die einzige verzeihliche Traurigkeit ist die um des Leidens Anderer willen, niemals um des eigenen. Und es gibt viel Leid in der Welt. Das Entscheidende am Omega-Bewußtsein ist, daß man sein Bewußtsein ausdehnt zum Bewußtsein aller Wesen und so ständig die SOS-Rufe auffangen wird von Menschen, die um Hilfe bitten.

Die meisten von uns sind eingegrenzt in ihrer unmittelbaren Umgebung, und es ist eine große Beschränkung, in seiner unmittelbaren Umgebung gefangen zu sein. Das ist die Bedeutung von Iota-Bewußtsein — eine Begrenzung des Bewußtseins, die sich konzentriert um das Gefühl, die Person zu sein, für die man sich hält. Es ist erhebend, sein Bewußtsein ausweiten zu können, es mit dem Bewußtsein aller Wesen verweben zu können. Es sind Meditationen für die Zukunft, es ist der nächste Schritt in der Evolution. Hazrat Inayat Khan nennt es das planetarische Bewußtsein, was ein wundervoller Ausdruck dafür ist. Eines Tages werden wir dieses Bewußtsein brauchen, um uns mit Wesen von anderen Planeten zu verständigen. Wir werden beginnen, unsere Identität als Menschen zu erkennen. Und zuletzt werden wir noch weiter hinausgreifen zum Bewußtsein der Galaxis und des Universums.

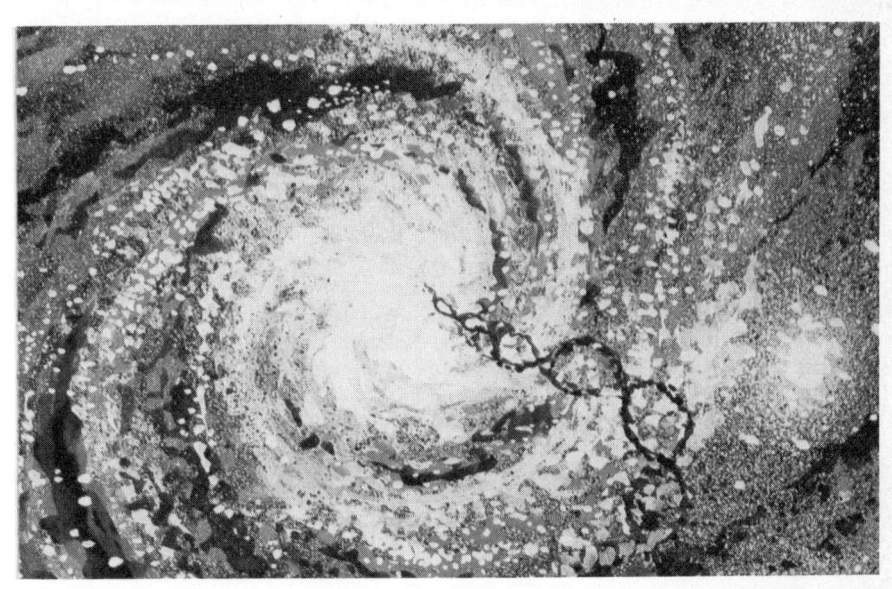

John. G. Bennett

John G. Bennett war Physiker und Mathematiker. Er lernte G.I. Gurdjieff und P.D. Ouspensky in den zwanziger Jahren kennen, später hatte er Kontakt mit Sufis wie Farhad Dede, Suleyman Dede, Scheich Chikhou, Hassan Susud, Idries Shah und anderen. Von Hassan Shushud, einem Meister der Hadschegan-Linie, wurde er in das Geheimnis des Ithlaq, die höchste Befreiung, eingeweiht.

Hinter dem Schleier des Bewußtseins

J.G. Bennett

Dieser Artikel erschien zuerst in „Intimations" — Talks at Beshara von J. G. Bennett. With permission © Beshara Publications, Sherborne/Glos., England

Jeder, der ein Sufi ist oder anstrebt, ein Sufi zu sein, weiß, daß unser Bewußtsein ein Schleier ist, der die Realität vor uns verbirgt (haqq, haqiqah). Wir hoffen alle, daß der Schleier eines Tages aufgehoben wird, so daß wir sehen können, was dahinter liegt. Kann man über das, was hinter dem Schleier des Bewußtseins liegt, sprechen? Ich möchte, daß Sie sich über diesen Satz, den Sie sicher schon oft gehört haben, Gedanken machen und sich fragen, ob Sie sich selbst zu dem Punkt gebracht haben, wo der Schleier vor Ihnen ist und Sie fühlen können, daß etwas dahinter ist.

Mohammed Bahaeddin Naqshebandi von Bokhara beschreibt in seinem Reshahat Naqshebandi eine Erfahrung, die er gemacht hat. Wenn Sie sie noch nicht kennen, will ich Ihnen die Geschichte erzählen. Wie Sie wissen, war er einer der großen Sufis des 15. Jahrhunderts und er wird allgemein als Begründer des Naqshebandi Ordens bezeichnet, aber in Wahrheit sind die Leute, die als Gründer angegeben werden, niemals die Gründer. Es waren nur große Wesen, die große Erleuchtungen hatten und fähig waren, etwas an ihre eigenen Khalifahs zu übermitteln, aber gewöhnlich war es der zweite Khalifah, der dann tatsächlich etwas aufgebaut hat, das in einer Art organisierten Form überdauerte. Deshalb ist es ein Fehler, von Bahaeddin als dem Begründer des Naqshebandi Ordens zu sprechen, genauso wie es falsch sein würde, Jallaluddin Rumi als Gründer der Mevlevis zu bezeichnen — ich nehme an, daß die Idee, etwas zu gründen oder eine Organisation zu bilden, das letzte war, was ihm vorschwebte. Genausowenig Husam al-Din, und auch hier entstand alles erst mit dem zweiten Khalifah. Um zu der Geschichte von Bahaeddin zurückzukommen: dieser machte als junger Mann außerordentliche Erfahrungen. Er pflegte auf den Friedhof zu gehen, um zu beten und zu meditieren. Eines Nachts ging er hinaus mit der Frage: 'An welchem Grab soll ich diese Nacht beten?' Da kam ihm die Idee, zum Grab des ... von Bokhara zu gehen (ich kann mich nicht entsinnen, welcher von den großen Sufis es war). Dorthin ging er also, sah dann aber ein Licht auf einem der anderen Gräber und ging zu diesem Grab. Da kam ein Reiter, dem schloß er sich an und ritt mit ihm gemeinsam auf dem Pferd. Plötzlich befand er sich selbst inmitten einer Vision, auf einem großen Platz, umgeben von vielen der großen Sufi-Meister. Vor ihm war ein Schleier, und er wußte, daß hinter dem Vorhang jemand auf einem Thron saß. Als Bahaeddin ein Junge war, hatte man ihm die Kopfbedeckung eines anderen großen Sufi geschenkt, diese erblickte er nun oben in einer Ecke. Jemand sprach zu ihm: 'Weil du diese Kopfbedeckung in deinem Besitz hast, weil jemand dir diese damals gegeben hat, bist du jetzt hier.' Dann sagten sie ihm: 'Geh und heb den Schleier selbst!' und er erblickte Abdülhalik Gücdüvani, wie er auf dem Thron saß, und dieser gab ihm dann eine Einweihung. Dies bedeutet natürlich, daß es nur sehr wenigen gegeben ist, den Schleier selbst zu heben, der uns von der jenseitigen Wirklichkeit trennt. Für die meisten Menschen liegt das Heben des Schleiers nicht in der eigenen Macht. Als er alt war, sagte Bahaeddin einmal: 'In meiner Jugend bat ich Gott, er möge mich durch all die Nöte und Prüfungen hindurchschicken, die ein Mensch erleiden kann'. Das wurde ihm auch zuteil und nachdem er es erfüllt hatte, sah er, daß dies nicht länger nötig war. Er hatte diese Art von Bestimmung. Er war diese Art von Mensch, eine sehr seltene Art, die nicht nur Schwierigkeiten nicht meidet, sondern sich gerade den größten Schwierigkeiten und der äußersten Mühsal in den Weg stellt, um das Ziel der Befreiung zu erreichen. Solchen ist es gestattet, den Schleier selbst zu heben. In einer anderen Vision fand er den Propheten vor sich und dieser sagte: 'Trage mich zur Spitze dieses Berges'. Er nahm also Mohammed auf den Rücken und trug ihn auf die Spitze des Berges, was eine ganz schöne Leistung ist. Als er oben auf dem Berg ankam, sagte der Prophet zu ihm: 'Ich wußte natürlich, daß du mich tragen kannst, ich wollte aber, daß du selbst siehst, daß du es kannst.'

Deshalb möchte ich davon sprechen, wie wir dieses 'Hinter dem Bewußtsein' verstehen können. Sehr wenige können wahrnehmen, daß dahinter eine weitere *Versammlung* ist. Als der Schleier gehoben wurde, erblickte Bahaeddin eine Anzahl von Meistern vergangener Zeiten, die alle zugleich gegenwärtig waren. Natürlich sah er auch andere Realitäten und es wurden ihm viele Dinge enthüllt, über die er nicht geschrieben hat und nicht schreiben konnte. Diese Großartigkeit hinter dem Schleier kann man auch in Bildern ausdrücken. Aber für alle diese Dinge benutzen wir noch Worte während wir akzeptieren müssen, daß das, was hinter dem Schleier liegt, von einer solchen Natur ist, daß es dafür keine Worte gibt. Als ich hier vor Ihnen saß und mich selbst fragte: 'Worüber werde ich sprechen?' kam die Antwort: 'Du kannst über das sprechen, was hinter dem Schleier des Bewußtseins liegt.' Ich dachte, der einzige Weg, dies zu tun, sei, nichts zu sagen, denn über das, was hinter dem Schleier des Bewußtseins verborgen ist, kann nichts gesagt werden. Aber wir können Fragen stellen.

Es ist die besondere Natur der Frage, daß sie nicht den gleichen begrenzenden Charakter hat wie eine Antwort oder eine Fragestellung. Wenn man vermeiden kann, irgendetwas zu sagen, wenn man eine Frage stellen kann, ohne eine Antwort zu erwarten, wenn man ein Geheimnis anschauen kann und nicht erwartet, daß es enthüllt wird, wenn wir den Schleier des Bewußtseins vor uns sehen können ohne zu erwarten, daß er aufgehoben wird... — hier liegt der Grund, weshalb seit unvordenklichen Zeiten das Stellen von Fragen für klüger gehalten wurde als das Geben von Antworten. Das Stellen von Fragen liegt in der Macht jedes einzelnen von uns. Deshalb stelle ich diese Frage, deshalb können wir uns alle fragen: Was liegt hinter dem Schleier des Bewußtseins? Was ist das, was durch die Natur unseres eigenen Bewußtseins vor uns verborgen gehalten wird?

Dazu können einige Erklärungen gegeben werden. Man kann zwei verschiedene Dinge sagen: Man kann über die Erweiterung oder Vertiefung des Bewußtseins sprechen oder man kann davon sprechen, über das Bewußtsein hinauszugehen. Es ist sehr wichtig, zu verstehen, daß dies zwei ganz verschiedene Dinge sind. Man denkt, daß Bewußtsein ließe sich erweitern, bis man fähig ist, das ganze Universum zu umfassen, und doch bleibt man auf dieser Seite des Schleiers. Man kann das kosmische Bewußtsein erfahren, eine derartige Erweiterung, eine derartige Ekstase, daß sich einem alles enthüllt. Aber was da enthüllt wird, ist immer noch diese Welt — in ihrer Großartigkeit, ihren Wundern usw., in ihrer Zeit — Vergangenheit und Zukunft. Auch wenn es unbegreifliche Bilder sind, die innerhalb des menschlichen Denkens bisher nicht gewürdigt oder in Vergessenheit geraten sind, selbst wenn diese Bilder ganz unbegreifbar sind und in gewöhnlichen Begriffen gar nicht gedeutet werden können, sind sie doch immer noch Teil des Bewußtseins.

Wenden wir uns von dieser Sufi-Erzählung einer Hindu-Erzählung zu. Wenn die Hindus über diesen Zustand, den 'Sushupti' Zustand sprechen, dann meinen sie damit ein 'aus dem Bewußtsein herausgehoben sein' und nicht, wie es manchmal übersetzt wird, 'traumlosen Schlaf' — das ist ein nichtssagender Begriff, weil es hier auf Traum oder Nicht-Traum gar nicht ankommt. Was geschieht aber mit einem, dessen Bewußtsein aussetzt, der in einen Zustand wirklicher

Verzückung gerät, wo kein Bewußtsein mehr herrscht? Alles was er darüber weiß, wenn er zu seinem gewohnten Bewußtseinszustand zurückkehrt, ist, daß er etwas gesehen hat, was er vorher nie sehen konnte, und er kann sich nur schwerlich selbst an den kleinen Schimmer erinnern, den er im Moment des Übergangs zwischen den zwei Welten aufleuchten sah. Was ihm widerfährt, wenn er wirklich in der anderen Welt ist, daran kann er sich überhaupt nicht mehr erinnern. Wann ist also eine Überbrückung des Abgrunds zwischen beiden überhaupt möglich, ist dieser Abgrund überwindbar? Unüberbrückbar ist er hauptsächlich wegen unseres eigenen Unwissens (Ignoranz).

Wir machen noch einen Sprung von der hinduistischen zur buddhistischen Begrifflichkeit der Sache. Für den Buddhisten (ich spreche vom Thervada-Buddhisten der Nikayas) tritt das letzte Stadium vor dem Erwachen, der Erleuchtung, dann ein, wenn du frei von dem Verlangen nach Existenz, frei von Unwissenheit, frei von jeder Art willensbesetzter Handlung bist. Dies sind die drei letztendlichen Hindernisse: der Wunsch zu handeln, das Verlangen zu sein und der Glaube, man wüßte oder verstände irgendetwas. Sobald jemand von diesen Dingen frei ist, sagen sie, kommt die Befreiung — dann wird er ein Bodhisattva, ein vollkommen Erleuchteter.

Jede Religion, jede Lehre beschäftigt sich mit diesem Übergang vom Gefangensein in dieser Welt zur Befreiung in eine andere Welt. Oft zeigt das, was die Leute darüber gesagt und besonders geschrieben haben, daß sie keine klare Idee davon haben, was Bewußtsein überhaupt ist. Sie nehmen an, daß 'in die richtige Richtung gehen' heißt: zunehmend bewußter werden, ein weiteres, ausgedehnteres, mehr allumfassendes Bewußtsein zu erlangen: verstehen, mehr erfahren, mehr erfassen können, Visionen aus der Vergangenheit haben, fähig sein, die vergangenen Leben zu erfahren, oder in die Zukunft zu blicken, fähig zu sein, die Gesetze der Welt zu erkennen — all diese Dinge können eine Erweiterung oder Transformation des Bewußtseins begleiten, sie können aber auch nur eine Erweiterung des Gefängnisses darstellen. Es ist die andere Richtung, die Richtung ins Nichts hinein, in das Verschwinden des Selbst, die uns über das Bewußtsein hinausführt.

Jeder hört diese Worte wie: Verlöschen, Aufhören zu sein. Was aber ist das Maha para Nibana (ein Begriff aus der buddhistischen Terminologie), die große letzte Befreiung, die große endgültige Auslöschung? Dann werden all diese dummen Fragen gestellt wie: Und nachher? Nach dieser letzten, endgültigen Befreiung, existiert der Buddha dann noch oder nicht? Ist er da oder nicht da, oder vielleicht beides zugleich? Die Antwort lautet: Nein, nein, nichts von alledem.

Er ist nicht da, er ist nicht nicht da und er ist auch nicht beides zugleich: da und nicht da.

Ich möchte, daß Sie die Frage aussprechen, die nicht zu beantworten ist. In der Tradition der Zen Meister ist das Stellen solcher Fragen eine Technik, die angewendet wird, um einen auf den Schritt des Aufgebens der Selbstillusion vorzubereiten. Sie sagen vielleicht: „Gut, wenn der Buddha die Frage: 'Was ist jenseits des Bewußtseins?' nicht beantwortet hat und keiner sonst uns diese Frage beantworten wird, was nützt uns dann unser Fragen?" Das ist nicht richtig. Wir lernen dadurch, daß wir angesichts dieser außerordentlichen Sache verharren. Wir Menschen sind so eingerichtet, daß eine Seite unserer Natur dieser Welt jenseits des Bewußtseins zugehört, und dies ist das Besondere, das ganz Einzigartige am Menschen. Wir brüsten uns normalerweise mit dem Besitz jenes außergewöhnlichen Instruments, dieses wunderbaren Körpers, der eine so hohe Anpassungsfähigkeit hat, die die jeden anderen Tieres überschreitet, — nicht die individuellen Kräfte der einzelnen Tiere, diese mögen höher als unsere sein, aber unsere Fähigkeit zur Anpassung. Auch nicht der große Umfang von Gefühls-Erfahrungen, die dem Menschen möglich sind und der in seiner Totalität vielleicht nur von allen Tieren, den wilden Tieren und den Vögeln zusammen erreicht wird. Einzig der Mensch verfügt über das Ganze. Natürlich verwirkt er sein Geburtsrecht damit, daß er sich selbst erlaubt, sein Leben in selbstsüchtigen, kleinlichen Emotionen zuzubringen, aber ihm ist die Möglichkeit eines wirklich emotionalen Lebens gegeben. Ihm steht dieses Instrument zur Verfügung: der Gedanke als die Kraft, sich selbst zu projizieren, nicht nur in die Vergangenheit und Zukunft hinein, sondern auch über Zeit und Raum hinaus. Und trotzdem bleiben wir mit alledem im Bereich des Redens, wenn wir diese Dinge aufführen, obwohl wir alles gesagt haben, was über die erkennbare Natur des Menschen gesagt werden kann. Dies alles kann ins Bewußtsein vordringen. Wir haben noch nicht angefangen, zum Geheimnis des Menschen vorzustoßen, noch nicht einmal *angefangen*.

Wenn Hallaj sagt 'Ana'l Haqq' — sagen wir: 'Was ist denn das? Blasphemie oder Verzückung oder Ekstase oder was sonst?' In Wahrheit sehen, wenn der Schleier zerreißt, die Dinge so anders aus, daß man zu sagen wagt, daß der Mensch unendlich und Gott klein wird. Wir sitzen hier vor diesem Schleier; die meisten kehren ihm den Rücken zu, sehen hinaus, sehen in die andere Richtung, blicken auf irgendetwas Begrenzteres, die eingeschränktere Welt, die Welt dieser materiellen Transformationen. Sie blicken auf die äußere Erscheinung des Menschen und all das ist ein den-Rücken-

Zukehren. Natürlich müssen wir das tun. Es ist unsere Pflicht, es wird von uns verlangt, das zu tun. Aber während man dies tut, kann man fühlen, daß man es nur zeitweise, nur eine Zeitlang tut, weil man dazu verpflichtet ist, in diese äußere Welt hineinzusehen, obwohl man weiß, daß die eigene Wirklichkeit in der anderen Richtung liegt. Können wir das wirklich fühlen, daß die Welt nur da ist, weil wir etwas darin, etwas damit tun müssen, daß sie nicht für sich selbst existiert und daß wir aufhören, etwas zu bedeuten, wenn wir uns mit ihr identifizieren? Können wir diese Welt wirklich als etwas sehen, wo der Mensch nur eine Mission zu erfüllen hat, einen Platz, wo ihm in Wirklichkeit nichts etwas anhaben kann. Er ist nur da, weil er dort etwas zu tun hat, nicht weil er dorthin gehört. Drehen wir uns in die andere Richtung und sehen dies: „Wenn dieser Schleier für mich gehoben wird, was passiert dann mit mir? Werde ich verschluckt? Werde ich verschwinden?" Vielleicht kommt einmal der Augenblick, wo man in die Nähe davon gerät und uns ein wirklicher Schrecken überfällt. Was würde es bedeuten, dort hindurchzugehen? Die meisten Menschen erleben diesen Schrecken nicht, weil sie nicht nahe genug herankommen, um den Abgrund zu sehen.

Wir sprechen davon, uns selbst vor einem Schleier zu befinden. Ich möchte zurückgehen zu dem, was ich von Bahaeddins Geschichte erzählt habe, nämlich daß hinter diesem Schleier etwas war, nicht etwa eine Leere, ein Nichts und auch keine Bilder, sondern tatsächliche Personen. An dieser Sache müssen wir festhalten, wenn wir können. Vielleicht ist uns klar, daß wir, sobald wir uns den Tiefen zuwenden, vor etwas stehen, das wir mit unserem normalen Bewußtsein nicht durchdringen können. Das bedeutet jedoch nicht, daß das, was da auf der anderen Seite liegt, unsichtbar ist, nur weil unser Bewußtsein es nicht fassen kann. Im Mathnawi von Jalaluddin Rumi findet sich eine merkwürdige Stelle. Er sagt: 'Du willst die Arbeit finden — suche den Arbeiter. Der Arbeiter ist in der Werkstatt. Die Werkstatt ist die Werkstatt des Nichtseins. Die Werkstatt liegt am Ort der Nicht-Existenz'. Dann geht die ganze Sache weiter und er schmückt das noch aus. Er betont also, daß dies der Ort der Arbeit ist, der Aktivität, des Tuns, und zur gleichen Zeit ist es Nicht-Existenz. So einer kann zu sich selbst sagen: 'Wenn ich davor stehe, fühle ich, daß ich nicht vor einer Leere stehe, sondern vor etwas, das anders ist und meinem gewöhnlichen Bewußtsein vielleicht als Leere erscheinen würde. Wie es in dem Bild von Platos 'Republik' richtig gezeigt ist: man sieht nicht, weil das Licht zu hell ist. Dies bedeutet jedoch nicht, daß in diesem Licht nichts als Licht wäre. Die freie Erde ist für diejenigen da, die ins Licht zurückgehen können. Das Licht läßt sie sehen, was sie zu tun haben und was wirklich zu tun ist. Dieses Bild von Plato ist sicherlich voller Bedeutung. Man kann es auf eine sehr einfache Weise verstehen, wenn man es jedoch von einem anderen Standpunkt aus betrachtet, ist mehr darin enthalten. Ich meine, man kann durch Kontemplation dieser Dinge zu dem Schluß kommen, daß unser Leben unmöglich auf dieses Bewußtsein beschränkt ist, und man kann dessen gewahrwerden, daß es noch einen anderen Teil in unserer Natur geben muß, den wir mit vielen anderen Dingen teilen. Mit anderen Worten: es gibt eine andere Welt; wir werden davon zurückgehalten, mit dieser Welt in Beziehung zu treten, weil wir von der falschen Stelle in uns ausgehen, um Kontakt aufzunehmen: wir gehen von unserem Verstand und unseren Gefühlen aus, die ja durch unser Bewußtsein begrenzt sind. Wenn wir uns selbst sagen: 'Da muß es im Menschen etwas geben — weil es uns offenbart werden kann und vielen offenbart worden ist und weil Menschen dies erfahren haben, es muß also etwas geben, was es dem Menschen ermöglicht, sich in Verbindung zu setzen...' dann können wir uns selbst eine andere Frage stellen: Wenn es eine andere Welt gibt, die eine Welt der Aktivität, aber einer unfaßbaren Aktivität ist, so etwas wie das Bild einer Aufgabe, die man erfüllt und das auf dieser Erde nicht sichtbar ist, — geschieht dann nichts, nur weil wir nicht fähig sind, etwas bewußt wahrzunehmen? Oder findet da eine Art Handel statt, ein Austausch zwischen den Welten? Ist die Welt jenseits des Schleiers abgetrennt von uns oder sind wir abgetrennt von ihr? Oder findet etwas statt zwischen den Welten, etwas das ständig da ist und uns berührt und bedeutend für uns ist und was nicht von unserer Fragestellung abhängt? Vielleicht fangen wir damit an, eine etwas vorsichtigere Einstellung gegenüber unserem Bewußtsein einzunehmen und dem gegenüber, was in normalen Bewußtseinszuständen abläuft und gegenüber unserer Auffassung, daß diese es nur mit beschränkteren Angelegenheiten zu tun hat. Das andere, was wir uns fragen können, ist: 'Gibt es einen anderen Weg, uns über eine unserer Erfahrungen mit diesem in Verbindung zu setzen?'

Wahrscheinlich hat jeder hier schon eine Erfahrung gemacht, die mit Begriffen des gewöhnlichen Verstandes nicht zu erklären war. Vielleicht haben Sie die Erinnerung daran gewahrt und sie wie einen Schatz gehütet oder Sie haben sie an die Seite gestellt und vergessen. Vielleicht haben Sie auch etwas wenig hilfreiches gemacht und die Erfahrung ausgeschmückt und etwas darauf aufgebaut und so getan, als wäre es Ihre eigene und nicht etwas, das Ihnen einmal in einem glücklichen Moment zugestoßen ist, wo das gerade passieren konnte. Wenn wir, wie alle, ein Zeichen bekommen haben, daß es noch etwas anderes gibt als unser animalisches Leben, dann können wir vielleicht durch unser Handeln etwas darüber in Erfahrung bringen. Vielleicht ist alles, was wir tun müssen, unsere Erwartung aufzugeben, vom Standpunkt des normalen Bewußtseins etwas darüber lernen zu können, also durch Denken, Studieren, Reden usw. Vielleicht können wir etwas darüber lernen, indem wir richtig handeln. Vielleicht können wir etwas darüber lernen, indem wir unseren Eigenwillen aufgeben und unsere Selbstillusion vernichten. Vielleicht ist es uns möglich, Dinge zu finden, die die Menschen vergangener Zeiten verstanden haben, Mittel, mit denen der Mensch sich selbst die Kanäle wieder öffnen kann, damit Kommunikation stattfinden kann. Vielleicht stimmt das, was ich sage, daß das, was jenseits des Bewußtseins ist (*jenseits* des Bewußtseins, nicht einfach mehr Bewußtsein) gar nicht in Begriffen dieses Bewußtseins wiedergegeben werden kann. Sonst würde das Wort 'jenseits' aufhören, eine Bedeutung zu haben. Gleichzeitig mögen wir auch glauben, daß wir dazu gehören, daß uns dies alles nicht fremd ist, daß es zur Natur des Menschen gehört und nicht das Privileg einiger auserlesener Heiliger ist, die zufällig berufen oder transformiert wurden. Das bedeutet, daß der Mensch eine Brücke sein soll, eine Verbindung zwischen den Welten. Wenn dies der Fall ist, dann sollten wir uns darauf einstellen, etwas Vertrauen darin zu setzen — ich glaube, das ist der wirkliche Grund, warum ich zu Euch darüber spreche. Es ist notwendig, von der Idee auszugehen, daß es eine andere Welt gibt, eine Welt jenseits des Bewußtseins, und davon überzugehen zu der Idee, daß im Menschen die Möglichkeit einer Transformation liegt, die ihn durch diesen Abgrund tragen wird — daß es eine Einwirkung jener anderen Welt auf unsere gibt. Vielleicht tragen wir das alles auch schon als Idee mit uns herum. Vielleicht sind wir sogar davon überzeugt und denken, das müsse so sein. Wir können daraus eine Operationsbasis machen, einen lebendigen Glauben, Glauben ist seiner Natur nach operational. Er ist die Grundlage unseres Handelns. Können wir dahin kommen, unser Leben in dem Gedanken zu leben, daß da eine andere Welt ist, der wir angehören, in dem Gedanken, daß unsere Existenz eine Art Brücke zwischen den Welten bildet? Und gewahrwerden, daß wir tatsächlich eine Mission in dieser Welt haben, Transportmittel für die Übermittlung aus der anderen Welt zu sein, und gleichzeitig unseren eigenen Weg dorthin zu finden, wie die einander entgegenlaufende Bewegung im Straßenverkehr. Wenn alle diese Ideen etwas sind, an dem man, weil es Ideen sind, vorbeileben kann, ist es möglich, daß sie mehr als das für uns werden? Daß sie in uns wirksam werden? Ist es möglich, sie jederzeit und in allem was wir tun, als das stabile Zentrum all unserer Einstellungen, Wahlen und Entscheidungen zu bewahren? Dies ist es, was zählt. Damit einher geht ein Schwächen unserer Abhängigkeit von den äußeren Dingen. Damit einher geht auch, was noch wichtiger ist, eine Schwächung unserer Illusionen über uns selbst, unserer Illusion, daß wir fähig sind, Dinge aus uns selbst heraus zu tun. Und damit einher geht die Bereitschaft, zu akzeptieren, daß wir die Hilfe dieser anderen Welt brauchen. Können wir, indem wir diese Dinge betrachten, dazu kommen, den Teil in uns zu stärken, der beide Welten miteinander verbindet — können wir in dieser Zuversicht leben? Wenn ja, dann ist sie von Wert für uns. Bleibt sie nur eine Idee, dann ist sie ebenfalls wohltätig für uns, weil sie ein gutes Gegenmittel gegen die Verzweiflung darstellt.

Wir gehören wirklich diesem Ganzen an, das aufgeteilt durch den Golf zwischen dem Bewußten und dem, was jenseits des Bewußten ist, zwischen der bedingten, begrenzten Welt der Sinneserfahrung und der unbedingten, unbegrenzten Welt dessen, was wir durch unsere Sinne nicht erreichen können. Alles hängt davon ab, wie weitgehend wir hiervon überzeugt sind — inwieweit es beginnt, ein Teil von uns zu werden.

Die Schwierigkeit beim Benutzen von Bildern ist, daß Bilder notwendig begrenzend sind. Sobald du über alle Möglichkeiten sprichst, schließt du schon alle Unmöglichkeiten aus. Alle Unmöglichkeiten *sind* nicht. Woher wissen wir, ob diese andere Welt nicht eine unmögliche Welt ist?

Ich könnte etwas über dieses 'Jenseits des Bewußtseins' sagen. Man spricht über alles, was es gibt, in quantitativen Bildern: 'das Alles' und 'alles'. Sie sind im Recht, wenn Sie sagen, daß 'alles' nicht notwendig eine Verbindung mit dem Absoluten hat. Wenn wir sagen, da ist etwas, das ganz und gar nicht quantitativ ist, ganz und gar nicht berechenbar, wo Sie noch nicht einmal sagen können, daß zwei verschieden von eins ist — dann haben wir etwas gesagt, das für den Geist nicht leicht zu fassen ist. Wenn wir darüber sprechen, daß es da nichts Meßbares gibt und deshalb auch kein Groß und Klein, dann gelangen wir zu einer Art mystischen Sprache. Ich würde gerne das Gefühl übermitteln können, daß es diese Sprache ist, die das Ganze mystisch macht, nicht die Realität selbst.

Man kann sagen, die Mystik spricht über das, was unaussprechbar ist. Sie kleidet etwas in Worte, das nicht ausgesprochen werden kann, deswegen hört es sich geheimnisvoll und außergewöhnlich an. Die wirkliche Erfahrung ist anders. Das ist der Grund, warum ich anfangs die Geschichte von Bahaeddin erzählt habe: daß er in dem Moment, als der Schleier gehoben wurde, nicht etwas Geheimnisvolles und Unbekanntes sah, sondern nur einfach den Lehrer des Lehrers seines Lehrers dort sitzen sah. Er begriff, daß das Wichtige der Mensch war, der seine eigene Natur vervollkommnet hat, und daß er nur deshalb unerreichbar ist, weil die Menschen nicht erfassen können, was das heißt. Sie können nicht wissen, was mit dem Satz: 'Stirb bevor du stirbst' gemeint ist. Das ist eine der Hadiths des Propheten, eine der scharfsinnigsten und gehaltreichsten Aussprüche, die es gibt. Alles Wirkliche ist darin enthalten. Das, was aus dem Tod hervorgeht, kann nicht gesehen werden, ohne zu sterben. Die Leute sagen: 'Ich möchte sehen, aber ich möchte leben', du kannst aber das, was nur durch Sterben gesehen werden kann, nicht sehen, solange du auf dem Leben bestehst. Du kannst darüber sprechen. Eine Frau erzählte am anderen Tag über die außerordentliche Erfahrung, die sie jedesmal hatte, wenn sie zum Zahnarzt ging und Lachgas verabreicht bekam oder was immer es ist, was sie heutzutage beim Zahnarzt haben. Jedesmal sah sie die ganze Wirklichkeit und ihr wurde die Bedeutung des gesamten Universums erschlossen. Muß man wirklich Zahnschmerzen haben, damit einem alles erschlossen wird? Das widerfährt selbstverständlich auch Leuten ohne Zahnschmerzen, das weiß ich. Ich sage Ihnen: Sie betreten ein Zahnarztzimmer, er schließt die Tür und dreht an seinem Hebel und Ihr Stuhl geht hoch und immer höher und Sie blicken über die Mauer und sehen, daß dort auf der anderen Seite der Mauer etwas ist. Sie sehen dort einen herrlichen wunderbaren Garten liegen. Und Sie sagen: 'Ich habe die Vollkommenheit gesehen — ich kenne sie — ich habe gesehen, wie sie ist.' Sie sagen nicht: 'Ich erblicke sie in diesem Moment', denn in diesem Moment selbst sprechen Sie nicht, erst später, danach. Sie gehen wieder und wieder zum Zahnarzt. Sie werden hochgeschraubt. Sie sehen. Aber Sie bleiben doch auf dieser Seite der Mauer. Dann sagen Sie: 'Das ist nicht gut genug. Ich bin nicht zufrieden damit, über die Mauer zu gucken' und Sie fangen an, herumzugehen und die Mauer ist fürchterlich widerspenstig, weil da so viele Dinge herumstehen: Unkraut und Brombeerhecken und Büsche usw., und dann sehen Sie eine Tür. Vielleicht sehen Sie eine Tür, die einigermaßen frei ist und Tausende von Leuten versuchen, durch diese Tür hereinzukommen, und Sie sagen: 'Nein, das ist nichts', und gehen weiter. Dann sehen Sie eine andere Tür, um die sich niemand kümmert. Vielleicht gehen Sie ganz leicht durch diese hindurch, weil dort kein Gedränge herrscht. Sie gehen durch die Tür und befinden sich im Garten. Das ist wieder die Geschichte von einem Sufi. Es war einer der frühen, einer, der in Bagdad gelebt hat. 'Ja', sagte er, 'ich habe diese Tür gefunden. Es war die Tür der Selbsterniedrigung. Merkwürdigerweise hat sich wirklich niemand darum gedrängt.'

Was passiert, wenn man annimmt, daß es keine Tür gibt, wenn man nicht diese Lebensanschauung hat?
Ich sitze nicht auf dem Thron Gottes; ich kann nicht sagen, ob es wahr ist oder nicht, aber es wird gesagt, daß jeder, in jedem Moment seines Lebens, die Tür sieht. Um dies sicher zu wissen, müßte man Gott sein.

Was glauben Sie, hat Rumi damit gemeint, als er sagte: 'Ich habe gesehen, daß die zwei Welten eins sind'?
Er hat gemeint, was er gesagt hat. Es ist wahr. Natürlich stimmt das. Meister Eckehart hat dasselbe gesagt und Jakob Boehme auch: 'Ich habe den Ursprung von allem geschaut, wo die Dreifaltigkeit aus der Quelle der Gottheit hervorgeht.' Diese Welten sind nur getrennt, weil wir an dieses Bewußtsein gebunden sind. Sie sind in Wirklichkeit nicht getrennt. Die Trennung ist vollkommen unsere Illusion. Das meint Jalaluddin. Natürlich sind sie eins, aber in uns sind sie geteilt, weil sie in uns wiedervereint werden müssen. Es ist die Illusion des Selbst, die Illusion, daß wir eine Existenz haben, die Illusion, daß wir wissen können. Die Schwierigkeit an dieser Illusion ist, daß wir natürlich wissen können, sogar eine ganze Menge, und wir existieren auch im Sinne dieser Art von Existenz. Deshalb ist diese Illusion sehr fest mit uns verbunden. Darum wird gesagt: 'Stirb bevor du stirbst'. Das ist damit gemeint. Gib deine Existenz auf, bevor die Existenz dich aufgibt.

Wo sollten wir das Wissen um das, was hinter dem Schleier ist, oder den Gedanken daran, aufbewahren, solange wir auf dieser Seite des Schleiers sind? Sollten wir es im Bewußtsein halten oder ist das eine zerstörerische Angelegenheit? Sollten wir es als ein Fragezeichen festhalten oder wie sonst?
Das hängt davon ab, welchem Weg Sie folgen. Es gibt den Weg des Fragens. Das ist ein Weg, der nur darin besteht, Fragen zu stellen und nicht aufzugeben. Warum saß der Buddha unter dem Bodhibaum? Er sagte: 'Ich stehe nicht eher von diesem Platz auf, bis als diese Frage beantwortet ist.' Das ist nicht jedermanns Weg. Aber das heißt nicht, daß es nicht jedermanns Sache ist, die Frage zu stellen und zu ihr zurückzukehren. Du kannst sie nicht die ganze Zeit von dir halten. Wir müssen sie assimilieren, so daß sie zu einem Teil unserer Natur wird und wirklich in uns ist, in unserem Atem. Das ist die Art und Weise, wie diese Frage beantwortet werden muß. Wir müssen die Überzeugung in uns tragen, daß dieser Zustand der Existenz nicht ausreicht. Und das bedeutet nicht, daß ich mehr will. Als ich gerade sagte: 'nicht ausreicht', habe ich bemerkt, daß ich

einen falschen Gebrauch von der Sprache gemacht habe. Ich habe nicht gemeint, daß wir mehr an Existenz haben müssen, als wir bereits haben. Ich habe nur gemeint, daß wir diese bestimmte Art zu leben haben müssen. Es ist ein Teil der menschlichen Natur, nicht ein besonderes Wesen, das keinen Platz in dieser Welt hätte. Weit gefehlt. Das Rumi-Zitat hat Recht: Die zwei Welten sind eins. Die Schwierigkeit ist nur, daß wir zu weit von der anderen Welt entfernt leben, nicht, daß wir zu sehr in dieser Welt hier leben. Wir sollen ganz und mit voller Kraft in dieser Welt leben. Wir sollen all das tun, was ein Mann tun kann. Wir sollen all das tun, was eine Frau tun kann. Wir sollen diese Welt nicht wegwerfen. Aber wir sollen in der anderen genausoviel (zu tun) haben.

Heutzutage tritt zu dem natürlichen Schleier noch ein künstlicher dazu. Man kann sagen, daß der Mensch sich zum größten Teil nicht mehr in der Ausgangssituation befindet, weil wir einige selbstgemachte Schleier erfunden haben, Nylonschleier, die außerordentlich hinderlich sind. Wenn Sie fragen, ob das eine besondere Laune der Geschichte ist, dann ist dies das Abnorme an der Sache, daß wir Menschen uns heute zu einem großen Teil viele unnötige Schleier sorgsam konstruiert haben, so daß wir nicht nur die unserer Natur innewohnende Schwierigkeit haben, das Bedingte mit dem Unbedingten zu versöhnen, sondern dazu noch die Schwierigkeit, das Natürliche mit dem Unnatürlichen zu versöhnen. Wir sind auch bei etwas Falschem ausgekommen, verstehen Sie? Wir wissen, daß dies so ist, das ist historisch bedingt. Man sagt, die Menschen vor ungefähr 4500 Jahren hätten noch nicht in diesem Zustand falscher Abtrennung gelebt. Es gab eine Zeit, in der die Menschen ein viel normaleres Leben gelebt haben, deshalb lag die Sache dort anders. Ich bin geneigt zu glauben, daß etwas daran ist.

Man muß diese Meinung beachten, daß wir momentan in einem Zeitalter größerer Unwissenheit leben als der Durchschnitt der Menschheit. Während einer bestimmten Zeitepoche lebte die Menschheit in einem Zustand, der der natürlichen und richtigen Existenz näher kam, zu anderen Zeiten weiter davon entfernt. Das ist die Vorstellung von den *yugas*, über die die Hindus sprechen, der Grad an Gebundenheit, der im Menschen herrscht. Wenn man das glaubt, wie ich es tue, dann gehen wir gerade durch die letzten Geburtswehen. Sie haben eine gute Chance, den Anfang eins lichtvolleren Zeitalters mitzubekommen und ich hoffe bei Gott, daß Sie sich alle daran halten und sich nicht gestatten, zurückgezogen zu werden in einem Glauben an die Dinge, wie sie zu sein scheinen.

In jedem Atemzug ...

John G. Bennett

mit Genehmigung von John G. Bennett

Ich spreche hier zu Ihnen mit Worten, und Sie hören auf die Worte, die ich rede. Was ich Ihnen vermitteln will, was Sie von mir wissen wollen, kann nicht in Worten gesagt werden.

Wir beginnen also mit etwas Unmöglichem. Ich möchte über etwas sprechen, das nicht gesagt werden kann und ich will, daß Sie es ernst nehmen. Wenn ich sage: es kann nicht gesagt werden, dann meine ich das auch. Man kann darüber reden, aber dann redet man über ein Bild oder eine Idee oder vielleicht nur eine Ansammlung leerer Worte.

Wie weit jenseits der Worte haben wir es anzusiedeln? Läge es nur einen Schritt weit jenseits der Worte, dann könnten wir uns vielleicht mit einer Analogie, einer Beschreibung oder einem Bild weiterhelfen. Ich spreche hier über 'Hu' in dem Sinne, wie die Sufis dieses Wort verwenden. Im Rahmen des normalen arabischen Sprachgebrauchs bedeutet es nichts: es wird an den Schluß eines Verbs angehängt und heißt: 'er', 'sie' oder 'es', ganz wie Sie wollen. Es kann im Sinne des ganz gewöhnlichen Alltags-Arabisch verwendet werden, aber es steht auch für das Letztgültige, das, was völlig jenseits aller Bestimmungen ist, jenseits von allem, das je gesagt werden kann. Und es bedeutet auch das, was uns am nächsten ist. Sie kennen alle Nejmeddin Kubra. Ich will mit seiner Erklärung dieses Sachverhalts beginnen. Er sagte: „In jedem Atemzug sprechen wir es aus. Das 'ah' von *Allah* ist die allem innewohnende Essenz, weil jedes Wesen, das atmet und jeder einzelne Atemzug das ausspricht." Das ist eine Weise, die Immanenz auszudrücken, die Anwesenheit des Einen in Allem. Man kann nicht atmen, ohne es auszusprechen. So erklärt er es. Auf solche Art kann man es fühlen, erfahren. Es ist die Essenz unseres Atems, und das bedeutet: die Essenz unseres Lebens, die Essenz unseres Seins. Für den Sufi ist es wohl nicht so einfach, es nur auf diese Weise zu verstehen.

Aus irgendeinem Grund sind wir in diese Welt gesetzt worden, in diesen menschlichen Körper hinein. Ich zweifle nicht daran, daß dies zu einem bestimmten Zweck geschehen ist und daß von uns verlangt wird, diesen Zweck zu erfüllen. Wir sind nicht für nichts und wieder nichts hierhergeschickt worden. Wir sind noch nicht einmal zu unserem eigenen Wohlergehen hier, sondern weil etwas von uns gefordert wird. Wir sind gerade so weit weggeschickt worden, wie es möglich war, ohne den Kontakt mit der Quelle zu verlieren, d.h. die Möglichkeit, aus eigener Kraft zur Quelle zurückzukehren.

Wenn man uns weiter weggeschickt hätte, in eine tierische oder pflanzliche Form hinein, dann wären wir nicht mehr imstande, aus eigenem Antrieb zurückzukehren. Dann würde unsere Rückkehr vom gesamten Evolutionsprozeß abhängen. Da, wo wir im Moment stehen, ist es gerade noch möglich umzukehren, d.h. nicht mit dem Strom, sondern aus eigener Kraft. Alles andere wird mit dem Strom zurückgespült werden, nur uns Menschen ist die Möglichkeit einer direkten Rückkehr gegeben. Diesen Zustand, in dem wir uns befinden, nennen die Sufis *Nasut*. Diese Existenzweise, die man manchmal auch als den menschlichen Zustand bezeichnet, macht wirklich den menschlichen Zustand aus, zusammen mit allem was uns umgibt, all dem pflanzlichen, tierischen und mineralischem Leben. Dies ist die Welt, in die wir geschickt worden sind. Wenn es uns nicht gelingt, selbst den Weg zurückzugehen, so heißt das nicht, daß alles verloren ist, denn wir werden auf jeden Fall zurückkehren — mit diesem Strom, der zur Quelle zurückfließt. Aber das ist nicht wirklich das, was für den Menschen vorgesehen ist. Seine Bestimmung ist es nicht, einfach zurückgetragen zu werden mit dem Strom der Evolution — vom Mineral zur Pflanze, von der Pflanze zum Tier, vom Tier zu dieser Art Leben und von dort aus weiter.

Wir sprechen hier über die Quelle — das Wort: *Hu*.

Das hier ist eine sehr begrenzte Welt, eine sehr begrenzte und bedingte Existenzweise, wo wir nur seitwärts blicken können. Wir sehen diese Erde, wir sehen die Sonne und das Sonnensystem. Wir sehen Sterne und Galaxien. Sie liegen alle Seite an Seite mit uns. Durch sie hindurch führt kein Weg zurück. Dieses ganze Universum ist gewöhnlich. Dieses ganze Universum ist den gleichen Bedingungen, den gleichen Begrenzungen unterworfen wie unsere Existenz. Die ganze sichtbare Schöpfung ist nichts anderes als das Nasut. Wir denken, nur weil sie sehr groß und ausgedehnt ist, weil sie tausende von Millionen Jahren existiert, sei sie etwas Besonderes. Sie ist nur eine Seite in einem großen Buch. Aber wir sind von dieser Welt um uns herum hypnotisiert. Wir verfallen notwendig auf die eine oder andere Art der Illusion, daß sie, weil sie groß ist, auch großartig (bedeutend) sein müsse. Sie hat nicht mehr Bedeutung als ein auf den Boden geworfenes Stück Papier. Bevor wir uns nicht von der Illusion freimachen, daß diese Welt von Bedeutung sei, finden wir es schwierig, den Anfang zu machen und uns auf die Reise zu wirklich bedeutenden Welten zu begeben, die wirklich bedeutenden Welten liegen innen. Manchmal passiert es uns, daß ein Schimmer aus dieser ganz nahen Welt zu uns hinüberdringt. Wen dieser Schimmer trifft, ist davon überwältigt. „Das ist die Unendlichkeit", sagt man, „das ist absolut. Das ist die Enthüllung des Kosmos." Man nennt das auch: 'kosmisches Bewußtsein', wunderbar, das Ganze, alles ist verwandelt. Alles ist voller Wunder und weckt dein Erstaunen. Die Unendlichkeit hat sich selbst offenbart. Was ist wirklich passiert? Es wurde ein flüchtiger Blick geworfen in eine Welt, die hinter dieser liegt. Nicht einmal hineingezogen in diese Welt, nicht einmal eingetreten in den Machtbereich dieser Welt — und das nennt man „kosmisches Bewußtsein". Sie können Beschreibungen dieses „kosmischen Bewußtseins" finden, die wundervoll klingen! Visionen von Unendlichkeit, grenzenlosen Welten, einer Schönheit jenseits des Sagbaren (Mitteilbaren). Das ist nichts. Das ist nur eine Veränderung innerhalb unseres subjektiven Zustandes. Immer wieder tauchen Menschen ein in diese Vision des „kosmischen Bewußtseins". Aber was ist das für ein Untertauchen? Sie kommen wieder hoch, machen einen Atemzug und alles ist genau wie es vorher war. Alle Arten von ekstatischer Vision, alle Arten von Wundern, Trancezuständen und was es da noch gibt, fügen unserer Erfahrung nur eine Dimension hinzu. An Stelle der flachen Welt, in der wir sonst leben, haben wir hier einen Blick in die Tiefe getan — und alles ist so verwandelt und transformiert durch diese neue Perspektive, daß wir dies für die Wirklichkeit halten. „Ich habe nun alles gesehen, was es zu sehen gibt, es ist mir alles offenbart worden."

Und immer wieder fallen Leute in diese Falle. Es ist eine Falle — wenn sie nämlich an diese Vision glauben, werden sie sich damit zufrieden geben. Wenn sie glauben, daß es im Leben darum geht, Erfahrungen von kosmischem Bewußtsein zu haben und Ausblicke von unaussprechbarer Schönheit und Faszination zu eröffnen, dann sind sie darin gefangen — genauso gefangen wie wir in dieser flachen materiellen Welt.

Es ist etwas mehr nötig. Man muß etwas abgeben, etwas von sich selbst fortwerfen, um wirklich in diese Welt eintreten zu können. Dann erst kommt man in den Wirkungsbereich einer anderen Kraft. Da beginnt etwas, das nennt man *Jebberut*. Die Macht Gottes wird spürbar. Das ist eine Zeit, wo der Weg hart ist. Wenn jemand da eintritt, erfährt er die ganze Qual der Trennung, denn nur dann, nur, wenn er über diese Schwelle gegangen ist, fängt er an zu begreifen, daß ihm all das fehlt, was wirklich zählt, während er sich in diesem Zustand befindet, wo alles vergänglich und unsicher, bedingt und begrenzt ist. Noch schlimmer wird dies, noch untragbarer, wenn er versteht, daß die Vision ihm gar nichts gebracht hat. Das ist das erste, was nötig ist: man sieht ein, daß diese Vision, dieses „kosmische Bewußtsein" einem nichts gebracht hat. Ich erinnere mich an den Zeitpunkt, wo mir das zustieß, das ist nun fast 40 Jahre her, nein, nicht so viel. Aber ich erinnere mich, daß ich damals dachte, alles erlebt zu haben, was man erleben konnte. Tagelang befand ich mich in einem Zustand der Seligkeit und Ekstase, und dann — Stück für Stück — dämmerte es mir, daß ich genauso war wie vorher. Da begann ich erst wirklich zu leiden. Sie ist seltsam, diese zweite Welt, 'Alemi Erwah', wie sie auch genannt wird, — die geistige Welt, Welt der Geister. Ruh, der Geist. Man nennt sie auch Fegefeuer. Was bedeutet das? Das ist ein Zustand, in dem man bemerkt, daß man nicht fähig ist, zu sein was man sein sollte, nicht fähig das zu besitzen, was man gesehen hat. Ohne diesen Zustand zu durchschreiten geht es nicht, gibt es meiner Meinung nach keinen Weg. Jeder hat das gesagt, jederzeit, und all meine Erfahrungen bestätigen es, daß da kein Weg hindurchführt außer durch diese Tür. Dann ist das „kosmische Bewußtsein" leicht zu haben, es ist nichts ...

Was ist das Ganze wert, solange ich nicht fähig bin, den Weg zu gehen, den ich gehen muß? Ich muß zu meiner Quelle zurückkehren, zu meinem Ursprung. Es gehen nicht viele Leute durch diese Tür. Sie müssen das verstehen, hierüber wird viel gesprochen. Jeder, der das Sufitum studiert, weiß alle diese Dinge über die ich rede. Was ist das — die spirituelle Welt? Um da einzutreten, muß einer ohne Anhaftung sein, fähig sein, sich von der Anhaftung an den eigenen Körper zu lösen, den eigenen körperlichen Erfahrungen, von jeder Art äußerer Unterstützung. Man muß so sein, als wäre man gestorben. Dann kann man in diesen Machtbereich kommen (unter den Einfluß dieser Kraft kommen). Deshalb wird es Jebberut genannt. Unter dem Einfluß der Kraft Gottes zu stehen. Zuzulassen, daß die göttliche Kraft in uns wirksam werden kann. Die Leute denken, es ist etwas Wunderbares, gereinigt zu werden, den eigenen Egoismus und die eigenen Defekte loszuwerden, — mag sein, aber angenehm ist das nicht.

Es geht nicht ohne großes Leiden. Es führt kein Weg da heraus. Wir müssen großen Respekt vor denen haben, die in dieses 'Istigraq' hinabgetaucht sind, vor dem Untertauchen, dem Untergehen, dem Sich-selbst-von dieser Macht ergreifen lassen und sie auf sich wirken lassen. Dann kommen flüchtige Momente von etwas anderem. Bis zu diesem Zeitpunkt ist 'Liebe' wirklich nur ein Wort. Wirklich ein Wort, mit dem Sie etwas benennen, was Sie nicht kennen, oder das Sie fälschlich auf Dinge anwenden, für die 'Liebe' nicht das passende Wort ist. Dann erst sehen Sie das Mitleid, das Göttliche Mitleid, das

Sie hier hereingezogen hat. Das nennt man *Malekut* und dies ist eine sehr hohe Sache. Als ich zum ersten Mal von all diesen Dingen hörte, und all diese Worte vernahm, habe ich sie aufgenommen wie etwas, über das man etwas wissen kann. Jahr um Jahr ging vorbei, und je tiefer und länger die Perspektive für mich wurde, desto deutlicher sah ich die Unermeßlichkeit dieses einen Schritts, der einen befähigt, in den Vorhof der Göttlichen Gegenwart einzutreten. Wir unterhalten uns über diese Dinge, aber wenn Sie wüßten, wie wenige Menschen nur dorthin kommen können. Nicht als ob es nicht Gottes Wille wäre, daß sie dorthingelangen, aber wir Menschen werden, wenn wir in einen solchen Seinszustand geraten, uns so leicht zum Sklaven jeder Erfahrung machen, die uns lockt, daß wir uns jedes Mal wieder einfangen lassen. Vielleicht denken Sie jetzt: wie kann man überhaupt wünschen, in diesem Zustand zu sein, unter diesem Krafteinfluß zu stehen? Ja, die Zeit kommt, wo sich die Dinge ändern und sich in dem Zustand des Jebberut etwas anderes abzuzeichnen beginnt, eine Art Festigkeit, eine Gewißheit, die sehr lockend sein kann. Man denkt: nun habe ich etwas erreicht, nun fange ich an, etwas zu sein und wir sagen das in dem Sinn wie wenn wir sagen „nach dem fana das baqa", und: „Dies ist die Erfahrung von fana, nun weiß ich, was baqa ist" — aber glauben Sie mir, es gibt so viele trügerische baqas, so viele falsche Auferstehungen. Wie oft habe ich mir selbst gesagt: „Ich werde neugeboren, ich stehe von den Toten auf", und was ist passiert? Was mußte ich sehen? Es war der gleiche Mensch, der sich wieder erhob. Er ist nie wirklich gestorben. Man begreift in diesen Momenten, auf wieviele Weisen man sich selbst täuschen kann. Die erste Täuschung auf die ich Sie hinweise, ist also dieser Glaube an Visionen und ekstatische Erfahrungen, das Sich-Auftun von „kosmischem Bewußtsein", die völlige Transformation. Die zweite Täuschung liegt da, wo man zu fühlen beginnt, daß Tod und Auferstehung stattgefunden haben und daß wirklich etwas passiert ist. Man bemerkt nicht, daß dies einfach nur eine tiefere Illusion ist. Wenn jemand dazu fähig ist, sich von der Illusion zu befreien, daß er irgendetwas besitzt, daß ihm überhaupt irgendetwas gehört und daß es noch eine andere Realität gibt als diese hier, wenn Sie sich davon befreien können, ändert sich für einen Augenblick lang alles und Sie erleben einen völlig anderen Gott als Sie sich bisher erträumt haben. Einen ganz anderen, über den nichts mehr gesagt werden kann. Nicht nur, daß darüber nicht mehr gesprochen werden kann, man hat auch nicht mehr das Gefühl, daß da irgendeine Kraft wirkt oder so etwas. Nichts von dem, was Sie bisher gesprochen haben, kann da noch gesagt werden. Das ist die Schwelle, das ist der neue Anfang für die, die dorthin kommen. Bei den Sufis sprechen wir davon, daß dies zum fana-i-dhat führt, zum letzten Verlöschen. Alles verschwindet. Das nennen wir dann 'hu'. Wir sagen: das ist huwiyet. Das ist dieser Zustand (huwiyet ist die Bezeichnung für einen Zustand). Der Zustand, wo etwas, das aus einer Quelle hervorgegangen ist, wieder dorthin zurückgekehrt ist. Huwiyet — so spreche ich es aus. Wenn ich ein Araber wäre, würde ich es anders aussprechen. Von diesem Zustand sprechen die Sufis, wenn sie vom Ende sprechen, der letzten Befreiung von all dem, was uns noch trennt.

Wie sind diese Dinge möglich? Wir haben Instrumente mitbekommen, um über die äußere Welt Bescheid zu wissen: Augen und Ohren und das übrige. Wir haben unseren Verstand, um nachzudenken über diese Welt, um zu denken und Bilder zu entwerfen und Konzepte anderer Welten und wir sehen dabei nicht, daß der Verstand seine Quelle nicht in etwas darüber- oder höherliegendem hat. Er hat keine Zukunft, keine Bestimmung. Er ist bloß ein Instrument für diese Welt. Es ist für uns hart, uns damit einverstanden zu erklären, daß der Verstand ausgeschaltet werden muß — daß all das, was in uns denkt, fühlt, weiß, sieht und hört nur ein Instrument des Eingekerkertseins in dieser Welt ist. Zufällig mache ich mich morgen früh auf den Weg nach Indien, um an einer Feier des 100. Geburtstages von Aurobindo teilzunehmen. Ich erwähne Aurobindo, weil er ein großer Prophet dieser Zeit war und seine große Botschaft ist die Botschaft von dem, was er das Supramentale nennt — er sprach vom 'Abstieg des Supramentalen in dieser Zeit'. Ein schwerfälliger Begriff, aber eine wichtige Sache, wenigstens konnte er einer großen Zahl von Leuten klarmachen, daß unser menschlicher Verstand ein völlig unzulängliches Instrument ist, um wirkliches Verstehen zu erreichen. Nur wenn es möglich ist, einzutauchen in das, was jenseits des Verstandes liegt, kann überhaupt irgendetwas passieren und genau dieser Moment des Eintauchens enthüllt uns das, was wir 'kosmisches Bewußtsein' nennen. Aber wie können wir das 'kosmische Bewußtsein' haben, wenn unser Geist nicht fähig ist, es zu fassen? Weil wir andere Instrumente haben. Weil wir nicht nur mit einem Verstand geschaffen worden sind. Das ist ein recht wertloses Instrument, der menschliche Verstand. Wertlos für den Pfad, der zur Wirklichkeit führt. Nicht wertlos für diese Welt. Er gibt uns eine ungeheure Kraft in dieser Welt, er befähigt uns, in dieser Welt zu herrschen; aber er ist wertlos in Hinblick auf die andere Welt. Wir Menschen sind nicht nur für das eine bestimmt, deshalb hat man uns Instrumente mitgegeben. Wir haben ein Instrument mitbekommen, ein spirituelles Instrument, das fähig ist, diese zweite Welt zu betreten und darin zu leben, die Welt, die wir Jebberut nennen oder 'Alemi Erwah', die Welt der Geister. Wir besitzen ein geistiges Wahrnehmungsvermögen. Wir müssen dieses geistige Wahrnehmungsvermögen in uns wecken.

Es erwacht in uns zum Teil durch jenes intensive Bedürfnis, das man zu fühlen beginnt, wenn man dies zum ersten Mal erfährt — das Bedürfnis, imstande zu sein, diese andere Wirklichkeit zu erfahren, und nicht nur zu erfahren. Auf lange Sicht oder auch weniger lange Sicht hin ist das äußerst unbefriedigend. Man kann nicht damit einverstanden sein, das was man liebt, nur zu sehen und nicht zu haben. Das wäre das erste. In der Hinsicht war Ibn Arabi ein großer Lehrer. Er lehrte, daß es für den Menschen notwendig ist, diese feineren Instrumente in uns zu wecken und zu stärken — zu lernen, mit ihnen umzugehen und damit zu leben. Er selbst hat dieses erreicht und hat viele, viele Menschen davon überzeugt, daß es tatsächlich erreichbar für uns ist. Sie dürfen nicht denken, daß man das Fegefeuer mit diesem Körper und diesem Geist betreten kann. Wenn Sie diese Welt, Jebberut, betreten wollen, dann müssen Sie es mit Ihrer spirituellen Natur tun, nicht mit Ihrem natürlichen Selbst. Diese unsere spirituelle Natur befindet sich aber in großer Not. Denken Sie nicht, nur weil wir eine spirituelle Natur haben, brauche diese nur geweckt und freigesetzt werden und sei dann schon fähig, ihr Ziel von sich aus zu finden. Nein. Unsere spirituelle Natur ist vergiftet — angesteckt durch unseren Egoismus, unsere Illusionen, vergiftet durch unser Verlangen nach Existenz und unser Anhaften an Äußerlichkeiten. All das hat auch von unserer spirituellen Natur Besitz ergriffen, nicht nur von unserer physischen Natur. Deshalb muß in uns jenes Instrument geweckt werden, das spirituelle Instrument, durch das wir sehen können, wie es um uns steht — und das bedeutet großes Leiden in dem Moment, wenn das spirituelle Instrument in uns zu erwachen beginnt, so daß wir die Außerordentlichkeit unserer Lebensumstände begreifen, hört alles andere auf, irgendetwas zu bedeuten. Nur eines zählt, eines gilt es zu besitzen.

Dann kommt die Zeit, wenn uns noch ein anderes Instrument zur Verfügung gestellt wird, ein höheres Instrument, das nicht spiritueller, sondern göttlicher Natur ist. Irgendwie wird uns dieses Instrument zuteil, oder wir werden dorthin gezogen. Ich weiß nicht, wie ich darüber reden soll. Dieses göttliche Instrument läßt uns über all dies hinweggehen und sehen, daß diese ganze Existenz nichts ist. Nichts als ein Schatten, ein Spiel. Dann tritt etwas ganz anderes ein, eine ganz andere Art von Öffnung, die erfolgen muß. Ich habe die Zusammenhänge vereinfacht dargestellt, Sie wissen, daß viele Leute darüber reden als etwas in verschiedenen Stufen usw. Wenn ich morgen darüber sprechen würde, dann würde ich auch anders darüber reden, denn das kann nie zweimal auf die gleiche Weise gesagt werden.

Warum erzähle ich Ihnen das alles? Als ich fragte, ob ich herkommen und zu Ihnen sprechen könne, wollte ich Ihnen eines mitteilen. Ich wollte Ihnen nur eines sagen, mußte aber all das vorwegschicken. Dieses eine ist: ich möchte Sie bitten, jederzeit einen unbegrenzten Respekt vor dem Wort: Hu in sich zu tragen. Es schmerzt mich manchmal, wenn ich höre, wie das Wort: Hu, die Silbe: Hu, leichthin verwendet wird. Ich muß Ihnen das sagen, weil ich nicht Ihr Freund wäre, wenn ich nicht aufrichtig mit Ihnen spreche.

Ich kam zusammen mit vielen von Ihnen, die jetzt, glaube ich, hier sind, zu diesem Festival in der Nähe von Glastonbury. Ich sah die Leute dort im Kreis tanzen und sich an der Hand halten wie bei einer Art Volkstanz, und 'Ya Hu' singen oder 'Allah hu'. Die Worte 'Allah hu' dürfen so nicht ausgesprochen werden, das ist nicht richtig. Wenn das Wort 'Allah hu' gesprochen wird, muß unser Wesen bis in die Tiefe davon berührt sein. Sie alle benutzen Symbole für den Atem des Lebens, diesen Atem, der sehr viel mehr als das ist, das Wort Hu. Sie haben dieses höchste der Symbole gewählt und genommen, das den Ursprung von allem meint, das Letzte, was jenseits von allem liegt, und Sie respektieren es nicht so, wie Sie sollten, Sie nehmen an, daß Sie es tun. Ich habe einmal viele Jahre lang nicht gewagt, das Wort Gott auszusprechen. Ich konnte mich damals nicht dazu überwinden, einige Worte auszusprechen, wie das Wort Gott, das Wort Liebe. Ich brachte sie einfach nicht über meine Lippen, weil ich mich davon so weit entfernt fühlte. So nach und nach begann ich diese Worte wieder zu verwenden. Ich weiß nicht, ob ich es tat, weil ich hart und abgestumpft geworden bin oder weil ich tiefer eingedrungen bin, Gott weiß es. Ich versuche, sie mit tiefer Ehrfurcht zu benutzen. Aber was von allen Worten, vielleicht von allen Lauten am meisten respektiert werden sollte, das ist das Wort Hu. Weil es für alles steht. Es steht für das, was in jedem Atemzug von uns enthalten ist, es steht für die Quelle, die nur über die völlige Verneinung von allem erreicht werden kann, weil sie sich jenseits der Existenz befindet, jenseits des Seins. Sie werden dieses Wort benutzen müssen — aber ich bin hergekommen, um Sie zu bitten und sich daran zu erinnern, daß Sie sich die heiligste aller Silben ausgesucht haben und indem Sie das taten, eine große Verantwortung auf sich genommen haben. Wenn Sie es ohne diesen Respekt benutzen, ist das ein Sakrileg. Es gibt nur wenige, sehr wenige, die wirklich die Erfahrung von Hu machen: die großen Auserwählten, — auserwählt und gesandt —, die Boten. Nur sie können das Wort Hu richtig aussprechen. Sie, die direkt von der Quelle kommen und dorthin zurückgehen. Sie wissen, was Hu ist.

Deshalb müssen Sie mir vergeben, daß ich so zu Ihnen spreche —
ich habe um Erlaubnis gebeten, dies zu tun. Ich war nicht eingeladen. Ich bin Ihnen in dieser Weise auf den Leib gerückt und hierhergekommen, weil diese Kraft, der man gehorchen muß, *al Muti*, mich hierherkommen ließ. Diese Kraft existiert in jedem von uns. Aber um sie zu vernehmen und ihr zu gehorchen, müssen wir alle sichtbaren und denkbaren Dinge beiseite lassen.

Ya Hu

Sufi-Orden und -Bruderschaften

Annemarie Schimmel*

Das Gemeinschaftsleben.

Al-mu'min mir'at al-mu'min, 'Der Gläubige ist der Spiegel des Gläubigen', sagt eine Überlieferung von Propheten, die die Sufis als eine ausgezeichnete Richtschnur für ihr soziales Verhalten ansahen. Im Benehmen und den Handlungen ihrer Gefährten sahen sie den Widerschein ihrer eigenen Gefühle und Handlungen. Und wenn der Sufi einen Fehler in seinem Nächsten entdeckte, sollte er eben diesen Fehler zunächst in sich selbst korrigieren, so daß der Spiegel seines Herzens immer reiner wird.

Die praktische Anwendung dieser Richtschnur ist in der Geschichte des Sufismus deutlich zu sehen; sie bringt uns zu einer der erfreulichsten Seiten dieser Bewegung: der brüderlichen Liebe, die zunächst unter den Sufis einer Gruppe bestand und dann auf die ganze Menschheit ausgedehnt wurde. Diese Haltung war ganz verschieden von der Lebensauffassung der frühen Asketen, die nur das individuelle Heil im Auge hatten, das durch strenge Entsagung und supererogative fromme Handlungen zu erreichen war. Obgleich der Fall Nuris, der sein Leben für das seiner Sufi-Brüder anbot, sicherlich eine Ausnahme ist, war eine der wichtigsten Regeln, die für den Sufi galten, Gutes um des Bruders willen zu tun, andere sich vorzuziehen *(ithar),* und sein Prestige um der Mitmenschen willen aufzugeben. So soll der Sufi sein Fasten brechen, wenn er sieht, daß ein Mitglied der Gemeinschaft Speise braucht oder wünscht; denn die Freude im Herzen eines Bruders ist wichtiger als die Belohnung für das Fasten; er sollte ein Geschenk ohne Skrupel annehmen, weil es unhöflich wäre, die Mühe, die sich der Geber gemacht hat, nicht dankbar anzuerkennen. Einen Gläubigen zu beglücken bedeutet,

* Dieses Kapitel ist Teil des großen Werkes über den traditionellen Sufismus von A. Schimmel: „Mystische Dimensionen des Islam". Mit frdl. Genehmigung des Qalandar Verlags, Aalen.

Shadhili Tekke von Scheich Zafir in Istanbul, Türkei

den Propheten zu beglücken, wie eine Überlieferung sagt. Dienst am Menschen ist immer einer der ersten Schritte auf den vorbereitenden Stufen des Pfades gewesen, bleibt aber Pflicht des Sufis sein ganzes Leben lang. Denn: Wer immer sich vom Dienst an seinen Brüdern entschuldigt, den wird Gott so erniedrigen, daß er nicht erlöst werden kann.'

Der Sufi muß sich um Kranke kümmern, selbst wenn er völlig erschöpft ist. Eine typische Geschichte wird von Ibn Khafif erzählt, der einen betagten Besucher pflegte, der an Diarrhöe litt. Selbst der Fluch *la'anaka Allah*, 'Gott verfluche dich!', der der alte Mann ausstieß, wurden in seinen Ohren zu einem Segenswunsch und spornte ihn noch in seinen Dienstleistungen an. Denn, wie der Gast murmelte, 'wenn du noch nicht einmal deinem menschlichen Gefährten dienen kannst, wie kannst du dann Gott dienen?' Der Sufi soll sich sogar in acht nehmen, wenn er sich die Fliegen vom Gesicht wischt, damit sie nicht andere im Zimmer stören.

Eine etwas merkwürdige Anekdote beleuchtet den Herzenstakt, den jeder Sufi besitzen sollte. Auch sie gehört zu den Legenden um Ibn Khafif, den Meister von Schiras, dessen praktische Frömmigkeit in institutionalisierter Form in dem von seinem geistigen Nachfolger Kazaruni gegründeten Orden fortlebt, der für seine soziale Aktivität bekannt war.

Ibn Khafif war einst im Hause eines Nachbarn, eines armen Webers, eingeladen, der ihm Fleisch anbot. Ibn Khafif berührte es nicht, weil es zu verdorben war, und sein Gastgeber schämte sich. Dann begab er sich auf die Pilgerfahrt nach Mekka; die Karawane aber verirrte sich in der Wüste. Nach Tagen des Hungers war die letzte Hilfe für die Pilger, einen Hund zu schlachten, der ja unrein ist und daher nur in Lebensgefahr gegessen werden darf. Bei der Verteilung bekam Ibn Khafif den Kopf als Anteil. Da merkte er, daß dies seine Strafe für seine hochmütige Haltung gegenüber seinem mittellosen Nachbarn war (in einer späteren Version der Legende redet der Hundekopf ihn sogar an und tadelt den armen Mystiker für sein schlechtes Benehmen!) So kehrte er um, bat den Nachbarn um Verzeihung und war dann endlich dazu imstande, die Pilgerfahrt durchzuführen.

Dem modernen Leser mag eine solche Geschichte übertrieben vorkommen, aber sie zeigt, wie der Sufi handeln sollte — 'wahrhaftig in seinen mystischen Zuständen und korrekt in seinem Umgang mit Menschen'. Die sufischen Handbücher sind voll von Geschichten, die das korrekte Benehmen (*adab*) in der Gegenwart des Scheichs und der Brüder illustrieren. Ausführliche Bücher sind diesem Thema gewidmet — einer Haltung, die zu einer bewundernswerten sozialen Empfindsamkeit führte, die sich Jahrhunderte lang in der islamischen Welt gehalten hat, da adab (korrektes Benehmen), eine der Grundlagen für das Gemeinschaftsleben ist. 'Jedes Ding hat einen Diener, und der Diener der Religionen ist das korrekte Benehmen'.

Der Sufi sollte stets seine Brüder entschuldigen und so mit ihnen umgehen, daß sie sich nicht selbst entschuldigen brauchen; er sollte auch seine Liebe auf alles Geschaffene ausdehnen. Wenn Gott mit solch schwachen und elenden Menschen als Seinen Dienern zufrieden ist, dann sollte der Sufi auch mit ihnen als Brüdern zufrieden sein.

Die Sufis waren gewiß, daß sie zueinander gehörten. Sie hatten keine Geheimnisse voreinander und haben in manchen Fällen sogar eine Art Kommunismus praktiziert, ähnlich dem, der bei den Urchristen geübt wurde. Ein Derwisch darf niemals sagen 'meine Schuhe' oder 'mein so-und-so" denn er sollte kein Privateigentum haben. Wenn man etwas besitzt, soll man es seinen Brüdern geben; sonst verliert man seinen geistigen Rang. Wie kann man sagen 'mein', wenn man weiß, daß alles Gott gehört? Dieses Gefühl in Verbindung mit der sprichwörtlichen orientalischen Gastfreundschaft haben zusammengewirkt, um das Ideal des Sufis zu formen, der alles seinen Gästen anbieten wird und nichts für sich selbst, ja nicht einmal für seine Familie, übrigläßt.

Die Sufis, vor allem diejenigen, die dem gleichen geistigen Führer folgten, fühlten, daß sie einander seit Urewigkeiten gekannt hatten; sie formten eine geistige Familie. Eine reizende Geschichte, die 'Attar erzählt deutet darauf hin, daß sie tatsächlich eine geschlossene Einheit bildeten:

Ein Mann brachte vor den Richter einen Sufi als Zeugen mit sich; der Richter aber nahm sein Zeugnis nicht an. So brachte er einige andere Sufis, bis der Richter schließlich ausrief, daß dies nutzlos sei, denn:

Ein jeder Sufi, den du mit dir bringst,
es ist doch einer, ob's auch hundert sind!
Denn diese Menschen sind ein Körper nur –
Das Ich und Du besteht bei ihnen nicht.

Die Liebe der Sufis hörte nicht bei der Menschenliebe auf; sie dehnte sich auch auf die Tiere aus. Legenden erzählen, wie Löwen in der Gegenwart des sanftmütigen Heiligen zahm wurden, oder wie ein Hund überrascht war, daß ein Sufi ihn schlagen konnte. Ein Hund konnte als Ersatz für einen Gast in die Zelle des Sufis gesandt werden; und ein Sufi bot sogar die Belohnung für seine siebzig Pilgerfahrten demjenigen an, der einem durstigen Hund in der Wüste Wasser bringen würde.

Aus dieser sozialen Aktivität der sich erweiternden Sufi-Gruppen scheint sich eine neue Haltung entwickelt zu haben, die den Sufismus aus der Religion einer Elite zu einer Massenbewegung umbildete, die sich an alle Schichten der Bevölkerung wandte. Genau wie die Sufis ihren weltlichen Besitz mit ihren Mitmenschen zu teilen wünschten, mögen sie gefühlt haben, daß sie auch das Beste, was sie besaßen — nämlich den Weg zum Heil — mit ihnen teilen müßten.

Langsam begannen die Predigten der Sufis weitere Kreise anzuziehen. Die Grundregeln der mystischen Erziehung wurden während des 11. Jahrhunderts ausgearbeitet, und in verhältnismäßig kurzer Zeit — am Anfang des 12. Jahrhunderts — entstanden mystische Bruderschaften, die Adepten aus allen Bevölkerungsschichten aufnahmen. Es ist schwierig zu erklären, wie der Kristallisationsprozeß im einzelnen vorsichgegangen ist: er muß die Antwort auf ein inneres Bedürfnis der Gemeinschaft gewesen sein, das durch den Scholastizismus der orthodoxen Theologen nicht befriedigt werden konnte; die Menschen verlangten nach einer innigeren, persönlicheren Beziehung zu Gott und Seinem Propheten. Man kann auch die Möglichkeit nicht ausschließen, daß die Orden auftraten, um den starken Ismaili-Batini-Einflüssen entgegenzuwirken, gegen die Ghazzali so unermüdlich gekämpft hatte. Die esoterische Interpretation des Islam, die seine innerste Struktur zu bedrohen schien, wurde so durch eine Verinnerlichung der orthodoxen muslimischen Lehren ersetzt.

Zu der Zeit, da die Bruderschaften zu entstehen begannen, war das Zentrum mystischer Aktivität nicht mehr das Privathaus oder der Laden des Meisters. Man bedurfte einer neuen, mehr institutionellen Form, um mit der zunehmenden Anzahl von Schülern und Jüngern fertig zu werden. Solche Zentren wurden im östlichen islamischen Gebiet meist *khanqah* genannt; auch im mittelalterlichen Ägypten wurde dieser Ausdruck verwendet. Dort stellten die Sufi-*khanqahs* kulturelle und theologische Zentren dar; sie wurden von der Regierung unterstützt oder von einflußreichen Wohltätern gestiftet und unterhalten. Das Wort *zawiya*, wörtlich 'Winkel' wurde für kleinere Einheiten, wie etwa den einsamen Wohnplatz eines Shaikhs, verwendet. Die Türken nannten den Sufi-Konvent *tekke*. Das Wort *ribat*, eigentlich mit den Grenzburgen der Soldaten, die den Islam verteidigten, verbunden, konnte auch das Zentrum einer Bruderschaft bezeichnen. Oft wird der Ausdruck *dargah*, 'Tor, Pforte', verwendet. Die islamische Kunstgeschichte kann noch viel zur Entstehungsgeschichte solcher Bauten beitragen, die manchmal allein standen, häufiger aber mit einer Moschee, einer großen Küche für Schüler und Gäste und manchmal mit einer Schule verbunden

142

waren. Das Grab des Gründers war meist im gleichen Komplex gelegen, wenn nicht später ein Komplex um den heiligen Platz errichtet wurde, wo der Meister des Ordens oder des Ordenszweiges begraben war.

In einigen *khanqahs* lebten die Sufis in kleinen Zellen — das *Mevlâna Müzesi* in Konya ist ein schönes Beispiel für diesen Typ; andere Klöster hatten nur einen großen Raum, in dem alle Derwische lebten, studierten und arbeiteten.

'Die khanqah *ist das Nest für den Vogel 'Reinheit',*
sie ist der Rosengarten der Freude und der Hag der Treue',
konnte Sana'i schon kurz nach dem Jahr 1100 sagen.

Die Organisation der *khanqah* war nicht überall gleich. Manche *khanqas* lebten von *futuh,* nicht erbetenen Gaben oder Stiftungen, während andere reguläre Stipendien hatten. Orden wie die Chishtiyya in Indien waren außerordentlich gastfreundlich, und fremde Gäste waren immer willkommen; in anderen gab es strenge Regeln hinsichtlich der Besuchszeiten und der Besucher, denen es gestattet wurde, den Meister zu sehen. Einrichtungen für gelegentliche und länger bleibende Gäste gab es fast in jeder *khanqah.* Der Shaikh selbst pflegte mit seiner Familie in einer Ecke des Komplexes zu leben und seine Jünger zu festgesetzten Stunden zu sehen, um ihren geistigen Fortschritt zu überwachen; im allgemeinen leitete er die fünf Gebete der Gemeinschaft.

Es gibt genaue Darstellungen der Sufi-*khanqahs* in Ägypten während der Mamlukenzeit. Die *khanqah Sa'id as-Su'ada,* die der Ayyubidenherrscher Saladin 1173 gegründet hatte, war besonders angesehen, und 'um des Segens willen' gingen die Leute dorthin, um die dort lebenden dreihundert Derwische zu beobachten, wenn sie zum Freitagsgebet auszogen. Die Sultane gaben den Bewohnern ihrer *khanqah* reiche Zuwendungen — tägliche Rationen an Fleisch, Brot, manchmal Süßigkeiten und Seife, neue Kleider für die beiden islamischen Feste und etwas Bargeld. Auch hatten die *khanqahs* gewisse Steuerprivilegien. Sie wurden vom *amir majlis* überwacht, einem der höchsten Mitglieder der Militärregierung (eine Art Innenminister).

Einige Regeln für solche, die in den Dienst eines Shaikhs treten wollten, haben wir schon erwähnt. Die in früherer Zeit mehr individuellen Regulationen wurden schärfer gefaßt, als die Zahl der Anwärter zunahm; aber das Hauptziel für die meisten Orden blieb das gleiche — nämlich, die niedere Seele, *nafs,* zu brechen und zu erziehen. Nur wenige Orden legten größeren Nachdruck auf die Läuterung des Herzens denn auf asketische Vorstufen. Die Mevlevi, um nur ein wichtiges Beispiel zu nennen, erzogen den Novizen zunächst in verschiedenen Arbeiten in der Küche; gleichzeitig mußte er Rumis *Mathnawi* und dessen korrekte Rezitation und Interpretation lernen, ferner die Technik des wirbelnden Tanzes. Dieses Training währte 1001 Tage. Jeder Adept mußte natürlich auch die *silsila* lernen, jenen geistigen Stammbaum, der von seinem Meister durch die früheren Generationen der Mystiker bis hin zum Propheten führte; die Zentralfigur in den meisten *silsilas* ist Junaid. Die genaue Kenntnis der Verzweigungen, schwierig wie sie für den Uneingeweihten sein mag, ist absolut notwendig, um die mystische Tradition richtig zu verstehen.

Während der Initiationszeremonie — einem Festtag in der Derwischgemeinschaft — mußte der Neuling die *bai'a*, den Treueschwur, aussprechen und wurde mit der *khirqa*, dem Sufi-Gewand, bekleidet. Ein wichtiger Teil der Zeremonie besteht darin, daß der Novize seine Hand in die des Meisters legt, so daß die *baraka* korrekt übertragen wird. Eine weitere wichtige Handlung ist die Einkleidung mit dem *taj*, der Derwischmütze. Die Kopfbedeckungen unterscheiden sich von Orden zu Orden, und die Anzahl ihrer Teile — zwölf, entsprechend den zwölf Imamen, neun oder sieben, hat symbolische Bedeutung. *Taj* und *khirqa* sind so zentral bei der Initiation des Sufis, daß schon in früher Zeit die Gefahr verspürt wurde, daß sie zu wichtig genommen wurden. Yunus Emre rief um 1300 aus:

Derwischtum besteht nicht aus Rock und Kopfbedeckung
Derwischtum liegt im Kopf, nicht in der Kopfbedeckung

Und noch im 18. Jahrhundert riet Shah Abdul Latif von Sind dem echten Sufi, seine Mütze lieber ins Feuer zu werfen, statt sich ihrer zu rühmen.

Die Einkleidung brachte den Sufi formal in eine dichtgeschlossene Gemeinschaft von Menschen, mit denen er sich 'wie ein einziger Leib' fühlen konnte. Die Bemerkung, daß 'jemand mit den Derwischen in der *khanqah* sitzen wollte, weil hundertzwanzig Gnadengaben vom Himmel auf die Derwische rinnen, vor allem während ihrer Mittagsstunde', zeigt die Bewunderung, die normale Menschen für diese eng verbundene Gemeinschaft fühlten. 'Wer mit Gott zusammensitzen möchte, soll mit den Sufis zusammensitzen'; und Ruwaim wird das Wort zugeschrieben: 'Wenn jemand mit den Sufis zusammensitzt und ihnen in irgendetwas, das sie für wahr befunden haben, widerspricht, dem wird Gott das Licht des Glaubens aus seinem Herzen reißen'.

Die Verhaltensregeln wurden immer detaillierter — jedes Glied des Leibes hatte seine eigenen Vorschriften. Abu Sa'id, den man als Vorläufer des organisierten Derwischtums ansehen kann, ging so weit, einen Mann zurückzuweisen, der die Moschee mit seinem linken Fuß zuerst betreten hatte, weil das Mangel an Etikette zeigte. Denn der Prophet hatte ausdrücklich angeordnet, daß man 'das Haus des Freundes' mit dem rechten Fuß zuerst betreten solle.

Wenn ein Sufi sich entschloß, durch die islamischen Lande zu wandern, um andere Gemeinschaften oder Freunde zu besuchen, oder einen Meister zu finden, der ihn noch weiter belehren und ihm vielleicht die *khirqa-yi tabarruk,* das 'Gewand des Segens', verleihen könnte, sollte er einen Stock und eine Bettlerschale mit sich nehmen. Andere Sufis sollten ihn gut aufnehmen, ihn speisen, ihn ins heiße Bad bringen und ihm, wenn möglich, neue Kleider geben, zumindest aber sein Gewand waschen; und wenn man den Legenden glaubt, so wurden die, die solche Pflichten vernachlässigten, schwer bestraft.

Trotz der zahlreichen Regeln für korrektes Verhalten gab es auch eine beachtliche Anzahl von Erleichterungen, *rukhas;* das waren Ausnahmen von Pflichten unter gewissen Umständen. Frühere Sufis waren sich wohl bewußt, zu welchen Gefahren diese Lässigkeiten führen können; aber je größer die Orden wurden, desto häufiger nahmen die Jünger ihre Zuflucht zu solchen Erleichterungen, wenn sie zu schwach waren, unter dem ständigen Druck ihrer Verpflichtungen zu leben.

Der Derwisch wurde entsprechend seinem Fortschritt auf dem Pfade mit verschiedenen Ämtern in der *khanqah* betreut; die hierarchische Kette in solchen Ämtern wurde sorglich beachtet; doch war es eine Hierarchie der Tugend, nicht der Macht. Der aufrichtigste Derwisch konnte den Rang eines *khalifa,* 'Nachfolger', 'Stellvertreter', erhalten; er konnte dann entweder im Kloster bleiben, um es nach dem Tode des Meisters zu leiten, oder er wurde in ferne Länder gesandt, um dort zu predigen und den Orden auszubreiten. Im *khilafatname,* dem Dokument, das ihm bei dieser Gelegenheit gegeben wurde, wurde ihm manchmal ein spezielles Gebiet zugeteilt, in dem sein geistiger Einfluß benötigt wurde. In Fällen, wo ein Nachfolger gewählt wurde, der sich vorher nicht durch geistige Qualitäten ausgezeichnet hatte, konnte der Shaikh im Moment seines Todes seine erhabenen Qualitäten auf seinen Nachfolger übertragen *(intiqal-i nisbat)* und ihm so die notwendige geistige Kraft spenden.

In ihrem hochinteressanten Buch *Istanbul Geceleri,* 'Nächte von Istanbul', hat Samiha Ayverdi eine lebendige Beschreibung der Investitur eines *khalifa* im Rifa'i-Orden in Istanbul zu Beginn unseres Jahrhunderts gegeben, und man kann annehmen, daß die Zeremonie in anderen Orden nicht sehr verschieden davon war. Alle Freunde des Ordens wurden eingeladen; Kerzen wurden entsprechend einem bestimmten Ritual entzündet; Koranrezitation und mystische Musik wechselten ab, und nachdem der Kandidat die Hand des Shaikhs geküßt hatte, hielten vier Derwische einen Schleier über die beiden Personen, so daß der Meister den *khalifa* in die Geheimnisse seines Amtes einführen konnte. Die ganze Nacht wurde mit Rezitationen, Musik und Gebeten zugebracht.

Manchmal erwählte ein sterbender Shaikh als *khalifa* ein Mitglied der Derwisch-Gemeinschaft, von dem niemand angenommen hatte, daß er die notwendigen geistigen Kräfte zu einem solchen Amt besaß; der Orden mußte ihn jedoch akzeptieren. Legenden erzählen dann, daß ein grüner Vogel sich auf dem Haupt des Erwählten niederließ, und die Derwische mußten diesem Zeichen Glauben schenken — dieses Motiv ist auch von mittelalterlichen Papstwahlen bekannt. Der *khalifa* erbte den Gebetsteppich, *sajjada,* oder das Hirsch- oder Schaffell, *post,* das der rituelle Sitzplatz des Shaikhs war — daher der Ausdruck *sajjada nishin* oder *post nishin,* 'der auf dem Teppich sitzt', für den Nachfolger. Später wurde das Amt des *khalifa* im Hauptkloster häufig erblich. Das führte oft zur Dekadenz, aber auch zur Anhäufung von Reichtum und Macht in den Händen gewisser Familien, bei denen im Laufe der Zeit nicht allzu viele Spuren von Geistigkeit übrigblieben.

Dem *shaikh* oder *pir* wurde unerhörte Wichtigkeit zugeschrieben. Schon um 1200 sagte 'Attar:
Der Pir ist roter Schwefel, seine Brust der grüne Ozean,
Wer nicht aus dem Staub des Pirs Kollyrium für seine Augen
macht, mag rein oder unrein sterben.

Der *shaikh* war der Meister der geistigen Alchemie (*kibrit ahmar,* roter Schwefel, war die geheimnisvoll wirkende Substanz im alchemistischen Prozeß des Goldmachens); so kann er das niedere Material der Seele des Novizen in reines Gold umformen. Er ist das Meer der Weisheit. Der Staub seiner Füße läßt das blinde Auge des Anfängers sehend werden, so wie Kollyrium die Sehkraft stärkt. Er ist die Leiter zum Himmel, so völlig geläutert, daß alle Tugenden des Propheten in ihm wie in einem Spiegel sichtbar werden. Gleichermaßen wird er zum Spiegel, den Gott vor den Adepten stellt, um ihn das rechte Verhalten zu lehren — genau wie man einen Spiegel vor einen Papagei stellt, damit dieser sprechen lernt.

Während die frühen Sufis die prophetische Überlieferung zitiert hatten, daß 'der Shaikh in seiner Gruppe wie der Prophet in seinem Volke ist', entwickelten spätere Sufis in Zusammenhang mit ihrer überwältigenden Prophetenverehrung die Stufe des *fana fi' shaikh,* 'Entwerden im Meister', die zum 'Entwerden im Propheten' führt. Nach Meinung einiger Orden steigt der Mystiker auf den höheren Stufen durch die Stationen der islamischen Propheten von Adam bis Jesus auf; viele verbleiben in einer dieser Stufen, aber der vollkommene Shaikh ist der, der im Propheten Muhammad entworden ist. Mit der *haqiqa muhammadiyya* vereint, wird er zum Vollkommenen Menschen und leitet so seine Jünger durch eine Führung, die ihm direkt von Gott eingegeben ist.

Die starke Verbindung zwischen *shaikh* und *murid* wird in der Technik des *tawajjuh* deutlich, d.h. der Konzentration auf den Shaikh, die spätere Orden, vor allem die Naqshbandiyya, für die erfolgreiche Durchführung des *dhikr* für nötig hielten. Im Türkischen spricht man von *rabita kurmak*, zwischen Meister und Jünger 'eine Verbindung herstellen'. Der Shaikh pflegt auch *tawajjuh* zu üben und so 'in das Herz seines Jüngers einzutreten', um ihn in jedem Moment zu überwachen und zu hüten. Mit seiner Kenntnis von Dingen, die potentiell in Gottes ewigem Wissen existieren, ist er fähig, gewisse Möglichkeiten auf dieser Welt zu verwirklichen.

Der Glaube an diese Kräfte des mystischen Führers, die jedoch oft mehr zur magischen als zur mystischen Sphäre gehören, ist noch immer stark. Aber in Zeiten des Niedergangs können die Implikationen eines solchen Glaubens gefährlich sein. Manche Derwische haben spektakuläre Formen der Askese geübt, Wunderhandlungen und exzentrisches Benehmen aller Art gezeigt, um das Interesse auf sich zu ziehen und Jünger für ihre Orden zu gewinnen. Damit trugen sie zur Entwicklung einer der dunkleren Seiten des späteren Sufismus bei: Der Shaikh nutzte oftmals die Verehrung, die ihm von seinen Anhängern — meist Analphabeten — bezeigt wurde, für persönliche Zwecke aus. Die Geschichte der politischen Rolle, die sich mystische Führer in islamischen Ländern angemaßt haben, muß noch beschrieben werden. Und noch ein anderes Rätsel muß gelöst werden: wie kam es, daß so viele von denen, die 'Armut als ihren Stolz' predigten, zu reichen Großgrundbesitzern wurden, sich dem Feudalsystem völlig einfügten und Reichtümer aus den Gaben sammelten, die ihnen von ihren armen, unwissenden Anhängern zu Füßen gelegt wurden? Es scheint, daß schon im 13. Jahrhundert manche Shaikhs enorme Mengen Geld für die Unterhaltung ihrer Jünger ausgaben: Jami spricht im Fall Majduddin Baghadis von 200 000 Golddinar im Jahre. Andere legten ihr ererbtes Gut als *waqf* an, als steuerfreie Stiftung, die für den Lebensunterhalt ihrer Jünger überschrieben wurde. Heute sind durch Abwertung viele dieser Stiftungen, etwa in Nordindien, so zusammengeschrumpft, daß die Klöster kaum noch lebensfähig sind; in anderen Gebieten hat die *awqaf*-Verwaltung den Unterhalt der Wallfahrtsstätten übernommen.

Der Einfluß angeblicher Heiliger auf das Volk, das sie als wahre

Führer zum ewigen Heil wie auch zum Glück in dieser Welt ansah, erreichte unglaubliche Ausmaße. Nur wenn man dieses Phänomen sorgfältig studiert hat, kann man verstehen, warum Atatürk 1925 die Derwischorden in der Türkei abschaffte, und warum ein Modernist wie Iqbal — trotz seiner tiefen mystischen Frömmigkeit — den 'Pirismus' für einen der gefährlichsten Aspekte des Islam ansah, für eine Mauer, die große Gruppen der Muslime von einer zeitgemäßen, lebendigen Interpretation abschließt. Selbst wenn man nicht mit J.K. Birges Feststellung über den Bektashi-Orden übereinstimmt, daß 'sozialer Fortschritt, ja selbst der höchste moralische Fortschritt des Individuums unter dem Derwisch-System unmöglich' war, muß man doch zugeben, daß selbst, 'wenn der Shaikh wohlmeinend, aber unwissend ist, sein Einfluß gewiß schlecht ist'. Die mystischen Bruderschaften, die aus dem Bedürfnis nach einer Vergeistigung des Islam entstanden, wurden im Laufe der Zeit gerade die Faktoren, die zur Stagnation der islamischen Religion am meisten beitrugen.

Die Menschen pflegten sich um das *khanqah* oder *dargah* zu versammeln, suchten dort Hilfe für alle ihre Nöte und hofften, daß der Shaikh oder sein *khalifa* ihnen ein paar Amulette geben oder sie wirkungsvolle Gebetsformeln lehren würden. Ja, die Herstellung von Amuletten war eine der wichtigsten Beschäftigungen mystischer Führer in späterer Zeit.

Und noch größer als die Verehrung eines lebenden war die eines verstorbenen Shaikhs. Überall in der islamischen Welt kann man kleine Heiligtümer sehen, die zeigen, wo Heilige begraben sind. In vielen Fällen wurden heilige Stätten vorislamischer Religionen übernommen und, da die Menschen immer wieder an denselben Plätzen beten, wurden christliche oder hinduistische Anbetungsstätten in muslimische Heiligtümer umgeformt, und Legenden, die sich auf den früheren 'Besitzer' beziehen, wurden dann oft auf den neuen Heiligen angewandt. Viele — oft recht unerfreuliche — Geschichten (vor allem in Pakistan, im Balochen — und Pathanengebiet) erzählen, wie notwendig es ist, zumindest ein Heiligengrab im Dorf zu haben, so daß das Leben dank seinem Segen ordentlich weitergehen kann. Solche Gräber finden sich oft nahe bei seltsam geformten Steinen, Brunnen, Quellen oder Höhlen; oft sind es Pseudo-Gräber. Verschiedene *maqam*, Plätze, können den Namen des gleichen Heiligen tragen; noch vor wenigen Jahren wurde ein *maqam* für Muhammed Iqbal (der in Lahore begraben ist) im Garten von Jalaluddin Rumis Grab in Konya errichtet. Bei diesen Gräbern oder heiligen Umzäunungen, in denen auch Verfolgte geschützt sind, leisten die Frommen Gelübde, umwandeln den Platz dreimal oder siebenmal, hängen Stoffetzen an die Fenster oder an nahegelegene Bäume. Frauen, die ein Kind haben möchten, gehen zu bestimmten Plätzen (und benutzen einen solchen Besuch bei einer *ziyara,* 'Besuchsstätte' zu einem ihrer seltenen Ausflüge); Männer, die weltlichen Erfolg suchen, werden zu einem anderen Heiligen gehen, und Schulkinder mögen wieder einen anderen Schrein besuchen, ehe sie ihr Examen machen — alle aber sind sicher, daß die *baraka,* die geistige Kraft des Heiligen, ihnen helfen wird.

Die Orden haben dazu beigetragen, daß der Sufismus eine Massenbewegung wurde, eine Bewegung, in der die hohen Ziele der klassischen Sufis allerdings ziemlich verdünnt wurden. Doch wurde den breiten Massen der Gläubigen eine Ausdrucksmöglichkeit für ihre religiösen Gefühle gegeben, indem sie Heilige verehren und an Festlichkeiten mit Musik und oftmals mit wirbelndem Tanz teilnehmen konnten. Für die meisten war es einfacher, den Weg gemeinschaftlich zu gehen als den einsamen, geistigen Kampf des mystischen Suchers auf sich zu nehmen; die gemeinsamen Gebetstreffen gaben ihnen Kraft und erwärmten sie in ihrem Glauben. Es ist interessant zu sehen, wie die *tariqas* kollektive Methoden geistiger Erziehung entwickelten, die ihre Anhänger zu einer Art ekstatischer Zustände erheben konnten — die Gefahr war hier natürlich, daß eine solche Verzückung, die durch mehr oder minder mechanische Mittel erregt war, mit der ekstatischen Einsamkeit der echten mystischen Erfahrung verwechselt werden konnte, die ein Akt göttlicher Gnade ist und bleibt, mit der nur wenige begnadet werden.

Die *tariqas* hatten meist zahlreiche Laienmitglieder. Man kann geradezu von einer Art 'drittem Orden' sprechen: solche Leute kamen jedes Jahr für einige Tage ins Kloster, um an den Exerzitien und an den Festlichkeiten des Ordens teilzunehmen, wie z.B. am *maulid,* dem Geburtstag des Propheten und des Heiligen oder am 'urs, dem 'Hochzeitstag', dem Jahrestag seines Todes. In vielen Fällen hatten die Orden damit etwa den Charakter eines Vereins oder eines Bundes in der modernen Gesellschaft; und die Beziehungen zwischen den eigentlichen Derwischorden und den Handwerkergilden wie auch den *futuwwa*-Gruppen sind mannigfaltig. Die Orden konnten sich jeder sozialen Ebene anpassen, ebenso wie den verschiedenen Rassen, die es im islamischen Gebiet gibt. Orden finden sich in dem stark mystisch orientierten Indonesien und in Schwarz-Afrika als zivilisierende und islamisierende Kräfte, obgleich das mystische Leben sich ganz verschieden in jeder Umgebung manifestiert. Man darf auch nicht vergessen, worauf Dermenghem hingewiesen hat — daß die mystischen Gruppierungen in Nord-Afrika eine höchst wichtige Quelle für das geistige Leben der schwarzen Sklaven dargestellt haben, die in dem Abessinier Bilal, dem schwarzen Gebetsrufer des Propheten, ein Vorbild für ihre eigene Lage sahen. In den Ritualen, die sie in Gegenwart eines Heiligen durchführten, konnten sie ihre Gefühle in Musik und Tanz ausdrücken, und ihr Beitrag zu dieser Frömmigkeit kann in gewisser Weise der religiösen Glut der früheren schwarzen Sklaven in Amerika verglichen werden, die sich so bewegend in den Spirituals ausdrückt.

Die Anpassungsfähigkeit machte die Orden zu idealen Vehikeln für die Ausbreitung der islamischen Lehren. Es ist eine feststehende Tatsache, daß große Teile Indiens, Indonesiens und Schwarz-Afrikas durch die unermüdliche Aktivität von Sufi-Predigern islamisiert wurden, die in ihrem Leben die einfachsten Verpflichtungen des Islams verkörperten — schlichte Gottesliebe und Gottvertrauen, Liebe zum Propheten und zu ihren Mitmenschen — ohne sich in theologische und juristische Haarspaltereien einzulassen. Diese Prediger verwendeten auch die Lokalsprachen statt des Arabischen der Gelehrten und sind daher weitgehend für die Entwicklung von Sprachen wie Türkisch, Urdu, Sindhi, Panjabi usw. zu Literatursprachen verantwortlich. Sie lehrten die Verehrung des Propheten, und dank ihnen ist der Gründer des Islam, von einem Schleier mystischer Geschichten umgeben, nicht als historische Person, sondern als überhistorische Kraft, von Indonesien bis Ost- und West-Afrika tief verehrt, wie ungezählte Volkslieder beweisen.

Die meisten Sufi-Orden lassen sich mit gewissen Schichten der Bevölkerung identifizieren. Selbst in der modernen Türkei nach dem Verbot religiöser Aktivitäten, 1925, kann man noch etwas von den alten Bindungen spüren — die Shadhiliyya war vor allem für die Mittelklasse attraktiv, während die Mevleviyya, die Tanzenden Derwische, dem Osmanischen Herrscherhause nahestand und gleichzeitig der Orden der Künstler war, der Musik, Dichtung und andere Künste inspirierte. Die schlichten Bektashi dagegen waren mit den Janitscharen verbunden und brachten eine typisch türkische Volksdichtung hervor (s. Kap. VII). Die vornehme Suhrawardiyya kann mit dem Bettlerorden der Heddawa in Marokko kontrastiert werden, der sich von der Qadiriyya ableitet und absolute Armut praktiziert. Unterorden und kleine Splittergruppen finden sich überall — J. Spencer Trimingham spricht hier von dem *ta'ifa*-System. Jeder dieser Unterorden versucht eifersüchtig die besondere Lehre und die *baraka* des Gründers oder der Familie zu bewahren. Nordafrika, und hier besonders Marokko, ist ein gutes Beispiel für diese Entwicklung. Natürlich können die Orden unter diesen Umständen schwerlich die hohe Geistigkeit bewahren, die ihren Gründern zugeschrieben wurde. Doch selbst in unserer Zeit kann man hin und wieder Persönlichkeiten treffen, die in der lange bestehenden Tradition ihrer jeweiligen Orden zu großen geistigen Höhen aufsteigen und dazu beigetragen haben, bei westlichen Gelehrten und Laien ein neues Interesse an den besten Traditionen der *tariqa* zu erwecken.

Anmerk. d. Hrsg.: Mehr Informationen und ausführliche Quellen- und Literaturangaben (die bei diesem Artikel herausgenommen wurden) finden sich im 500 Seiten umfassenden Buch von Frau Schimmel und folgenden Büchern:

Die Sufi-Orden

Trimingham, T.S.: The Sufi Orders of Islam (Oxford University Press)
Ein unschätzbares Nachschlagewerk für jeden Sufi-Studierenden. Der Autor beschreibt die Geschichte aller größeren und kleineren Orden oder *Tarikas* und ist eine verläßliche Quelle in Bezug auf Faktendetails. Triminghams These tendiert dahin, daß die Orden, wie wir sie heute vorfinden, sich im Niedergang befinden. Die Orden entstanden in einer weniger organisierten Form viel früher als die Überlieferungen besagen. (siehe auch A. Schimmel, Mystische Dimensionen)

Rice, Cyprian: The Persian Sufis (Allen and Unwin 1964)
Versucht eine vollständige Darstellung der wichtigen Sufi-Konzepte zu geben und schaut auch auf alle möglichen Quellen der Sufi-Lehren.

Die bekannteren Sufi-Orden (Tariqa):

Alawiyya (Marokko), westl. Vertreter Martin Lings
Asmiyya
Bektashiyya (Türkei)
Chistiyya (Indien), westl. Vertreter Inayat Khan
Darqawiyya (Marokko, Afrika), Jabrane M. Sebnat, Paris
Helvettiyya (Türkei, Syrien), Vertreter: Scheich Muzaffer, Istanbul
Jerrahiyya (Türkei), verbunden mit Helvetiyya
Mevlevi (Türkei, Syrien) Vertreter: Suleiman Dede, Konya, Oruc Güvenc
Naqschbandiyya (ganzer Osten, bis Indonesien), Vertreter: Idries Shah im Westen
Nimatullahiyya (Persien): Vertreter: Dr. Nurbaqshi, USA
Qadiriyya (mittlerer Osten, Ägypten)
Rifa'iyya (Türkei, Syrien, Ägypten) dt. (traditioneller) Vertreter: Scheich Abdullah Halis, Berlin
Sarmouniyya (Zentralasien, eher als geistiges Zentrum zu verstehen, Gurdjieff)
Shadhiliyya (ausgespr. Schazuli) (Ägypten, Sudan) Vertreter: Mohammed Osman-al-Burhani
Khartoum, Sudan
Shattariyya (Pakistan, Indien)
Suhrawardiyya (Pakistan)
Yasaviyya (Afg., Pakistan)

Der Große Sufi-Weg

A.M. Hodgson

Was ist Sufismus?

Es soll klar sein, daß die Begriffe kleinerer oder größerer Sufismus, die ich gebrauche, rein relativ sind. Von der spirituellen Perspektive aus und verglichen mit der materialistischen Sorglosigkeit des gewöhnlichen Lebens ist der kleine Sufismus erhaben und groß. Ich gebrauche diese Unterscheidung, um bestimmte, selten beachtete Elemente in Bezug auf die Wahrheit herauszustellen, die für den westlichen Sucher praktischen Wert haben.

Die Sufis machen eine Unterscheidung zwischen dem Äußeren (*Al-Zahir*) und dem Inneren (*Al-Batin*). Da sie im Kontext der islamischen Religion und Kultur aufblühten, haben sie entweder a) ihre mystische Intuition innerhalb des lokalen Rahmens des Islam entwickelt, oder b) wurden verpflichtet, ihre Intuition innerhalb der Sprache und des Rahmens des Islam auszudrücken, besonders mit Hilfe des *Qur'an* (des heiligen islamischen Buches) und der *Hadithe* (der Aussprüche des Propheten).

Ein großes Problem für den westlichen Sucher mit einem nicht-islamischen Hintergrund ist die Konfrontation mit der islamischen Autorität und Kultur. Diese Konfrontation hat mehrere Schichten, die verstanden werden sollten, denn die Antwort auf dieses Problem kann nicht auf die entweder / oder Vereinfachung der „Annahme" oder „Ablehnung" der islamischen Grundlage des Sufismus reduziert werden. Was klar sein sollte, und unglücklicherweise selten klar ist, ist, daß es keine leichte Abkürzung oder Umgehung für den westlichen Sucher gibt, um in den aktiven, lebendigen Kern des authentischen Sufismus einzudringen. Der Sufi-Spruch, daß „das Geheimnis sich selbst schützt", ist ein kulturelles und esoterisches Problem.

Wie kann ein Westler hoffen, in die Geheimnisse des islamischen Sufismus einzudringen? Es ist klar, daß wir zuerst die Schleier der islamischen Kultur durchdringen müssen. Die Schleier sind nicht besonders die der islamischen Kultur als vielmehr die Hindernisse beim Eindringen in jede Kultur von einem Fremden. Die Erfahrung würde genauso typisch sein zum Beispiel, wenn ein irakischer

Moslem versuchen würde, in den Vatikan einzudringen um ein Verständnis des Heiligen Johannes vom Kreuz zu gewinnen. Sie sind:

1. die lokale Kultur und Sprache des mittleren Ostens
2. die natürlich gefühlte Feindseligkeit oder gefühlte Überlegenheit der Moslems über die Nicht-Moslems
3. die Akzeptanz eines konvertierten westlichen Moslems nur als Moslem zweiter Klasse
4. die weitverbreitete Ablehnung des Sufismus durch orthodoxe Moslems, scholastisch und politisch
5. die Glaubenssysteme von islamischen Sufis, daß sie den schon überlegenen nicht-sufischen Moslems weit überlegen sind
6. die Position des Islam als das Judentum und Christentum in sich enthaltend, da der Islam Abraham und Jesus Christus als authentische Propheten bezeichnet und daß er alle Leute mit einem heiligen offenbarten Buch nicht als Ungläubige anerkennt: Doch der Islam löst diese Religionen durch Einbeziehung ab.

Wenn der westliche Sucher diese Barrieren für seine Annehmbarkeit der Wirklichkeit des Sufismus anerkennt, muß er einen langen und mühseligen Pfad wandern, seine ursprüngliche Kultur und natürlichen Wurzeln total aufgeben, um für eine Tariqa oder einen Derwischorden annehmbar zu sein.

Das Nettoergebnis davon wird ein Westler sein, der

a) mittelöstliche Gebräuche übernommen hat, z.B. Kleidung, Mann/Frau-Rollenstereotype, Eßgewohnheiten, Lebensgewohnheiten etc.
b) zum Islam als externe Autorität konvertiert ist,
c) die Führungsansprüche anderer Moslems akzeptiert hat,
d) sich am orthodoxen islamischen Verhalten festhält, um die Aufmerksamkeit auf seine Sufi-Aspirationen zu vermeiden,
e) sich einem orthodoxen islamischen Scheich unterwirft,
f) der nichtmoslemische Wurzeln durch die Einbeziehungsmethode des Islam im Prinzip versöhnt, wenn nicht im tatsächlichen, dann doch im spirituellen Lebensstil.

Dieser westliche Mensch ist nun durch die kulturelle und religiöse Konversion hindurchgegangen und kann nun als Kandidat für die authentische Sufi-Kette angesehen werden, was in sich eine weitere Reihe von Hindernissen mit sich bringt, die er oder sie vielleicht nicht fähig ist zu überwinden. Dieser Versuch, den Zugang zur lebendigen Realität des Sufismus zu gewinnen, ist typisch für mehrere, öffentlich zugängliche turuq, die vielleicht sogar von einem früheren westlichen Scheich geleitet werden, der aber selbst von einem mittelöstlichen Scheich dominiert wird.

154

Nicht alle Sufis und Bewegungen halten sich an diese strikte Formulierung. Es gibt Gesten, um eine Brücke zum westlichen Nicht-Moslem zu bauen. Diese Bewegungen sind verschiedener Art.

A. Nicht-Orthodox

Bei einer solchen Brücke muß der Sufi-Aspirant die äußere kulturelle Form nicht strikt befolgen, sondern eher der inneren, philosophischen und praktischen Weitergabe der spirituellen Praktiken. Auf diese Weise wendet sich die Autorität vom orthodoxen Islam zu einem oder mehreren der großen Sufi-Mystiker. Die Betonung liegt auf der Sufi-Psychologie und Kosmologie und bestimmten Praktiken, wie dem *Dhikr* (Erinnerung Gottes mit einem der Namen Gottes in Verbindung mit einer Atemtechnik), oder *Sema* (den dhikr als Zeremonie). Diese Gruppen werden traditionell als *Beshara* bezeichnet.

B. Anpassungsfähige Projektion

Bei dieser Art Brücke wird eine lokale einheimische Aktion in Sprache und Form unternommen, die zum Ort paßt. Die Materialien für ein Studium werden unter die Leute gebracht und jene, die Qualitäten zeigen, sich der Transmission einzugliedern, werden wie Rahm abgeschöpft und bekommen weitere Ausbildung. Die Konversion zur zentralen Quelle, die in Mohammed wurzelt, wird sehr langsam vollzogen, ohne die Notwendigkeit für eine äußere Konversion wie im ersten Falle. Sie wird natürlich und in ihrer eigenen Zeit kommen. Diese Methode zeigt bemerkenswerte psychologische Findigkeit und Verständnis für die kulturelle Konditionierung.

C. Universelleres Bild

Bei dieser Art Brücke wird die Universalität des Sufismus bestätigt, und seine Beziehungen zu den Großen Wahrheiten anderer spiritueller und religiöser Wege von Anfang an offen anerkannt. Ebenso auch die Silsila zur ursprünglichen mohammedanischen Quelle. Die Zurückführung zu dieser Quelle besteht in der Assimilation aller Wahrheiten in die Eine Wahrheit des Sufismus (im Unterschied zu jeder anderen esoterischen Tradition).

Bei diesen Versuchen, eine Brücke zu schlagen, hakt sich der oberflächliche westliche Suchende oft in einer Kult-Beziehung fest, oder, wenn das Wesen dieses Kultes gut verstanden wird, bleibt er im äußeren Ring der Prüfungen für den Zugang zum Wege stecken. Der halb-reife Sucher mag auch angenommen werden und wirklichen Fortschritt machen. Doch der reife Sucher endet schließlich mit der Erkenntnis im Herzen, daß er immer noch als Bürger 2. Klasse im spirituellen Reich angesehen wird. Alle diese Annäherungen, islamische oder brückenschlagende, sind das, was ich mit kleinerem Sufismus bezeichne. Dieser Sufismus kann zu einem hohen Grad der spirituellen Entwicklung führen. Die Westler, die nicht bereit sind, die Schulungen dieser Wege zu akzeptieren, werden kaum authentische Spiritualität finden, egal, wo sie auch suchen (oder zu suchen vorgeben). Doch der reife Sucher mit dem Samen der wahren Universalität in seinem oder ihrem Herzen wird sich im großen und ganzen von der Totalität der spirituellen Wahrheit des Planeten abgeschnitten finden, und wird sich nicht in Gegenwart aller wesentlichen Elemente für die Befreiung in einem Leben unter den gegenwärtigen Zeitumständen des Planeten erfahren. Für dieses höchste Ziel müssen wir die Bedeutung und Gegenwart des größeren Sufismus betrachten.

Der größere Sufismus

Der größere Sufismus hat nicht den Islam als Mittelpunkt, er hat sein Zentrum in der kosmischen Wahrheit und kann in jedes Gefährt fließen, einschließlich des Islam. Er hat seine Wurzeln nicht im zeitgebundenen Mohammed, sondern im kosmischen Mohammed. Der größere Sufismus erkennt nicht nur die Sufi-Heiligen und Lehrer an, sondern auch die Aktivitäten aller erleuchteten Wesen auf dem Planeten Erde. Der größere Sufismus beschäftigt sich mit allen Manifestationen der Einen Wahrheit auf dem Planeten, wo immer sie gefunden wird. Die Annäherung des größeren Sufismus vom kleineren Sufismus aus kann in drei Stufen gemacht werden:

1. Der Naqschbandi-Orden

Es ist Tradition in den mächtigsten und authentischsten Naqshbandi-Orden, daß der Scheich die Vollmacht hat, einen Derwischanwärter in jeden Orden einzuweihen. Innerhalb des kleineren Sufismus hat der Naqshbandi-Orden eine integrative oder synergische Rolle. Sie versuchen die vitalen Elemente aller Turuq zu verstehen und zu verkörpern. Ihr Beispiel, aber nicht ihr Gründer, Bahaudin Naqshbandi, reiste selbst bei seiner Suche nach der Wahrheit in vielen Quellen durch ein weites Gebiet des mittleren Ostens. Es gibt andere Orden, wie die Helveti-Jerrahi, die auch eine integrative Rolle in ihren Tariqas spielen. Der Naqshbandi-Orden beherrscht am besten die Methode der anpassungsfähigen Projektion.

2. Die Hadschegan (Meister der Weisheit)

Die Wurzeln der Naqshbandiyya liegen im außerordentlichen Kreis der Männer, die im türkischen als Hacegan Hanedani bezeichnet werden, die im 12. u. 13. Jhdt. n. Chr. als Kanal für den Einfluß eines außerordentlich tiefen Verständnisses der menschlichen Lage und seiner Überwindung dienten.

Zu ihren ursprünglichen Mitgliedern gehören jene, deren hauptsächlicher inspirierender Kontakt dem Chidr, oder Chidr Elias, zugesprochen wird, dem geheimnisvollen „grünen Propheten", von dem man glaubt, daß er der Geist der westlichen Gnosis ist. Es ist Teil des esoterischen Wissens von Chidr Elias, daß er als „Wesen" eine größere Zeitspanne gegenwärtig war. Diese Lehre entspricht einem Mahavatar wie Hariakan Baba in Indien. Seine Rolle ist, der Bewahrer der westlichen Spiritualität zu sein, und mit westlich ist hier westlich des Hindukush-Gebirges gemeint. In dieser Hinsicht ist der Islam eine westliche Religion. Das Judentum, Christentum und der Islam entspringen alle dem ungefähr gleichen geographischen Mutterschoß.

Die Hadschegan entwickelten besondere Methoden zur Befreiung und strenge Lebensweisen, die sehr eng mit dem Raja-Yoga in Indien und dem esoterischen Buddhismus in Tibet und der Mongolei verwandt sind. Mit den Hadschegan haben wir die Öffnung eines Fensters auf eine weite universale Wahrheit, die im westlichen Europa durch Ibn Arabi und Rumi widerhallte.

3. Die Sarmouni

Es gibt eine, zugegebenermaßen kleine, äußere Evidenz von einer Bruderschaft, die westlich des Hindukush existierte, und die wahrhaft einen Größeren Sufismus praktizierte, was ihr Motto verdeutlicht: „Es gibt keine getrennten Religionen, es gibt nur einen Gott", und auch „Arbeit erzeugt einen süßen Duft". Einige Prinzipien, die ihrer Arbeit zugeschrieben werden, sind: „Wahres Wissen existiert als ein positiver Rohstoff wie der Honig der Biene. Wie der Honig kann er gesammelt werden. Zu gewissen Zeiten der menschlichen Geschichte liegt er jedoch ungenutzt und beginnt auszulaufen. Bei dieser Gelegenheit sammeln ihn die Sarmouni und ihre Gefährten in der ganzen Welt und bewahren ihn in besonderen Gefäßen auf. Dann, wenn die Zeit reif ist, lassen sie dieses Wissen wieder in die Welt durch besonders ausgebildete Botschafter einsickern."

Einige Ansichten meinen, daß die Wurzeln der Sarmouni-Tradition in den Mysterien-Schulen liegen, die noch weiter als die Zeit Zarathustras (Anm. d. Red.: wenn man den historischen Zarathustra nimmt der ca. 600 v. Chr. gelebt haben soll) bis in die alten vorbabylonischen Kulturen zurückgehen. Diese sind zeitlich mit den Ursprüngen der Veden und Rishis, die mit ihren tiefen mystischen Visionen die endgültigen Wahrheiten der menschlichen Natur und seiner Situation erforschten.

Gurdjieff suchte und behauptete, diese Bruderschaft gefunden zu haben. Die kleinen gegenwärtigen Hinweise, die wir auf der äußeren Ebene haben, scheinen darauf hinzudeuten, daß der kleinere Sufismus diese Organisation in den vergangenen Jahrzehnten übernommen hat.

Einige Charakteristiken des größeren Sufismus

Welche Hinweise haben wir dann auf das Wesen des größeren Sufismus? Durch Forschungsbeweise und persönliche Begegnungen mit größeren Sufis würde ich die Charakteristiken wie folgt darstellen:

1. Haqq, Wahrheit, wird im wesentlichen als kosmisch gesehen und kann nicht in irgendeiner Form permanent eingeschlossen werden.
2. Die Religionen werden als formale Seite der Wahrheit gesehen und fungieren gleichzeitig als Kanäle und Barrieren für die Wahrheit. „Religionen sind die Finger, das Absolute ist die Hand."
3. Es ist die Pflicht, dauernd die Wahrheit zu suchen, die in irgendeiner Form gefangen wurde und sie zur lebendigen Form zu befreien. Diese Aufgabe ist qualitativ und privat, nicht quantitativ und öffentlich.
4. Lebendige Formen werden als nützliche Mittel respektiert und übernommen. Keine unechte Abkürzung zur „imitierten Verwirklichung" wird toleriert. Das Ziel wird als absolute Befreiung verstanden und Zwischenstufen sind genau beschrieben.
5. Die Wissenschaft von den Schleiern, welche die Realität verber-

gen, wird verstanden, und mit den vielen Fallen auf höheren Ebenen kann umgegangen werden.

6. Eine integrative und ausgeglichene Methode zur Verwirklichung von Mann und Frau wird angewandt, in der alle Seiten des menschlichen Wesens beachtet und entwickelt werden.

7. Der Wahrheit des Herzens wird vorrangige Bedeutung zugemessen, nicht ihrer kulturellen oder religiösen Herkunft (oder Mangel derselben).

8. Der Große Weg ist flexibel und verändert sich dauernd, um das Spiel der MAYA oder Illusion auszutricksen. Der Wahrheit wird Unmittelbarkeit über Form oder Erscheinung zuerkannt. Das kann zum Gebrauch bestehender Formen führen oder innovativ oder kreativ sein.

9. Der Große Weg beschäftigt sich mit der totalen Manifestation der Wahrheit auf dem Planeten und geht sogar über planetarischen Erwägungen in seiner Bewertung der Wahrheit hinaus.

10. Der Meister des Großen Weges ist ein kosmischer Arzt, ein alter Begriff für die reife Seele, die sich um die Erhaltung der spirituellen Lebensfähigkeit des Planeten in Beziehung zu Zeiträumen kümmert, die jenseits des Verständnisses jeden gewöhnlichen Bewußtseins sind.

11. Der Große Weg ist gewaltlos, nicht-politisch und absichtlich außerhalb öffentlicher Einsicht. Ein Merkmal davon ist die Anwendung einfacher Mittel, um eine Erscheinungsform anzunehmen, die im Gegensatz zu der Erwartung der Leute steht, eine solche Aktivität müßte so und so aussehen. Dadurch wird die wesentliche Wahrheit durch die Unachtsamkeit und den Mangel an direkter Wahrnehmung geschützt.

Um dem großen Sufismus dienen zu können muß man den islamischen Sufismus transzendieren, nicht aber meiden.

Dieser Punkt mag damit erhärtet werden, indem man die fünf Pfeiler des Islam vom Sufistandpunkt aus untersucht. Es gibt ein Hadith des Propheten (Friede sei mit ihm), das folgende fünf Pfeiler aufstellt:

1. Die Bejahung, daß es nur einen Gott — Allah — gibt, und Mohammed der Prophet Gottes ist.

2. Das Gebet (Namas), das fünfmal am Tag verrichtet wird.

3. Zakat, die Armensteuer, die ein Jahr nach dem Verdienst gegeben wird.

4. Haǧǧ, die Pilgerfahrt nach Mekka.

5. Fasten, während des Ramadan von der Dämmerung bis zum Sonnenuntergang.

Wie sieht der Sufi diese Vorschriften?

1. Der Größere Sufismus ist absolut monistisch, erkennt aber das Bedürfnis nach relativen Wahrheiten auf dem Pfade zur absoluten Wahrheit an. Deshalb akzeptiert er zum Beispiel die hinduistische Unterscheidung zwischen dem manifestierten Gott als Shiva in Form und Shiva in der kosmischen Form als Lingam. Der größere Sufismus akzeptiert Mohammed als Propheten Gottes, aber nicht als den einzigen. Oder anders gesagt, Mohammed ist ein Aspekt des kosmischen Botschafters für diesen Planeten.

2. Gegenüber dem Gebet als äußere Verrichtung, betrachtet der größere Sufismus die Hinwendung des Herzens, *Qalb,* zur Realität nicht nur fünfmal am Tag, sondern 24 Stunden am Tag. Der Sufi wendet sich immer Gott in der Kaaba seines Herzens zu. Ein Ausspruch der Hadschegan besagt: „Sei gegenwärtig (für die Realität) mit jedem Atemzug." Das ist grob gesprochen 13.000 Mal am Tag!

3. Die Steuer, die der Sarmoun-Sufi dem Bedürftigen zahlt, ist keine materielle Steuer. Sie ist eine totale Hingabe für den Dienst am höheren Schicksal der ganzen Menschheit in Bereichen, die von der großen Mehrheit der Menschen nicht beachtet werden. Im Buch „Die Lehrer Gurdjieffs" (s. Lit.) sagt der Weise Pir Daud über die Kraftzentren der Sufis:

„Die Menschen in diesen Zentren sind mit dem Schicksal der Welt beschäftigt... Dies sind keine gewöhnlichen Menschen, noch nicht einmal Mönche. Sie kennen weder Rast noch Befriedigung, da sie die Unzulänglichkeiten der Menschheit wiedergutmachen müssen. Sie sind die Wirklichen Menschen, die Sein und Nichtsein erfahren haben und schon lange in einen Entwicklungsstand eingetreten sind wo keines der beiden irgendetwas für sie bedeutet."

4. Die Pilgerfahrt nach Mekka, wie Junaid betont, ist nicht wichtig, wenn die innere Pilgerfahrt nicht unternommen wird. Die Wahrheit ist nicht den Gesetzen des physischen Körpers unterworfen und die esoterischen Gesetze der Pilgerfahrt sind nicht an Raum und Ort gebunden, auch wenn diese eine Zwischenrolle der Entwicklung spielen und im richtigen Kontext nicht unbeachtet bleiben sollen. Doch der größere Sufi erfährt den gesamten Kosmos als sein Mekka, genauso wie der fromme Pilger bemerken wird, daß der schwarze Stein der Kaaba außerirdischen Ursprungs ist. Hujwiri weist darauf hin, daß „Jeder, der keinen Kontakt mit Gott in Mekka hat, in der gleichen Position ist, als ob er in seinem eigenen Hause von Gott abwesend ist, und jeder der mit Gott zu Hause Kontakt hat, ist in der gleichen Position wie einer, der in Mekka bei Gott ist. ... Das wahre

Ziel der Pilgerfahrt ist nicht, die Kaaba zu besuchen, sondern die Kontemplation Gottes zu erlangen.

5. Das Fasten hat mehrere Bedeutungsschichten. Der Sufi mag das Fasten bei vielen Gelegenheiten als Mittel benutzen, körperliche Anhänglichkeiten zu überwinden und um eine bessere Grundlage für die Meditation zu haben. Für den größeren Sufi ist sein Fasten eine dauernde Enthaltsamkeit seiner Anhaftung an die Existenz, oder Gefangenschaft in den Illusionen der Welt. Für ihn ist die Unterscheidung und Erkenntnis der Anhaftung an die Sinne, Emotionen, Gedanken und tiefen Begierden eine dauernde Fastenübung.

Diese Voraussetzungen zeigen etwas von der Herausforderung, der der westliche Sucher gegenübersteht, wenn er den universalen Pfad anstrebt, und nicht fähig ist, sein Ziel durch den Pfad des kleineren Sufismus zu erreichen. Die Tatsache ist, daß der größere Sufismus einen *größeren* und nicht *geringeren* Preis für den wirklichen Eintritt verlangt. Dieser Preis ist jedoch für das Herz leichter annehmbar, als der Preis, die Universalität für die Beschränkungen eines Weges zu opfern, der die Vorherrschaft über die wundervollen und sublimen Manifestationen der Kosmischen Wahrheit fordert und behauptet, z.B. dem Größeren Tao, dem Diamantweg (Vajrajana), dem Größeren Yoga (Raja Yoga), dem Großen Geist (Wakantanka), der Großen Gnosis (Aya Sophia) überlegen zu sein. Der größere Sufismus nimmt seinen Platz als demütiger Bruder in der Familie der spirituellen Wege dieses Planeten ein und beugt sich der endgültigen Größe der höchsten Quelle.

Er würde nicht sagen, wie ein heutiger Scheich des kleineren Sufismus: „Zen und Yoga sind nur Zufluchtsorte für die Unfähigen". Entweder ist er Opfer der islamischen Arroganz oder kennt die großen Wege des Bodhidharma und Patañjali und ihrer bedeutenden Kollegen auf diesem Planeten nicht.

Der wahre Sarmoun-Sufi ist kein Opfer dieser Bewußtseinsverzerrung. Er ist ein wahrer Liebhaber des Nektars der Wahrheit, egal in welcher Blume er gefunden wird, und er wandelt diesen zum Honig der Weisheit durch die innere göttliche Kraft um, die in ihm durch sein eigenes Erwachen eröffnet wurde, von denen, die in ihm den schlafenden Liebhaber der Wahrheit um ihrer selbst willen erkannt haben.

Bruno Martin

Bruno Martin ist Schüler von J.G. Bennett und vermittelt in der Bundesrepublik einem kleinen Kreis von Suchenden die Lehren des 'Vierten Weges'. Kontakt mit mehreren Sufi-Lehrern und Persönlichkeiten.

Gegenwärtige Sufi-
aktivität im Westen

Bruno Martin

Ich will nicht behaupten, in alle geheimnisvollen Zweige und Gründe des Sufismus eingeweiht zu sein, doch durch die Beschäftigung mit dem Sufismus in den letzten zwölf Jahren und die Bekanntschaft mit einigen prominenten Sufis haben sich für mich gewisse Kenntnisse herausgeschält. Die sogenannten spirituellen Aktivitäten der Sufis — wie dhikr, Gebet, Derwischtanz, Kontemplation etc. — sind mir hinreichend bekannt; es wurde mir jedoch immer klarer, daß viele dieser Formen, die auch heute im Westen verbreitet sind, nicht unbedingt den Kern der Sufiaktivitäten im Westen ausmachen. Sie haben natürlich im Rahmen einer strukturierten Schulung unter einem verständigen Leiter einen wichtigen Platz. Kontrollierte Atem-übungen, die aus den Anrufungen Gottes mit seinen 'schönen Namen' hervorgehen und wahrscheinlich in den indischen Mantren ihre Vorbilder haben, sind sicherlich ein wichtiger Bestandteil einer gezielten inneren Arbeit. Allerdings spielt die äußere, weltliche Aktivität eine ebenso wichtige Rolle. Denn die Grundlage jeder geistigen Arbeit ist die *Aufmerksamkeit*, d.h. eine erhöhte Wachheit, die mit dem Willen des Menschen verbunden ist. Man unterscheidet zumindest drei Stufen der Aufmerksamkeit:

1. die äußere, weltliche Aufmerksamkeit — was als wache Sensibilität bezeichnet werden kann;
2. die psychologische Aufmerksamkeit — Wachheit für die inneren Beweggründe und intuitive Erkenntnisse höherer Zusammenhänge, die Ebene des echten Bewußtseins;
3. geistige Aufmerksamkeit — die Wachheit im Geiste, der Zustand des yogischen Samadhis, oder die mystische Vereinigung. Dieser Zustand erfordert eine höchste Aufmerksamkeit in der Seele im Gegensatz zum dumpfen Schlafzustand, in dem sich die Seele oder das 'Ich' des Menschen ins Unterbewußtsein zurückgezogen hat.

Diese dritte Stufe wird nur durch spirituelle Übung und Kontemplation erreicht, doch erst, wenn die ersten zwei Stufen ausreichend entwickelt sind. Deshalb wird bei der Sufiaktivität, die solche Kenntnisse berücksichtigt, im wesentlichen die Arbeit an der Sensibilität und der bewußten Ebene im Menschen gefördert. Die Sufiaspiranten — und das gilt auch für verwandte Strömungen — werden dazu aufgefordert, an jeder Art von weltlicher Aktivität teilzunehmen. Ob nun die Kunst, der Handel, die Wissenschaft, der Beruf und andere Dinge dazu benutzt werden, spielt keine Rolle. Häufig schließt sich eine Gruppe von Suchern zu einem Projekt zusammen, das gezielte fachliche Qualifikationen notwendig macht oder dabei ausbildet. Dies geschieht entweder in der Form eines 'Arbeitsprojekts' unter Leitung des erfahrenen Lehrers, abgetrennt vom gewöhnlichen Berufsleben, oder mitten im Berufsleben, inspiriert und energetisiert durch die feinen spirituellen Impulse der Sufiarbeit.

Im Falle des sufischen Arbeitsprojektes wird weniger der unternehmerische Erfolg als Zweck gesucht, sondern dient wegen der Art der Anleitung als Material für die Selbsterkenntnis des Schülers und für die Ausbildung seiner vielfältigen inneren Anlagen. Der Erfolg eines solchen Projekts ist dann nur ein Beweis für die erfolgreiche Entwicklung der Teilnehmer. Selbstverständlich wird dafür eine bestimmte Zeit angesetzt und die Gruppe wird dann weitere spirituelle Übungen und Anleitungen erhalten, die durch das organische Zusammenarbeiten innerhalb dieser Projektgruppe vermittelt werden können und schneller zum Ziel führen, als wenn sie abgetrennt vom Alltagsleben im stillen Kämmerlein oder bei exotischen Seminaren vermittelt würden.

Eine weitere Form der Projektarbeit sind Aufgabenstellungen innerhalb des weltlichen und kulturellen Lebens. So haben bestimmte Sufis unter Führung ihres Meisters in vielen Bereichen der Gesellschaft Einfluß genommen und lassen bestimmte Ideen dort Fuß fassen oder akzeptabel werden. Die Beeinflussung der 'öffentlichen Meinung' durch neue Ideen ist Teil der Arbeit der Sufis seit Jahrhunderten. Besonders die Naqschibandis sind darin Spezialisten.

Wenn ein Projekt nicht ausreichend floriert, kann das an Mängeln einzelner Mitglieder liegen und der Sufileiter wird dieses Projekt entweder anhalten oder einzelne an einen anderen Platz stellen oder ein neues Projekt vorschlagen. Manchmal geschieht es, daß die ursprüngliche Aufgabe vergessen, oder von anderen, äußeren Interessen vereinnahmt wird. Dann läßt die geistige Autorität die ganze Gruppe fallen. Da das 'Äußere das Innere durchscheinen' läßt, wird viel Wert auf organisches Wachstum des Projekts gelegt, denn der Erfolg hängt weitgehend von der Aufmerksamkeit und Kreativität der Gruppenmitglieder ab. Die zugrundeliegende Einheit der Sufiaktivitäten — auch mit unterschiedlichsten Projekten, wenn es eine großangelegte Organisation ist — wird meistens nur von den leitenden Persönlichkeiten gesehen, zumindest am Anfang.

Die Popularisierung von spirituellen Praktiken oder Sufigeschichten sind, wenn wir ein Muster der Aktivität entdecken wollen — meist nur Zwecke zu anderen 'höheren' Zielen, davon ausgehend, daß die bekannten Sufis, die solchen Organisationen vorstehen, wissen, was sie tun, und warum sie es tun.

Ein respektierter Sufi des Mittleren Ostens meinte zu Sufiaktivitäten, die nur in sogenannten spirituellen Zirkeln stattfinden und in Wiederholungsübungen und exotischer Kleidung ihren Ausdruck finden: „Ich beobachte diese Leute im Osten wie Westen. Jeder denkt, es seien Sufis, außer den Sufis selbst. Wenn ich solche Zirkusse sehe, gehe ich nach Hause und lache mir ins Fäustchen."

Ritualistische Formen und magischer Gebrauch von Wörtern und Sätzen sind natürlich weitverbreitet in sogenannten spirituellen Kreisen. In authentischen Sufigemeinschaften spielen diese entweder keine Rolle oder werden nur zu bestimmten, gezielten Zwecken benutzt. Sie werden nicht dafür benutzt, Emotionen anzustacheln oder Wirkungen zu erzielen, weil sie Teil der „Geisteswissenschaften" der Sufis sind. Erzieherische und wissenschaftliche Aktivität der modernen Sufis legt vielmehr Wert auf die Bildung des ganzen Menschen. Dazu gehört das Studium der technischen und anleitenden Literatur der Sufi in einer frischen und ungewöhnlichen Weise, um höhere Fakultäten der geistigen Erkenntnis und der psychologischen Erkenntnis des Beteiligten zu wecken.

Häufig benutzen Lehrer echter Sufiarbeit Verhaltensformen, die in keiner Weise von einem Sucher nach 'Erleuchtung' erwartet werden. Manchmal werden schockierende Methoden eingesetzt, manchmal ganz subtile Formen. Wenn ein echter Meister zornig ist, dann ist das eine Methode, um den Schüler aufzuwecken, weil dieser sich zu sehr mit der Sache identifiziert. Selbstverständlich ist das keine willkürliche Methode; der Lehrer muß 'frei' von Identifikation sein, und wissen, was er in diesem Augenblick erreichen will.

Der Auswahl der Schüler bzw. der Möchtegernschüler wird bei manchen dieser Sufigruppen großer Wert beigemessen. Eine gebräuchliche Form ist die abweisende Haltung des Leiters oder Formen und Verlangen, die dem Aspirant unannehmbar erscheinen. Auch hier muß natürlich zwischen Methode, die willkürlich oder bewußt eingesetzt wird, unterschieden werden. Nicht jeder Sufimeister verhält sich widersprüchlich und ablehnend, manche sind geradezu liebevoll. Es wird immer darauf ankommen, welche Qualifikation der Aspirant mitbringt. Häufig wird eine Art Vorbereitung verlangt, meistens die Beschäftigung mit der gängigen Sufiliteratur, um den Suchenden mit den Lehren und der Philosophie vertraut zu machen und durch intensive Reflektion der Texte auf die direkte Lehre einzustimmen und mit falschen Vorstellungen aufzuräumen. Viele Sucher, die mehr Aufregung suchen, werden natürlicherweise von solchen 'schwierigen' Ansinnen abgeschreckt; was bedeutet, daß sie nicht Information — d.h. echtes Wissen — sondern nur Stimulanz suchen. Das Verlangen nach Unterordnung bzw. Gehorsam unter die Vorschläge eines Lehrers findet man häufig im Osten, wo die kultische Verherrlichung des Scheichs Blüten getrieben hat. Im Westen wird eher Intelligenz verlangt, eigenes Verständnis und eigene Entscheidung, doch manche Aufgaben, die der Lehrer stellt, verlangen auch Befolgung; das deshalb, weil der unreife Schüler noch zu viel Eigenwillen hat, der ihn in die Irre führt. Doch ohne Unterscheidungsvermögen ist der Schüler nicht in der Lage, die Aufgabe richtig zu erfüllen.

Oft findet man in der Literatur Hinweise, daß der Aspirant zu ungeduldig war. Er versuchte Kontakt aufzunehmen, aber die Wartezeit wurde ihm zu lang. Auch das ist eine Methode, die Fähigen von den Unfähigen zu scheiden.

Die Arbeitsprojekte, die an einem festen Ort stattfinden, haben grundlegende Bedingungen, die von dem Leiter bestimmt werden. Alle möglichen Aufgaben sind Teil einer organischen Ausbildung. Dazu gehört das Kochen ebenso, wie gärtnerische oder bautechnische Aufgaben. Das Studium unterliegt eigenen Regeln und Zeiten, und die Arbeitsweise kann sich je nach Umständen und Fähigkeiten der Teilnehmer ändern. Dauernde und unregelmäßige Aktivitäten bilden die Bedingungen für das gemeinsame Unternehmen. Diejenigen , die festgelegte, regelmäßige Treffen wünschen, sind meistens nicht für solche Arbeit geeignet, denn die Einstimmung mit einem anderen, mehr geistigen — Muster der Arbeit ist eine wichtige Voraussetzung für erfolgreiches Lernen. Der Leiter oder Lehrer des Projekts kennt allein das Muster, das er für die Arbeit benutzt.

Da das Ziel die Erkenntnis oder 'Erleuchtung' ist, kann der Aspirant natürlich nicht erwarten, daß dort angefangen wird; Soforterfüllung der Wünsche findet nicht statt und viele suchen dann schnell andere Gruppen oder Lehrer, wo sie scheinbar schönere oder wichtigere Erfahrungen machen. Eine harmonische Schulung fängt wie bei anderen Lernprojekten mit dem Basiswissen an. Ein Arzt kann nicht ohne Kenntnis der Anatomie Diagnosen stellen. Jeder, der meint, bestimmte Erfahrungen für „sein Geld" beanspruchen zu können, ist auf dem Holzweg. Eine verantwortliche Sufiarbeit ist langfristig angelegt und nicht auf momentane Erfolge aus.

Die Vorstellung von einer Gemeinschaft von Leuten, die im scheinbar gewöhnlichen Alltagsleben operieren, als Klein- oder Großbetrieb, als Entwurfsbüro, als Verlag, als Landwirtschaftsprojekt usw. ist keineswegs spirituellen Erfahrungen abträglich, denn spirituelle Erfahrung ist nicht „emotional" sondern hat mehr mit ganzheitlicher Entfaltung und Bewußtsein zu tun.

Je erfolgreicher ein Unternehmen dieser Art ist, desto wahrscheinlicher wird es *nicht* als Sufischule (oder Schule des „Vierten Weges", der dieser in mancher Hinsicht entspricht) angesehen. Anstelle von Ritualen wird die Aktivität vielmehr ganz weltlicher Art sein. Anstelle ungewöhnlicher Kleidung wird die Kleidung den Arbeitsbedingungen angemessen sein. Ein Rechtsanwaltsbüro wird von Rechtsanwälten in entsprechend üblicher Kleidung für diesen Beruf arbeiten. Anstelle einer Autoritätsstruktur wird eine Sufifirma Kooperation praktizieren. Richtig verstandene Arbeit an der inneren Transformation benötigt keine äußeren Rituale — in Wirklichkeit ist die „Arbeit" (das Werk) der Gottesdienst und unter richtiger Führung ein sehr intensiver sogar. Auch während gewöhnlicher Arbeit kann auf vielen Ebenen des menschlichen Seins 'geübt' werden: Aufmerksamkeit, Sensibilität, Willen, richtiger Einsatz von Energien, Gebrauch von Intelligenz, fachliche Qualifikationen usw. sind Teil der harmonischen Schulung des 'unsichtbaren' Sufiunternehmens. Die 'sichtbaren' Formen des Sufismus sind zumeist kultische, degenierte Formen, die nichts mit authentischem Sufismus gemein haben. Wirkliche Religiosität zeigt sich für die Sufis nicht im Befolgen von mechanischen Ritualen und in Trancezuständen, sondern vielmehr im bewußten Einsatz für den Erfolg der 'Arbeit', die immer spezifische Aufgabenstellungen verfolgt und nicht Selbstzweck ist.

Die Sufiaktivitäten, die zum Beispiel der bekannte Idries Shah ausgelöst hat, scheinen sich zur Aufgabe gestellt zu haben, in der Welt ein neues Verständnis für die menschliche Verantwortung für die Gesellschaft zu bilden. Dazu gehören Impulse wie die Bewußtmachung der „Grenzen des Wachstums", eine neue Konzeption von Erziehungspsychologie aber auch neue Vorstellungen in Bezug auf spirituelle Arbeit. Ganz bewußt wurden hier alte Überlieferungen und Textstellen aus der umfangreichen Sufiliteratur ausgewählt und in neue Zusammenhänge gestellt und für neue Zwecke benutzt. Das Studium dieser „erzieherischen" Sufiliteratur ist ein wichtiger Grundpfeiler für ein ernsthaftes Befassen mit der gegenwärtigen Sufiaktivität. Es gibt vor allem im englischsprachigen Raum, aber möglicherweise auch in der BRD, Sufiaktivitäten, die direkt oder indirekt mit Shah in Verbindung stehen. Jedenfalls wird sein „Corpus an Literatur" jetzt auch nach und nach hier veröffentlicht.

Die Behauptung, daß die Art der Arbeit, die von G.I. Gurdjieff in der ersten Hälfte des Jahrhunderts in Europa initiiert wurde, eine „Sufiprojektion" sei, ist eine von vielen Behauptungen, die nur teilweise zutreffen und bestimmte Zwecke beabsichtigen. Der „vierte Weg", wie ihn Gurdjieff verstand, speist sich zwar aus einigen Sufielementen, ist jedoch viel universaler ausgerichtet und enthält Elemente aus vielen bedeutenden Überlieferungen. In der Praxis ist der vierte Weg mit den oben geschilderten Formen verwandt.

Die Aktivitäten von Oscar Ichazos *Arica*-Organisationen haben ähnliche Formen und zum Teil auch Sufi-Elemente, doch liegt hier das Schwergewicht viel mehr auf 'spirituellen Übungen' als auf indirekter Schulung, die auch Unsicherheits- und Überraschungselemente mit berücksichtigt.

Da echte Sufiarbeit sehr häufig und im wesentlichen im Verborgenen bzw. für den durchschnittlichen Sucher unsichtbar abläuft, läßt mich hier nur vage Angaben zum ganzen Ausmaß gegenwärtiger Aktivitäten machen. Es soll hier nicht gesagt werden, daß die offensichtlich „nur" spirituelle und erkennbare Arbeit, wie sie zum Beispiel von Pir Vilayats Organisation durchgeführt wird, keine authentischen und wirkungsvollen Elemente enthält. Ich glaube wohl, daß auch auf dieser Ebene gute Arbeit gemacht werden kann und es scheint, daß Vilayat Khan gegenwärtig seinen „Sufi-Orden" im Westen mit aktiven und wirkungsvollen Leuten besetzt und seine Arbeit immer mehr in den Bereich einer Vermittlung zwischen Spiritualität und Wissenschaft legt. Die Gründe liegen meiner Meinung nach darin, daß die verschiedenen Natur- und Gesellschaftswissenschaften ihre eigenen Erkenntnisse mit Erkenntnissen aus geistigen Dimensionen befruchten und zum Wohl der Menschheit einsetzen können, wenn sie höhere Strukturen sehen und einen Sinn in ihren fragmentierten Forschungsergebnissen finden können.

Jede Art von echter Sufiaktivität hat Bedeutung, weil sie in Einstimmung mit einer höheren Einsicht operiert. Wo bloß die Fortsetzung religiöser, überlebter Formen angestrebt wird, entstehen kultische Bewegungen, die wenig mit echtem Sufitum gemein haben. Der Sufiaspirant sollte deshalb nicht vor scheinbar 'unspirituellen' Formen zurückschrecken, falls er überhaupt damit in Kontakt kommt, oder gerade diese Formen suchen. Auch dieses Buch ist eine gegenwärtige Sufiaktivität.

Bibliographie

Attar: Muslim Saints and Mystics (RKP)
Intensive Geschichten der frühen Sufimeister. Auszüge davon finden sich in
Hecker: Asiatische Mystiker (Octopus)

Attar: The Conference of the Birds (RKP), deutsche Übers. in Vorbereitung
Dieser Text beschreibt den ganzen Pfad der Verwirklichung, beginnend mit den Schwierigkeiten der Verpflichtung, der Ausdauer und das Überwinden der Einbildung und Selbsttäuschung. Die Vögel repräsentieren die verschiedenen Menschentypen oder Sucher mit ihren besonderen Schwächen. Wie üblich in dieser Art von allegorischer Literatur gibt es viele Geschichten innerhalb einer Geschichte. Nur wenige erreichen das Ziel, den Simurgh, den König, der als Höheres Selbst im Menschen zu erkennen ist.

Attar: Das Meer der Seele — Gott, Welt und Mensch in den Geschichten des Faruddin Attar, übers. von H. Ritter (Leiden 1977)

Bennett, J.G.: Die Meister der Weisheit (Aurum)
Einzige Beschreibung der Leben und Lehren der großen zentralasiatischen Meister und ihres historischen Einflusses. Gudjduwani, Yusuf Hamadani, Ahrar, Bahaudin Naqschband u.a. deren Schüler die großen und bekannten Sufi-Tarikas begründeten.

Bennett, J.G.: Eine spirituelle Psychologie (Verlag Bruno Martin)
Die Lehre der Selbstheiten (nafs) in westlicher Form und als Übungsbuch zur Selbstbeoachtung.

Burckhardt, T.: Vom Sufitum (O.W. Barth, 1953)
Eine gelehrte Darstellung des *tasawwuf* und seiner philosophisch-mystischen Implikationen. Beweisführung, daß Sufitum nicht ohne Islam möglich ist.

Corbin, H.: Creative Imagination in the Sufism of Ibn'Arabi
Eine meisterliche Studie von Arabis Vision, Hinweise auf *Khizr*, den unsichtbaren Lehrer der Sufis.

Corbin, H.: Man of Light in Iranian Sufism
Abhandlung über die Gedanken der illuministischen Schule, „traditionalistisch"-religionswissenschaftlich.

Dschami: siehe A. Schimmel: Gärten der Erkenntnis

Feild, Reshad: Ich ging den Weg des Derwisch (FTB) und: Der Siegel des Derwisch (Diederichs)
Romanhafte Darstellung eines geführten Schulungsweges. Westliche Form.

Ghasali, Al: Das Elixier der Glückseligkeit, Vorw. A. Schimmel (Diederichs)
Persischer Sufi, der mystische und orthodoxe Spiritualität vereinigt.
„Der Eingang (zum Elixier) ist, daß man sich selbst erkenne, der zweite, daß man Gott erkenne, der dritte, daß man die diesseitige Welt erkenne, der vierte, daß man die jenseitige Welt erkenne. Diese vier Erkenntnisse sind die Eingänge der Erkenntnis des Islam; die Pfeiler aber, das Handeln des Islam, sind vier an der Zahl, zwei davon beziehen sich auf die äußeren und zwei auf die inneren Dinge. Die beiden, die sich auf die äußeren Dinge beziehen, sind:
1. Die Übung des Gehorsams gegen Gott, das heißt der Gottesdienst, und 2. das Bewahren der Zucht und Sitte im Tun und Lassen und in der Lebensführung, d.h. das tätige Leben. Die beiden, die sich auf die inneren Dinge beziehen, sind: Das Reinigen des Herzens von allen bösen Charaktereigenschaften... und 2. Das Schmücken des Herzens mit guten Charaktereigenschaften, wie Geduld, Dankbarkeit, Liebe, Hoffnung, Gottvertrauen, welche die rettenden Dinge heißen." Das Buch erläutert eloquent diese Punkte.

Gramlich: Die schiitischen Derwischorden (Steiner, Wiesbaden), 3 Bände
Akademisches Werk mit Quellenstudium.

Hafis: Gedichte aus dem Diwan (Reclam u. Diederichs), Liebesgedichte (Insel)
Hafis wurde in Deutschland von Goethe bekanntgemacht und man hat insbesondere seine Dichtkunst gerühmt und veröffentlicht, obwohl auch Hafis ein großer Sufimeister war. Seine 'innere Wissenschaft' wurde als „Teachings of Hafiz" in einem großbändigen und teuren Werk veröffentlicht (Octagon).

Halladsch, Al: Märtyrer der Gottesliebe (Köln 1969)
Halladsch war ein großer Mystiker, der nach einer Erfahrung der Gottesvereinigung durch die Straßen lief und sagte: „Ich bin die Wahrheit", wofür er von den orthodoxen Muslimen gekreuzigt wurde.

Hujwiri, Al: Kashf Al-Mahjub of Al Hujwiri, übers. Nicholson (Luzacs)
Der erste Sufitext eines persischen Sufi. Lehren und Geschichten. Sollte unbedingt in die deutsche Sprache übersetzt werden.

Hunke, Sigrid: Allahs Sonne über dem Abendland (Fischer TB)
Abriß der arabischen (haupts. sufischen) Einflüsse auf Medizin, Biologie und Technologie und andere Wissenschaften.

Jacob, G.: Beiträge zur Kenntnis des Derwischordens der *Bektashis* (Berlin 1908)
Über den Bektaschi-Orden gibt es wenig Literatur.

Khan, Hazrat Inayat: Aus einem östlichen Rosengarten (East-West-Public.)
Hazrat Khan war ein indischer Sufi, der in den zwanziger Jahren den „Sufi-Orden im Westen" begründet hat. Seine Linie ist die der Chistis, die viel mit Musik und Tanz arbeiten. Mehrere kleine Texte sind in deutscher Sprache veröffentlicht, das Hauptwerk noch nicht.

Khan, Hazrat: Das Erwachen des menschlichen Geistes (Synthesis Verlag)
Diese Unterweisungen Hazrat I. Khans beschreiben die Folge der inneren Entwicklungsphasen, die der einzelne auf seiner Suche nach der geistigen Wirklichkeit durchläuft.

Khan, Hazrat: Musik (erscheint beim Frank Schickler Verlag 1983)
Über die Mystik der Schwingungen, des Klangs, der Mantrenwirkung.

Khan, Vilayat: Der Ruf des Derwisch (Synthesis-Verlag, 1983)
Der Sohn des Meisters und Leiter des Sufi-Ordens. Eine Sammlung von Vorträgen und angeleiteten Meditationen.

Kofler, H.: Ibn *Arabi:* Fusus Al Hikham — Das Buch der Siegelringsteine der Weisheit
Eines der bedeutendsten Bücher Ibn Arabis, des großen Sufis der Liebe.

Lefort, Rafael: Die Lehrer Gurdjieffs (Verlag Bruno Martin)
Muster des Netzwerks der Sufilehre.

Meier, Fritz: Vom Wesen der islamischen Mystik (Basel 1943)
Die Welt der Urbilder bei Ali Hamadani (1950)
Gelehrte Abhandlungen über wichtige Aspekte des Sufitums, siehe auch **Corbin.**

Naimy, Mikhail: Das Buch von Mirdad (Irsiana-Verlag, vergriffen)
Eine spirituelle Erzählung, die einen großen Meister und seine Arbeitsweise porträtiert.

Nazim, Scheich: Meer der Barmherzigkeit (Ankara 1982)
Vorträge eines in Damaskus lebenden Scheichs des Naqschibandi-Ordens traditioneller Prägung; offen für westliche Sucher, die bereit sind, zu Muslimen zu werden.

Rumi, Jelaludin: Mesnevi, übers. Georg Rosen 1848 (München 1913)
Ghaselen, übers. F. Rückert, (Stuttgart 1819)
Mesnevi ist das klassische und berühmte Buch des großen Meisters, der aus der Region Balkh in Afghanistan kommt. Seine Familie floh vor den Mongolen in das Land 'Rum' (Türkei) wo sie sich in Konya niederließ. 1244 traf Rumi den Mann, der ein „göttlicher Geliebter" für Rumi wurde, Shams-i-Täbris. Aus diesem Kontakt kam Rumi zur höchsten Verwirklichung. Es heißt,das das *Sema*, der berühmte Drehtanz der „wirbelnden Derwische" aus Rumis Schmerz über den Verlust von Shams entstand. Rumi widmete sich hauptsächlich seinem Lehrauftrag und Kalifats der islamischen Gemeinde. Rumi ist nicht nur wegen des Mevlevi-Ordens der Derwische bekannt, sondern auch wegen seiner ungeheuren Schriften, die als Höhepunkt der persischen Literatur angesehen werden (er schrieb in persisch).

Schimmel, Annemarie: Rumi — ich bin Wind und du bist Feuer. Leben und Werk (Diederichs)
Eine gelehrte Abhandlung mit Textauszügen von Rumis Werk.

Schimmel, A.: Mystische Dimensionen des Islam (Qalandar Verlag/ Verlag Bruno Martin)

Frau Schimmel hat hier mit wissenschaftlicher Akribie die wesentlichen Elemente der islamisch-beeinflußten Sufimystik, die Entwicklung des klassischen Sufismus, der Sufitarikas und Bruderschaften und ihrer Praktiken gesammelt und lebendig beschrieben. Selbstverständlich ist diese Arbeit nicht leicht zu verdauen, dafür kann der Leser nach der Lektüre von 500 Seiten sagen, er hat etwas über die großen Sufis, die Lehre und die grundlegenden Ideen erfahren. Das umfangreiche Stichwortverzeichnis und die unzähligen Literaturhinweise helfen, tiefer in die Original- und Sekundärliteratur einzudringen. Wichtige Studiengrundlage mit Lebensbeschreibungen der bedeutendsten Sufis.

Schimmel, A.: Gärten der Erkenntnis (Diederichs)

Eine Anthologie von Texten bedeutender Sufis, die sonst nicht in deutscher Sprache vorhanden sind. Texte von Bistami, Dhun Nun, Halladsch, Shibli, Ansari, Ghazali, Sanai, Suhrawardi, Farid, Attar, Shabistari, Yunus Emre, Dschami, um nur die bekanntesten zu nennen.

„Mit den Menschen sprechet wenig, mit Gott viel."

Shah, Idries: Die Sufis (Diederichs)

Idries Shah ist ein 'moderner' Sufi der Naqschibandiyya aus Pakistan/Indien. *Die Sufis* ist ein Grundlagenwerk, das viele Aspekte der „Schule des Augenblicks" beleuchtet und die Einflüsse der Sufis auf die westliche Kultur und Spiritualität aufzeigt. „Weder 'der Sufismus in der Übersetzung seiner literarischen Formen noch die Schriften vieler östlicher Dichter können richtig verstanden werden, wenn man nicht die geheime Sprache (die 'verborgene Zunge') kennt, die benutzt wird, um Ideen und Konzepte weiterzugeben. Wörtliche Übersetzung sufischer Worte oder verschlüsselter Begriffe hat im Westen unglaubliche Verwirrung gestiftet, insbesondere bei der Übertragung der 'geheimen Überlieferung'." (I. Shah)

Für Idries Shah ist der Sufismus das menschliche Leben. „Okkulte und metaphysische Kräfte sind weitgehend nebensächlich, wenn sie auch in dem Prozeß, und manchmal auch für den persönlichen Wunsch nach Anerkennung und Befriedigung eine Rolle spielen... Jemand, der sagt 'Es ist alles unbeschreibbar, aber ich *fühle* einfach, was du meinst', wird kaum von Sufismus profitieren können. Denn die Sufis arbeiten, sie bemühen sich darum, einen gewissen Bereich des Bewußtseins zu erwecken — und zwar mit einer Vorgehensweise, die äußerst spezialisiert und keineswegs von ungefähr ist. ..."

Dieses Buch ist eine wichtige Exposition dieser Gedanken an Beispielen von Rumi, Ghazali, Nasrudin, Attar und anderen. Ein Teil behandelt den Einfluß auf spirituelle Organisationen des Mittelalters. Das Buch muß viel gelesen werden, um die exakten und gespitzten Ausführungen in sich aufzunehmen. Shah gehört zu der Reihe westlich-orientierter Sufis, die behaupten, Sufi zu sein hat mit Vollkommenheit und Erkenntnis zu tun, und nicht mit dem Befolgen starrer Orthodoxien oder formaler Regeln der Religion.

Shah, Idries: Nasrudin (Rowohlt-Verlag)
Eine Kollektion der metaphysischen Witze des Nasrudin.

Shah, Idries: Das Geheimnis der Derwische (Herder)
Geschichten der Sufimeister, eine Sammlung schöner Anekdoten, Lehrgeschichten und Erzählungen mit kleinem Kommentar von Shah.

Shah, Idries: Karawane der Träume (Sphinx-Verlag)
Die in diesem Band enthaltenen Parabeln, Weisheiten und Geschichten waren bis zu dem Erscheinen des Buches kaum zugänglich. Man kann diese tiefgründigen Geschichten einfach nur lesen und entzückt sein, aber die Bedeutung hinter dem Text wird einen noch lange beschäftigen. Brauchbares Material, angesichts der bisher geringen Veröffentlichung von Shahs Büchern in deutscher Sprache.

Shah, Idries: The Magic Monastry, The Dermis Probe, The Way of the Sufi, Learning how to learn, Seeker After Truth (alle Octagon)
Diese Sammlungen von Lehrgeschichten haben dem Westen ein unschätzbares Material für das Verstehen des spirituellen Weges gegeben und wie dieser in Wirklichkeit zugänglich ist. Es ist beinahe unmöglich, ohne Shahs Führung die Methode der Lehrgeschichten herauszufinden. In beinahe allen anderen Büchern werden Geschichten, die sich mit Meistern beschäftigen einfach als Stücke für die Verehrung eines heiligen Mannes präsentiert. Es gibt beinahe nichts außer Shahs Büchern (außer den klassischen Texten, falls man versteht, diese zu lesen, s.o.) was zeigt, daß Heiligenverehrung nicht das ist, was der Sucher soll. Die Geschichten sind so geschaffen, daß sie bestimmte Wirkungen in bestimmten Umständen auf bestimmte Leute haben.

Tweedie, Irina: Wie Phönix aus der Asche (Scherz-O.W. Barth)
Eine Tagebuchaufzeichnung einer Schülerin eines großen Meisters in der indischen Naqschibandi-Tradition. Der Meister lehrt mit einer Mischung von Yoga und Sufimethoden, im wesentlichen aber auf direkte, vom Augenblick abhängige Art, im unnachahmbaren Stil aller großen Sufis. Die Hoch- und Tiefpunkte der Autorin lassen den Leser miterleben, worauf es bei einer echten Schulung ankommt. Empfehlenswert.

„Oh bitte, helfen Sie mir!" bat ich ihn. „Ich bin so durcheinander".

„Warum sollte ich?" Er sah mich an. „Fange ich an, Ihnen zu helfen, werden Sie mich weiter und weiter um Hilfe bitten. Wie wollen Sie dann den Strom überqueren? Sie müssen es alleine tun, ich werde Ihnen nicht dabei helfen. ... Ich sage Ihnen einiges, zeige Ihnen den Weg. Den Einzigen Weg. Warum sehen Sie nicht ein, daß Sie nichts sind? Der Weg bedeutet völlige Hingabe. Das braucht Zeit. Es geschieht nicht an einem Tag. Es braucht Zeit, sich hinzugeben".

„... Nach meiner jetzigen Auffassung gibt man sich gar nicht dem Meister hin; denn in Wirklichkeit gibt man sich *durch* den Meister Gott hin. Der Meister ist nur der Brennpunkt für die Aufmerksamkeit auf der körperlichen Ebene. In anderen Worten: Der äußere Lehrer weist auf den inneren Lehrer, das Selbst. ... Die Unterweisung richtet sich nach den Individuen; den Bedürfnissen jedes einzelnen von ihnen. Und keiner gleicht dem anderen." (Tweedie)

Die Besten Ratschläge

Nasrudin baute ein Haus. Seine Freunde und alle, die Häuser hatten, und von denen einiger Zimmerleute, Maurer usw. waren, standen um ihn herum. Er war froh darüber, Ratschläge von ihnen zu erhalten. Jeder von ihnen sagte ihm, was zu tun sei, manchmal sprachen alle durcheinander. Nasrudin folgte gehorsam ihren Anweisungen. Als das Gebäude beendet war, sah es alles andere als wie ein Haus aus. 'Das ist ja komisch', sagte Nasrudin, 'ich habe doch genau das gemacht, was mir jeder gesagt hat!'

Wesentliche Schriften des Sufitums für tieferes Studium

Arabi, Ibn: Fusus-ul-Hikham (dt. Kofler, Akad. Verlagsanstalt Graz)
In diesem Werk wird jeder der Propheten, auf die im Qu'ran hingewiesen wird, als beispielhaft für eine bestimmte spirituelle Kapazität dargestellt, als Beispiel für das Wissen um die Wahrheit.

Arabi, Ibn: Kernel of the Kernel (Beshara Publications)
Das Thema ist, daß der wahre Gnostiker (Weisheitssucher) nicht auf irgendeinen Glauben festgelegt werden kann.

Burke, Omar: Among the Dervishes (Octagon)
Eine Reise zu den ungewöhnlichen Meistern des heutigen Sufitums im Orient.

Attar, Faruddin: Conference of the Birds (übers. C.S. Nott, London, RKP)

Dschami: siehe **Jami**

Ghazali, Al: Ihya ul-ulum (Ashraf, Lahore)
enthält: The Book of Knowledge, The Foundation of the Articles of Faith, The Mystery of Purity, The Mystery of Fasting u.a.

Hujwiri: Kashf Al-Mahjub (übers. Nicholson, Luzacs, London)

Jili, Abdul Karim: The Perfect Man (Insan-i-Kamil)
Das Sein ist nach Jili (od. Gilani) im reinen Gedanken eine Einheit. Sein äußerer Aspekt ist die Welt. In seinen dualen Aspekten ist es Gott und die Kreaturen, verborgen und manifestiert. In seinen vielen Aspekten wird Er mit verschiedenen Namen bezeichnet: *Wujud-e-Mutlaq,* reine Existenz, *Wahdat,* Einheit, geteilt in Eigenschaftslosigkeit und die Realität der Vielheit, und *Wahidiyyat,* oder das, in dem das Eine vieles ist und durch Seine Namen und Eigenschaften manifestiert wird, das Ergebnis ist die Erscheinung des Universums. Deshalb ist das Universum die Vereinigung von Sein und *Nicht-Sein* und muß das Objekt des menschlichen Studiums und die Quelle der Vervollkommnung sein.

Jami, Nur-ud-din: Nafahatul-Uns

Jami lebte von 1414 - 1492 und war einer der größten Poeten, Theologen und Sufigelehrten seiner Zeit. Nafahatul-uns ist eine Biographie der Sufiheiligen. Wird ausführlich von Bennett in „Die Meister der Weisheit" zitiert.

Jami, Nur-ud-din: Lawaih (Theosophical Publishing House)

Jami, einer der größten Sufimeister, hat große Bedeutung für den Naqschibandi-Orden.

Lawaih heißt Lichtblitze und kann als eine Exposition der Ideen von Ibn Arabi angesehen werden. Es ist ein Ausdruck eines erleuchteten Intellekts.

Nizami: Masnavis

Rumi: Mesnevi (übers. Rosen dt., Whinfield, engl. Luzacs)

Rumi: Divani Shamsi Tabriz (The Rainbow Bridge)

Einer der Höhepunkte von Rumis Sufischriften, das viele Facetten der Einheit des suchenden Liebenden mit dem geliebten Freund einfängt und die Verwirklichung des Absoluten Seins in einer universalen Sprache beschreibt.

Suhrawardi, S.: Awarif-ul-Maarif — Die Gaben der Erkenntnisse (dt. Gramlich, Steiner Verlag, Wiesbaden)

Suhrawardi ist der Meister der 'Illumination' — Erleuchtung, dessen Meisterwerk die Stufen des Aufstiegs zum Licht beschreibt. Siehe **Corbin,** The Man of Light

Siehe auch: **Meier, Fritz:** Die Fawa'ih al-jamal ... des *al-Kubra* (Steiner-Verlag)

Ein ausgezeichnetes Werk mit Kommentar. Den vollständigen Titel übersetzt Corbin so: Die Blüten der Schönheit und die Parfüme der Herrlichkeit.

Sanai: Hadiqa (Der ummauerte Garten der Weisheit) (übers. Stephenson, Thorsons Publishing)

Sanai von Ghazna lebte im 12. Jahrhundert. Dieses Buch wurde im ganzen nahen und mittleren Osten bekannt. Rumi sagte über ihn: „Ich hörte mit Lesen auf, und war immer noch nur halbgar ..." Sanai war ein Qalandari. Es wird gesagt, daß sein Werk zentrale Bedeutung für Gurdjieff hatte.

Shabistari: The Secret Garden (Octagon)

Hochkonzentrierte Wissenschaft des Menschen.

Glossar der häufig vorkommenden Begriffe in der Sufiliteratur

Abdal	die Vierzig; sie handeln in unmittelbarem Dienst des Qutb der Zeit; entsprechen den Heiligen im Christentum. Sie kontrollieren auf vielfältige Weise das Schicksal der Welt. Siehe auch: Bennett, Die Meister der Weisheit
Allah	ein Name Gottes bzw. die Summe seiner Namen.
Alemi edjsam	die körperliche Welt
Alemi erwah	die Welt der Geister
Alemi imkan	die Welt der Möglichkeiten
Alemi jebberut	die Welt der Plicht
Ain Soph	der transzendente Jenseitsaspekt des Schöpfergottes, die große Leere (ain = ohne, soph = Ende)
Ali	der vierte Kaliph, der für 4 Jahre und neun Monate während einer Periode großer Unruhe regierte. Er war der Cousin des Propheten Mohammad und sein Schwiegersohn und ist den Sufis als 'Tor zum Wissen' bekannt.
Ana'l Haqq	Ich bin die Wahrheit; Ausspruch von Halladsch, der die Vereinigung mit dem Göttlichen andeutet.
Ya Azim	Oh, Allerhöchster
Baraka	Segenskraft, spiritueller Einfluß
Baqa	Dauer, Seinszustand, ewiges Verweilen in Gott
Bismillah	Im Namen Gottes
Chakra	ein Zentrum („Rad") im inneren Körper des Menschen; es gibt sieben wesentliche Chakras
Chidr	der ewige Führer, Elias bei den Juden, manchmal als 'grüner Mann' angesehen. Er ist bei allen großen Einweihungen der Sufis anwesend
Chokma	Weisheit; Ebene der archetypischen Vernunft
Derwisch	ein Fakir; wörtlich 'Schwelle'. Gemeint ist die Schwelle zwischen dem Diesseits und Jenseits
Dhat	(ausgespr. Sat), die Grundlage aller Phänomene
Dharma	Universales Gesetz
Dhyana	Stufe der Versenkung; die siebte Stufe des Raja-Yoga in Patanjalis Yoga-Sutren
Dhikr	(ausgespr. Sikr) Erinnerung (Selbsterinnerung); rituelle Anrufung Allahs durch Seine neunundneunzig schönen Namen
Dschinn	('Genie') ein Wesen aus der Sphäre der Welt der Geister (Astralebene); dem Menschen näher als die Engel
Elohim	(hebr.) einer der Namen Gottes, gleiche Wurzel wie Allah.
Eckehart	(Meister Eckehart) deutscher Mystiker des Absoluten.
Fana	Auslöschung; Vernichtung der nafs (des falschen Ichs, Egos) vergleichbar mit dem buddh. Nirvana (nibbana in Pali)
Fakir	ein armer Mensch; ein Asket
Fikr-Sikr	leiser innerer Dhikr; Atemmeditation

178

Fana-i-ahkam	Auslöschung der Attribute
Fana-i-dhat	Auslöschung der Wesenheit
Fana-isifat	Auslöschung der Qualitäten
Gilani	Abdul Qadir Gilani (Jili), Begründer eines Derwischordens
Ghajb	verborgen, abwesend
Gudjduwani	Adbülhalik; einer der größten Scheichs der Hadschegan, Begründer des 'Vierten Weges', lebte im 12. Jahrhundert
Guru	spiritueller Lehrer
Haqq	(Hak = Wahrheit
Hadith	(Hadis) Ausspruch oder Erklärung des Propheten Mohammad
Hadschegan	die Meister der Weisheit; große Meister des nördlichen Sufismus, hauptsächlich Turkestan, die zwischen dem 11. und 15. Jahrhundert großen Einfluß und Wirkung hatten
Haĝĝ	(Hadsch); Pilgerfahrt nach Mekka
Halka	Kreis von Freunden, Sufigruppe
Hal	Bewußtseinszustand
Halladsch	großer Sufi-Mystiker, der 921 gekreuzigt wurde.
Huwa	Er ist; Allah jenseits seiner Attribute
Hu	das Unsagbare, ein Atemzug Gottes
huwijet	Wesen, Essenz
Iblis	der Teufel
Ibn Arabi	Mystiker und Philosoph des 12. Jahrhunderts, bekannt als der Pol (Qutb) des Wissens
Insan	Mensch (Mann)
Insam-i-kamil	der perfekte Mensch
Inshallah	so Gott will
Ishk Allah	Gott ist Liebe
ism-i-azam	der gößte Name
istigraq	Ertrinken, Vereinigung
ishraqqiyun	Mystische persische Schule der Erleuchtung, Theosophie des Lichtes; Suhrawardi (1155-1191 A.D.)
jelal	Macht, aktiv
jamal	Schönheit, passiv
jebberut	Zwang, Pflicht
Ka	(ägypt.) Geist
Kabbala	mystische Lehre der Juden
Kashf	Einsicht, spirituelle Unterscheidung
Khalifa	Nachfolger, Vertreter des Propheten
khayal	zum Bereich der Vorstellung, der Ideen, Konzepte gehörend
Karma	Handlung, Gesetz von Ursache und Wirkung
Kanqah	Gruppe, Organisation
Madjub	Ein Gott-Besessener, Verrückter
Malkut	Königreich, Ebene der physischen Realität (Kabbala)
Magi	Mann der Weisheit, Mitglieder der zoroastrischen Priesterkaste
Mantra	bestimmte Worte oder Lautwiederholungen, die die verschiedenen Chakras aktivieren, bringen die Seele ins Gleichgewicht
Maqam	Station
Masnavi	(Mesnevi), großes Werk von Jelalludin Rumi
Ma'rifat	Wissen
melekut	Formen der Engel
Mevlevis	Die Nachfolger Rumis, (des Mevlanas = Meister)
Miraj	die Nachtreise des Propheten
Murid	Schüler

Murshid	Lehrer
Muti-al-muti	der Gehorsame
Nafs	Seele bzw. Selbstheit
nafs al ammarah	die befehlende Seele
namaz	(Salat auf Arabisch), Gebete, Gottesdienst
Nur	Licht
Nasut	menschliche Aspekte, Form
Naqschibandi	Derwischorden; Meister der Eindrücke, der bildhaften Gestaltung, Zeichner; Bahaudin Naqshband, bzw. Bahaeddin
nirwana	Auslöschung
Pir	der Ältere, Meister
Ya Qayyum	das ewige Leben; einer der schönen 'Namen Allahs
Ya Qader	Göttliche Macht
Qu'ran	Koran, das heilige Buch der Muslime
Qutb	Pol; der höchste Meiste seiner Zeit
Ya Rahman	göttliche, kreative Liebe, Name Allahs
Ya Rahim	Barmherzigkeit, der Barmherzige, Mitfühlende, Name Allahs
Rasul	Botschafter, Träger der universalen Botschaft, der Prophet
Ruh	Geist, Atem, Seele
Salik	Sucher
As Salaam	Friede, ein Name Allahs
Sadhaka	(ind.) Schüler
Samadhi	(ind.) Überbewußtsein, Verschmelzung mit dem Absoluten
Sannyasin	(ind.) Asket
Shahada	die Bejahung der Existenz Gottes und die Verneinung alles anderen als Gott: La illaha illa'llah
Sharia	das formale religiöse Dogma des Islam
Sifat	die Eigenschaften
Silsila	Kette, die Kette der Weitergabe der Sufis
Sura	Kapitel
Scheich	(auch Shaikh), ein Mensch mit spiritueller Autorität und Lehrer; sonst: Herr, Chef
Tariqa	Weg, Methode, turuq = Mz. v. Tariqa
Tauhid	(auch Tawhid), mystische Vereinigung
Taslim	Ergebenheit
Tasawwuf	Sufismus
Tawakkul	Vertrauen in Gott setzen
Wali	Heiliger
Wazifa	göttliche Attribute, häufig benutzt in Verbindung mit ihrer hörbaren Wiederholung; mantrische Gebetsform
Ya	Ausruf
Yoga	Vereinigung, ein System der Übung der Hindureligion
Yugas	Zeitalter

NEU / Frühjahr 1982

Angesichts der sich oft ausschließenden oder sich widersprechenden Lehren spiritueller Autoritäten (z.B. Gurus, Scheichs, Lamas) besteht ein großes Bedürfnis für viele Menschen, das Wesen einer harmonischen Entwicklung zu begreifen, um nicht eine einseitige und unvollständige Entwicklung zu vollziehen.

Gurdjieffs Konzept der harmonischen Entfaltung des Menschen kann in ein Spektrum von sieben Linien aufgelöst werden, die auf alle Erfahrungen, ob gestern oder heute, angewandt werden können.

Um zu einer harmonischen Entwicklung zu kommen, ist ein Gefühl für Gleichgewicht und Ganzheitlichkeit erforderlich. Die „Arbeit", wie dieser Weg auch bezeichnet wird, ist keineswegs nur Anstrengung („Arbeit an sich selbst"), noch wird sie allein in Empfänglichkeit und Hingabe („Liebe") gefunden.

Wir müssen etwas von uns aus tun, doch wir müssen auch verstehen, wann wir uns hingeben müssen; eines der höchsten Lernziele auf dem Weg ist zu lernen, „sich selbst nicht im Weg zu stehen."

J.G. Bennett
Harmonische Entwicklung
Die sieben Aspekte der Arbeit
176 Seiten, DM 20,—

Der Schlüssel zu G.I. Gurdjieffs Hauptwerk „Beelzebubs Erzählungen" ist darin selbst verborgen. J. G. Bennett benutzte ihn und das Ergebnis ist erregend. Der Gurdjieff-Schüler J.G. Bennett hat durch jahrzehntelange Arbeit mit den Methoden und Schriften des Meisters viele der Rätsel, die Gurdjieff mit Absicht in sein Werk eingebaut hat, dem Leser mit großer Klarheit und Verständlichkeit aufgedeckt. Es lag allerdings nicht in der Absicht Bennetts, den Lesern eigene Arbeit abzunehmen, doch wie er selbst sagte, wollte er ihnen einen Spaten in die Hand geben, damit sie selbst graben können — vielleicht finden sie den Hund, den Gurdjieff vergraben hat, nicht nur die Knochen ...

J.G. Bennett
Gurdjieff entschlüsselt
– Die innere Bedeutung von Gurdjieffs ‚Beelzebubs Erzählungen' –
192 Seiten, DM 20,—

NEUAUFLAGE 1982

Die spirituelle Psychologie, die Bennett hier entworfen hat, basiert auf der Erkenntnis, daß der Mensch ein unvollständiges Wesen mit grenzenlosem Potential zur Entwicklung oder Transformation ist. Sein Schicksal hängt von der menschlichen Fähigkeit zur Selbstvervollkommnung ab.

Das vorliegende Buch gibt theoretische und praktische Anregungen zur eigenen Arbeit in dieser Richtung. Es ist als Dreimonatsprogramm zur Selbstbeobachtung und Selbstentfaltung aufgebaut und geht stufenweise vor. Nach und nach werden die verschiedenen Aspekte der menschlichen Psyche untersucht — jeder Leser kann deshalb die Vorschläge des Buches selbst anwenden und die Wirkungen des Selbststudiums beobachten. Die praktischen Erfahrungen Bennetts mit Tausenden von Studenten fließen durch die Frage- und Antwort-Kapitel in das Programm ein, so daß man die Möglichkeit zur Überprüfung seiner eigenen Beobachtungen hat, die in den wesentlichen Punkten denen der Fragenden in diesem Buch ähnlich sind.

J. G. Bennett
Eine spirituelle Psychologie
Die Lehre der Transformation des Menschen
208 Seiten, DM 19,80

Die Umwandlung psychischer und spiritueller Energien war einer der Hauptaspekte einer Lehre, die G.I. Gurdjieff Anfang dieses Jahrhunderts aus dem Mittleren Osten aus Sufi-Schulen und tibetischen und taoistischen Klöstern nach Europa brachte.

Bennetts Auslegung dieser Lehre reifte in langjähriger Arbeit mit Gurdjieffs Methoden und Techniken der inneren Wandlung des Menschen. Sie ist für jeden Leser leicht zugänglich, wenn auch ihre Praxis viel Übung erfordert.

J. G. Bennett
Energien
Die Energien der verschiedenen Bewußtseinsebenen und ihre Funktionen für die Umwandlung des Menschen
136 Seiten, DM 15,—

Handbuch der spirituellen Wege und Bücher

Alexandria-Foundation

In Deutschland werden inzwischen über viertausend spirituelle Bücher angeboten und es wird immer schwieriger, durch dieses Angebot hindurchzufinden. Die Alexandria-Studiengruppe legt mit diesem Handbuch einen Ratgeber vor, der jedem ernsthaften und interessierten Sucher und Leser (männlich/weiblich) hilft, durch diese Vielfalt durchzusteigen und die wesentlichen und grundlegenden Bücher zu allen spirituellen Richtungen zu finden. Denn um von den praktischen Lehren und Lehrern vieler Wege zu profitieren, benötigen wir eine gute geistige Vorbereitung. Aber nicht nur das: in diesem Buch werden einige wesentliche Elemente *des* spirituellen Weges im allgemeinen erläutert und Strukturen angeboten, die helfen können, ein größeres Bild zu formen oder falls der Sucher schon meint, seinen Weg gefunden zu haben, über dessen Zaun hinwegzublicken um seinen Horizont zu erweitern.

Auf zweihundert Seiten werden 300 Autoren und 400 Bücher besprochen und in einen größeren Zusammenhang gestellt.

Es ist die Reise durch den geistigen Reichtum der Welt und eine Anregung, die Puzzlestücke der spirituellen Manifestation zusammenzusetzen.

Das Handbuch

— macht mit umfangreichem Studienmaterial bekannt
— hilft bei der Suche nach speziellen Büchern für ein tieferes Studium
— gibt Hinweise, wie die Dinge, die der Leser schon studiert hat in ein größeres Bild passen
— ist ein Führer für den Aufbau einer vernünftigen Bibliothek
— gibt anregende Ideen, wenn Ihre Studien an Kraft verlieren
— läßt die Dinge in einem größeren Ganzen aufgehen.

Aus dem Inhalt

Westliche Traditionen und Wege
zum Beispiel: Kaballa, Alchemie, Gnostiker, Traditionalisten, Theosophie, Anthroposophie, Gurdjieff, Indianer, christliche Mystik, Gral

Sufitradition

Buddhismus:
Hinayana, Vajrayana, Chu'an und Zen

Taoismus

Hinduistische Traditionen:
Veden/Upanishaden, Yogas, Datta-Vedanta, Raja-Yoga-Samkhya, Vaishnava, Sant Mat, Nath, Tantra

Alexandria Foundation (Hrsg.)
Handbuch der spirituellen Wege und Bücher   208 Seiten, DM 20,-